U0336789

用户增长方法论

找到产品长盛不衰的增长曲线

黄永鹏◎著

METHODOLOGY OF

USER
GROWTH

机械工业出版社
China Machine Press

图书在版编目（CIP）数据

用户增长方法论：找到产品长盛不衰的增长曲线 / 黄永鹏著 . —北京：机械工业出版社，2019.10（2021.4 重印）

ISBN 978-7-111-63771-4

I. 用…　II. 黄…　III. 企业管理 – 产品管理 – 研究　IV. F273.2

中国版本图书馆 CIP 数据核字（2019）第 219396 号

用户增长方法论：找到产品长盛不衰的增长曲线

出版发行：机械工业出版社（北京市西城区百万庄大街 22 号　邮政编码：100037）	
责任编辑：孙海亮	责任校对：李秋荣
印　　刷：三河市东方印刷有限公司	版　　次：2021 年 4 月第 1 版第 3 次印刷
开　　本：170mm×230mm　1/16	印　　张：20
书　　号：ISBN 978-7-111-63771-4	定　　价：89.00 元

客服电话：(010) 88361066　88379833　68326294　　投稿热线：(010) 88379604
华章网站：www.hzbook.com　　　　　　　　　　　　读者信箱：hzit@hzbook.com

用户增长需要全盘思考，囊括了产品、运营、市场、渠道等各个部门的工作。增长策略不是后置，而是在产品面世前就需要预置。《用户增长方法论》提供了一种从需求源头到产品、运营、传播推广等整个链路探索增长的战略，很有启发。

——刘基　一点资讯高级市场总监

"吸引他/她，俘获芳心"，一直都是营销传播行业的基本要务。但这些年，我们看到很多客户都迷失在一些花样翻新的战术手段上。当我们以年为坐标去看他们的营销传播藤轴，会发现这条藤轴上结的果实不仅有大有小，最可怕的是本来我们希望这条藤上只结"西瓜"，但实际上还结了"冬瓜""黄瓜"，甚至还有"苹果"和"梨"，营销资源用了，结果不但不是正向的，甚至还有逆向负迁移效应，用户当然也不会有增长。永鹏的这本书，帮我们跳出点状思考方式，构建一种系统性思考体系去探索如何提升"用户增长"的效率。

——王剑　奥美整合行销传播集团副总裁、战略向导业务部负责人

不管首席营销官（CMO）接受还是拒绝，CMO 的能力都已逐步从传统的市场、品牌管理向全新且更复杂的业务增长、商业模式、用户运营、生态搭建等方向拓展。本书能够给 CMO 带来全新的视野和案例，帮助 CMO 在成为首席增长官（CGO）的路上更进一步。

——班丽婵　CMO 训练营创始人 &CEO

永鹏不仅具有 BAT 用户增长的工作经历，更重要的是具有钻研的精神，《用户增长方法论》不仅具有理论的高度，还具有实操性，相信对很多企业的领导和用户增长的从业者都具有实质性的帮助。

——青柳　旅悦集团市场副总裁

这个时代不缺乏华丽的 IDEA，缺乏的是能让想法落地的方法论。永鹏能潜心将多年实战经验提炼成册并倾囊相授，难能可贵。如何才能真正践行"以用户为中心"，驱动增长？相信很多人都能在本书中找到答案。还是那句话：一切商业模式的设计，归根结底都是为了用户和收益的增长，否则就是耍流氓。

——朱凯　ETCP 集团副总裁

近几年用户增长一直是企业关注的问题，从传统简单粗暴的流量获取，到层级化的推荐体系，再到带动关系链路转化的精细化增长，我们对当今商业环境下流量的理解或许需要更加深刻了。本书兼顾道与术，或许你能从中找到属于你自己业务持续增长的路径和用户管理体系。

——李明轩　积木品牌孵化创始人、SightVC 管理合伙人、《运营有道》作者

无论是互联网公司还是实体企业，用户增长都是市场竞争的主驱动力。《用户增长方法论》结合了作者十多年在 BAT 沉浸的实战经验，找到了用户增长的脉络和关键法门，并结合案例为大家一一剖析。本书能帮助运营者在短时间内掌握用户增长的核心技能。

——龙双强　《零售商业评论》创始人

为什么写这本书

近年来，随着"增长黑客"概念的兴起，用户增长受到越来越多企业和品牌的重视。但笔者发现这股潮流中存在一个很大的问题：很多从业者看了很多道理，却依然做不好用户增长。笔者认为出现这个问题可能的原因有如下几个。

（1）接触到的只是零散的知识点或案例，没有形成系统化的用户增长思维和方法论。

用户增长是一个涉及产品、运营、市场、技术，乃至公司的战略、外部环境、竞争对手的情况等的复杂体系，因此要想做好用户增长需要系统化的思维和方法论。但往往专业化的分工（比如，公司一般会分为产品、运营、市场、技术等部门），使得大家常常只是站在自己的角度去思考用户增长，这就容易形成一些误区，列举如下。

- 增长就是裂变，就是刷屏和品牌曝光。
- 增长就是买流量，拉新客，提升 DAU（日活跃用户数量）。
- 增长就是用户数量的增加。
- 增长就是对某个功能或者模块进行改进，进行 A/B 测试。
- 增长就是 AARRR 模型。

（2）完全照搬别人的理论和案例，但这未必适合自己的产品。

在做用户增长的过程中，还有一种情况就是完全照搬别人的案例和方法，比如瑞幸咖啡、滴滴、小红书、抖音、拼多多等，当前谁最火我就学习谁。

学来学去，结果还是做不好增长，究其原因是自身缺乏系统的增长体系和方法论，因而常常不去考虑产品所处的不同阶段、产品的行业属性、目前外部的竞争环境等，这些都决定了不同的产品增长可能会有不同的做法。因此，学习用户增长，要综合思考，要找本质的理论和方法，然后结合自己的产品进行实践，并不断进行调整和迭代。

其实，笔者对上面提到的问题也深有体会，因为笔者十多年来从就职于广告、咨询企业到就职于腾讯、百度、阿里等互联网公司，一直都在从事市场、品牌、运营等用户增长工作。笔者做过传统行业产品的用户增长，也负责过资讯类、工具类、生活服务电商类不同互联网产品的用户增长，积累了许多用户增长理论知识和实战经验。

2011 年之前，笔者在从事广告和咨询相关工作的时候，服务过多个行业的品牌，帮助他们制定战略，发现问题，驱动增长。咨询行业要求从业者站在公司战略、商业模式、品牌定位等宏观的角度去思考用户增长，而广告行业则更多是站在产品、传播、创意、媒介等微观层面去帮助企业做用户增长。因此，在广告和咨询行业工作的经历，让笔者构建了从公司商业模式、战略、品牌、传播、创意到渠道的多维的增长理论和体系化的思维方式。

2011 年，移动互联网刚刚兴起时，笔者从乙方加入互联网行业。从 2011 年到现在，先后在腾讯、百度和阿里工作，负责过腾讯手机管家、手机 QQ 浏览器、百度地图、百度糯米、百度外卖、饿了么星选等多款用户和日活达亿级的产品。

在这期间，笔者经历了利用移动互联网红利带来用户的快速增长，也在移动互联网红利逐渐消失时，思考如何通过精细化运营来驱动增长；做过 0 成本带来几十上百万新客的活动，也做过通过大型活动带来几亿元流水的项目。一年花过几亿元来做用户增长，也经历过半年只用 50 万元来撬动用户增长；做过很多刷爆网络的创意，也拿过 ONE SHOW、龙玺、金投赏、金触点、4A 金印、虎啸奖等行业大奖。目睹了一些产品的快速增长，也经历了它们走向衰亡的过程。

这些工作经历既让笔者具备了用户增长战略层面的思维，也让笔者拥有了战术层面的执行和实战经验。当看到很多用户增长的从业者面对种种困惑时，笔者希望能撰写一本系统化介绍用户增长的书来帮助他们。所以，笔者决定将这么多年来的一些思考和实战经验进行体系化梳理并整理成书，笔者希望这本书既有理论高度，又有实战操作，能够真正帮助用户增长的从业者们，帮助企业实现用户增长。

本书有什么价值点

目前市场上已经出版了一些关于用户增长的图书，下面就来谈谈本书与市面上讲解用户增长的书有什么不同之处。

1. 贯穿全价值链的用户增长体系

现在市面上大部分用户增长类的图书，都以 AARRR 模型为核心，这个模型更多的是基于已有产品（产品生命周期内）的用户增长，而实际上，用户增长应该还包含产品出现之前的用户增长和突破产品生命周期的用户增长。这两个方面的用户增长要么被大家忽略，要么就是没有引起足够的重视。

（1）产品出现之前，实际上用户增长就已经开始了。在产品开发出来之前，通过对用户痛点的洞察与挖掘、对产品市场匹配的思考，以及对替代品、行业环境等的分析来判断未来用户的增长趋势和增长空间，这些都是用户增长的根本驱动因素。如果忽略这些，匆忙开发出一个产品，哪怕我们的 AARRR 做得再好，也未必会获得持久的用户增长。这就是前几年资本投资热的时候，我们看到很多产品快速获得增长，又快速死亡的原因。

（2）真正的增长不仅要在产品周期内保持增长而且要突破产品的生命周期保持增长，避免产品经过增长后慢慢衰退，甚至死亡。这就需要找到用户增长的第二曲线。

本书所讲的用户增长包含"产品开发前的用户增长—产品生命周期内的用户增长—突破产品生命周期的用户增长"三个阶段，更系统化和体系化，能够真正帮助用户增长的从业者和企业构建用户增长的知识架构体系。

2. 理论与实战并重，可操作性强

前面笔者提到过，很多用户增长的从业者之所以做不好用户增长，主要原因在于没有系统化的知识体系和理论，或者只是学到了一些成功者的案例，然

后就去生搬硬套；要么就是看了很多理论，觉得讲得都对，但不知道如何去实际操作。

所以，本书写作时力求做到深入浅出，既有理论的高度，又有让读者看完就能直接应用到自己实际工作中的方法。在写书的过程中，笔者提出了很多用户增长的理论体系和方法论，同时针对不同的方法论，本书都会结合案例进行分析讲解。

为了让本书中的方法论能够更广泛地运用在更多的行业和产品上，书中除了结合一些笔者自己实操过的案例之外，还用了更大的篇幅结合业内其他增长案例进行分析。其中，案例分为成功和失败两类，以求真正做到"理论与实践相结合"，而且让读者"看了能懂，拿来能用"。

本书的主要内容

总体来说，全书可以分为三大部分，即产品出现之前的用户增长、产品生命周期内的用户增长、突破产品生命周期的用户增长。

第一部分　产品出现之前的用户增长：找到用户增长的根本驱动因素。

这部分主要讲解在决定开发一个产品之前，如何找到用户增长的根本驱动因素。主要包括如何界定用户痛点、用户痛点洞察的五大维度、用户增长的价值性分析等内容。

第二部分　有了产品之后的用户增长：快速引爆用户增长。

这部分主要讲解在进入产品开发阶段后，包括已经有了产品以后如何做用户增长。主要包括制定用户增长的指标；让增长实现从 0 到 1 的跨越；通过产品、创意、渠道和圈层等方法驱动用户增长；做好用户的获取、激活、留存、变现及自传播等。这也是本书最核心的部分。

第三部分　突破产品生命周期的用户增长：开启用户增长的第二曲线。

如何避免产品死亡、增长停滞？这就需要我们找到并开启用户增长的第二曲线。这部分主要讲解在寻找第二增长曲线的过程中应该注意的一些事项，以及如何通过衍生型痛点和颠覆型痛点开启增长第二曲线，以进入新的增长循环模式。

写在最后

用户增长是一个由行业、用户、竞品、痛点、战略、商业模式、品牌、产品、渠道、技术、传播、创意、数据等要素构成的一体化、系统化的增长体系。由于篇幅所限，加之笔者自身的从业背景、经验、认知等有限，本书不可能覆盖用户增长的所有方面。不同行业和领域的用户增长也有其差异性和特殊性，因而书中的内容难免会有不准确和不完善的地方，还望大家与笔者多多沟通、交流。

笔者希望本书能给您带来一些启发和思考，能够帮助企业驱动用户增长，这也是本书创作的初衷。

| 目录 |

第 1 章

用户增长方法论及增长思维

1.1　什么是用户增长

近年来,"增长黑客"和"用户增长"是两个非常火的概念,尤其是随着移动互联网流量红利的逐渐消失,越来越多的企业和品牌开始更加重视用户增长。从普通的产品、市场、运营等从业人员,到企业的创始人、高管、投资人,都是言必称"增长"。

克劳塞维茨在《战争论》一书的开篇中指出:"任何理论首先必须澄清杂乱的,或者说是混淆不清的概念和观念。只有对名称和概念有了共同的理解,才能清楚而顺利地研究问题,才能与读者站在同一立足点上"。

因此,我们要想实现用户增长,首先需要从"用户增长"最基本的概念出发,了解、认识什么是真正的用户增长,用户增长具体包含哪些内容等。

1.1.1　用户增长的概念及内涵

用户增长涉及的内涵具体如下。

(1)用户增长不是简单的用户数量的增长。用户增长包含用户的获取、激活、留存、变现、推荐等，这些环节都属于用户增长探讨的范畴。

（2）用户增长是一个系统化、综合化的体系。用户增长是一个由行业、用户、竞品、痛点、产品、渠道、技术、传播、创意、数据等构成的一体化、系统化的增长体系。用户增长不是简单地刷屏，也不仅是运营或者市场部门的事情，用户增长是以上各个要素综合作用的结果。

（3）用户增长包含三个阶段的增长。即产品出现前的用户增长、产品生命周期内的用户增长、产品生命周期外的用户增长。

现在很多人谈论的用户增长，更多的是指有了产品之后（产品生命周期内）的用户增长，而其他两个阶段的增长则经常被忽略或者没有引起重视。

综上所述，我们可以简单地将用户增长定义为：通过痛点、产品、渠道、创意、技术、数据等要素实现用户的获取、激活、留存、变现、推荐的增长体系，用户增长包含产品出现前的用户增长、产品生命周期内的用户增长、产品生命周期外的用户增长三个阶段。

本书主要以产品出现前的用户增长、产品生命周期内的用户增长、产品生命周期外的用户增长这三个阶段为主线，将获客、激活、留存、变现、推荐等环节，以及产品、创意、渠道等驱动的用户增长贯穿其中。

1.1.2 用户增长的三个阶段

上面提到了真正的、系统的用户增长应该包含三个阶段，这也是本书的主线，三个阶段应实现的目标具体如下。

（1）产品出现之前的用户增长：找到用户增长的根本驱动因素。

（2）有了产品之后的用户增长：快速引爆用户增长。

（3）突破产品生命周期的用户增长：开启用户增长第二曲线。

用户增长循环体系如下图所示。

用户增长的三个阶段构成了一个用户增长的闭环价值链，而且这三个环节都不是单线的，不是A点到B点的直线运动，而是一个循环链，其中心是增长，三个环节围绕"增长"周而复始地运动变化，使得用户能够持续不断地增长。

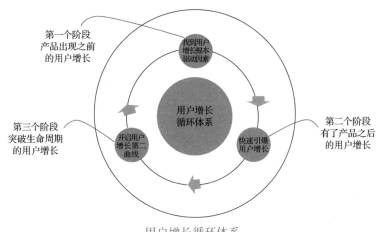

用户增长循环体系

1. 产品出现之前的用户增长

在我们不断追求增长，增长黑客潮愈演愈烈之时，用户增长的最根本的"因"往往却被抛诸脑后。我们大都忙着用增长黑客最经典的"AARRR"漏斗模型，去分析哪一个环节出了问题，可以优化提升哪一个环节来促进用户增长；忙着进行各种投放，忙着刷屏和曝光；忙着进行 A/B 测试，寻找用户增长的最佳方法。

一说到用户增长，大部分时候都是指有了产品之后的用户增长，也就是产品和市场匹配之后，痛点论证的结果正确之后的用户增长，而往往忽略了在痛点证伪之前，如果找不到用户痛点，产品和市场不匹配，那么做出来的产品不管通过什么样的方式和手段进行用户增长，最终的增长都会成为无源之水，无根之木，不会长久。

硅谷著名的孵化器 Y Combinator 的 CEO Sam Altman 曾说过："创业公司衡量自己的指标是增长，但是增长并非建立成功企业的第一步。如果你还没有做出用户喜爱的产品，就一股脑儿地想着增长，那么你成功的可能性会很小"。

也就是说，当一个公司还没有找对用户痛点，没有发现用户的真实需求，不能为用户提供正确的产品解决方案时，那么用户的增长必定是不会长久的。伪痛点和错误的产品解决方案，只会让用户增长昙花一现。

其实在产品出现之前，用户增长就已经开始了。

2. 有了产品之后的用户增长

在发现用户痛点和用户需求之后，我们需要通过产品去验证痛点，看看产品和市场是否匹配，用户增长的基础工作准备充足之后，接下来就是通过产品、创意、渠道等各种手段和方法去释放痛点，从而快速引爆用户增长。

3. 突破生命周期的用户增长

我们都知道任何产品都有其生命周期，都会经历引入期、成长期、成熟期、衰退期，最终到死亡或淘汰的过程。我们现在所谈的用户增长更多的是指在某个产品生命周期内的用户增长。

在这个产品生命周期内，我们能通过产品、技术、运营、市场等手段获得用户，甚至延长产品的生命周期，但这里存在一个最大的问题，即不能跨越产品的衰退周期，无法避免用户增长的放缓直到最终的停止增长，乃至产品的死亡。

真正的增长不仅要在产品周期内保持增长，而且要思考如何才能突破产品的生命周 期，保持用户的可持续增长。

1.2　用户增长方法论

上一节中，我们讲解了以"增长"为核心的用户增长体系主要包含三个阶段，本节我们将主要讲解三个阶段所包含的用户增长的具体内容。

1.2.1　产品出现之前的用户增长：找到用户增长的根本驱动因素

1. 如何发现痛点

用户痛点是用户增长的根基，是产品价值实现的第一步，没有痛点就没有增长。如果找错了用户痛点，那么后面不管产品功能、UI 等用户体验做得有多好，做出来的产品也都只不过是"漂亮的废品"；不管运营推广、市场宣传有多给力，要想实现商业价值，以及用户和产品的增长都将是非常困难的。

要想准确发现痛点，我们需要考虑用户、场景、问题三要素，因为不同的用户群体，在不同的场景下遇到的痛点也不一样。我们需要知道，我们的目标用户是谁，他们的年龄、学历、收入等都是怎样的，他们喜欢什么、讨厌什么，他们有什么样的行为和心理，他们的生活方式是什么样的，他们在什么情况下遇到了什么样的问题……

痛点看起来很多，但痛点背后的人的本性是不会变的。实际上，很多痛点我们都可以从这样 5 个维度去思考：生存、效率、价格、角色、精神。

2. 用户增长的价值性分析

痛点是用户增长的根本动因，但用户增长还会受到产品的价值性影响。用户增长价值分析的主要目的是判断未来用户的增长趋势和增长空间，为增长是否能够持久提供初步的判断和依据。这里影响用户增长的价值主要包括迫切性、成长性、替代性三个特性。

（1）迫切性是指用户需要这个产品的迫切程度，用户需要这个产品的迫切程度越高，该产品就越可能带来用户增长。

（2）增长的成长性主要包含市场规模的大小与未来持续增长两大方面，这直接决定了用户增长的潜力与空间。

（3）替代性主要是指目前市场上是否有产品的替代解决方案。替代性在很大程度上决定了用户是否会使用我们产品，其也会直接影响用户的增长。

1.2.2　有了产品之后的用户增长：快速引爆用户增长

在发现痛点，分析了未来用户的增长趋势和增长空间之后，接下来就是如何快速引爆用户增长。

1. 制定用户增长指标

要想引爆用户增长，首先是确定用户增长方向和增长指标。

因为用户增长会涉及很多指标，因此我们要在众多的指标中找到用户增长的第一关键性指标（OMTM），也就是北极星指标，以便我们能够集中资源和精力以聚焦到用户增长最关键的因素上。

其次，在找到第一关键性指标之后，我们需要对指标进行拆解，以便发现影响用户增长的问题，并采取对应的解决方案。

不管我们的第一关键性指标是什么，用户增长都离不开获客（Acquisition）、激活（Activation）、留存（Retention）、变现（Revenue）和推荐（Referral）等环节，这些环节主要又会受到渠道、产品、创意三个要素的影响。

2. 用户增长从 0 到 1

从 0 到 1 既是用户增长的初始阶段，也是用户增长最关键的阶段，是产品的 MVP 和冷启动阶段。这个阶段主要是通过最小可行性产品（MVP）去验证痛点和用户增长，主要可分为 MVP 开发、测量、迭代三个环节，三个环节形成一个循环。如果验证失败，则需要不断进行方向的调整和迭代。如果痛点被验证正确，那么我们接下来就可以进行真正意义上的产品开发，以快速获取用户。

3. 产品驱动用户增长

首先，在产品发展初期，我们可以从业务方向、产品本身、用户感知等方面去强化痛点，打造无形的用户增长引擎。在业务方面，我们要聚焦核心痛点业务；在产品上，我们要确定产品的主线功能；在用户感知上，我们要增强用户痛点感知。强化产品，以形成强大的竞争壁垒和增长势能。

其次，我们需要打造一些能让产品自增长的功能和模块，为产品添加自增长的基因，让用户可以自我繁殖和增长，即实现增长机制的产品化。

最后，我们还可以通过产品矩阵和组合来驱动用户增长，即通过不同的业务线和产品组合，共同构成一个产品增长集群。这些业务和产品在整个产品矩阵中承担着不同的职能和角色，它们相互协同、互为支撑、相互导流，共同带动用户增长。

4. 通过渠道拉动用户增长

渠道可以为用户增长带来巨大的流量。渠道的好坏，将直接决定获客的质量，而获客质量又会影响后续用户的激活、留存、变现等用户增长的各个环节。

在移动互联网时代，渠道从中心化到去中心化，用户以圈层的形式围绕多中心的节点进行聚集，因此要影响用户必须通过圈层，圈层在移动互联网时代对用户增长尤为重要。

5. 通过创意引爆用户增长

用户增长除了好产品、精准的渠道之外，还离不开好创意。创意要想有效地驱动用户增长需要做好以下几个方面的事情。

1）创意原动力

创意原动力是指我们要找到用户愿意使用、传播、分享、购买我们产品背后的根本原因。真正有传播力和影响力的内容创意主要会受到三大原动力的影响，即动物本能、社交驱动、情感刺激。这三种原动力主要是从动物的人、社会的人、情感的人三个维度去定义的。

- 第一种力量来自于人类作为动物最原始本能的力量。
- 第二种力量来自于社会环境。
- 第三种力量来自于对人类情感的刺激。

动物本能、社交驱动及情感刺激三者之间相互作用。用户的行为是由三者中的一种或者多种力量刺激而产生的。

2）创意三原则

在具体的创意和内容执行过程中，我们还要重视一些原则。

（1）照见自己原则：所谓"照见自己"，就是要让用户先关注自己，让创意融入用户生活。让用户在创意中看到真实生活和自我的投射。只有这样才容易引发用户共鸣，唤起用户心理，带动用户互动、分享、传播，从而带来用户增长。

（2）熟悉的陌生化原则：人脑容易对熟悉的事物产生亲近感，但同时，太熟悉的东西也容易让用户产生疲劳，从而降低用户的关注度，这种"自动忽略机制"很容易让创意的力量大打折扣，因此我们想要提升用户对熟悉事物的感知力，唤起人们对熟悉事物的关注和独特感受，就要将用户熟悉的事物陌生化。

（3）效应叠加原则：一次有影响力的创意，往往并不是某个单一要素在起作用，而是众多要素叠加的结果。比如，在合适的时间进行的创意，是一种时间要素的叠加。借助明星艺人、电影的影响力是一种 IP 要素的叠加。我们在释放的过程中要善于找到创意的叠加要素，使创意的能量得到最大化释放，从而影响更多的用户。

3）创意的转化

好的创意不仅要引发广泛的传播，带来巨大的流量，还应该有较高的转化度，这样用户增长才能更有效。影响创意转化有两个重要的关键因素：产品位置和落地页。

产品位置是指产品在用户心智中和竞争环境中的位置，位置的不同，直接决定了我们对用户讲什么，而所传播的信息如果不对则会影响创意最终的转化。落地页的好坏也决定了创意的转化，一个好的落地页应该具有较强的内容力、表现力和体验力。

1.2.3 突破产品生命周期的用户增长：开启用户增长第二曲线

要想避免产品衰退和死亡，就必须突破产品的生命周期，找到产品的第二增长曲线，实现用户的可持续增长。

第二曲线要在第一增长曲线到达顶点之前开启，不宜过早也不宜过晚。如果开启过早则企业的第一增长曲线还没有成长起来，也没有太多的资源和资金的投入；如果过晚则很可能会错过开启第二增长曲线的机会。

开启第二增长曲线有两种方法：找到衍生型痛点和颠覆型痛点。衍生型痛点主要诞生于第一增长曲线，而颠覆型痛点则更多来自外界。但因为第一增长曲线和第二增长曲线的基因往往是不同的，因此，如果想要让第二增长曲线能够成功，那么第二曲线的业务和产品最好是能够独立发展，并投入足够多的资金和资源，以进入新的用户增长循环模式。

1.3 用户增长的四大思维

大家在实现用户增长的过程中，一定会经常遇到诸如以下这样的问题。

（1）公司要开发一个新产品，却不知道从哪里下手。

（2）前期经过大量的市场调研、用户分析，最终做出来的产品却无人问津。

（3）产品交互很好，UI设计也很棒，但就是无法获得用户增长。

（4）明明已经按照用户要求增加了很多功能，用户却不喜欢。

（5）产品很好，也解决了用户痛点，却迟迟无法突破用户增长的瓶颈。

（6）"今天"还很受用户欢迎，"明天"用户就不再使用。

（7）……

之所以出现以上诸多关于用户增长的问题，最主要的原因就是我们头脑里的知识和经验都是点状的、零散的、杂乱的。

今天看到一个增长的新理论，明天又听到一个新名词，都觉得很有道理。说到裂变，我们知道；说到用户需求，我们也知道；说到DAU，我们也懂。但很多时候，我们也只是停留在知道的层面，很容易陷入"听过很多道理，可依然做不好增长"的坑里。

因此，要想做好用户增长，我们需要有系统的思维模型，将零散的知识点串起来。在具体讲解用户增长思维模型之前，为了让大家更好地理解，我们先来看几种知识结构的分类，具体如下。

（1）点状知识：一些零散的知识点，没有连接。比如裂变、拉新、A/B test、DAU 等词汇，如果没有形成连接，那么这些只不过是一些零散的点。

（2）线状知识：能将一些知识点连接起来。比如，我们通过运营活动可以提升 DAU。这样运营活动与 DAU 之间就形成了一种线状的逻辑关系。

（3）结构知识：将知识点连接起来，形成一定的框架和体系，很多人到了这步，就能够利用结构知识解决很多问题了。下面我们以最近产品 DAU 下滑严重，如何提升 DAU 为例来说明。我们可以从产品维度、运营维度、品牌维度、渠道维度等方面去思考，每个维度下面又可以进行细分。运营角度可以通过活动、内容运营等方式来提高 DAU；品牌角度可以通过事件营销、广告投放、Social 传播等方式进行宣传。Social 传播又可以具体到采用什么形式，是 H5 还是短视频，是通过微信、微博，还是抖音、直播等媒介渠道去扩散。

（4）模型知识：模型知识要求我们不仅要形成一定的知识结构，还要能将不同的知识结构融会贯通，形成立体的模型结构。比如上面提到的如何提升 DAU 的问题，除了产品、运营、品牌和渠道几个维度外，我们还可以站在竞品、行业、产品生命周期，甚至国家政策等更大的视野角度去考虑，这样就形成了一个立体多维的思考角度。

四种知识类型图示如下。

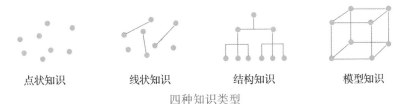

点状知识　　　　线状知识　　　　结构知识　　　　模型知识

四种知识类型

想要做好用户增长，成为一个优秀的用户增长从业人员，需要形成模型化的思维方式和方法论。接下来我们将重点讲解几种重要的思维模式：用户思维、本质思维、价值化思维、系统化思维。四种重要的思维模式如下图所示。

这几种思维方式，虽然看起来很虚，与用户增长似乎并没有直接的关系，但实际上这些是我们做用户增长必须具备的根本思维，也会贯穿于整本书讲到的关于用户增长的相关内容。

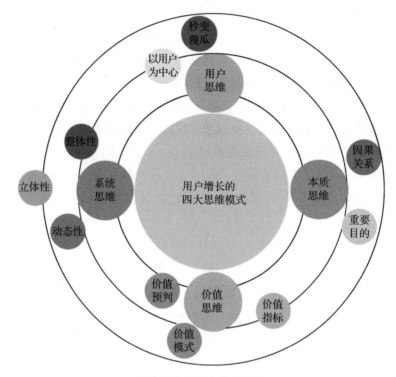

四种重要的用户增长思维

1.3.1　用户思维：用户增长一切要以用户为核心

用户思维就是要以用户为中心，站在用户的角度去思考问题，思考用户增长。

我们都知道腾讯的产品做得特别好，最根本的原因就是，腾讯非常重视用户体验。笔者虽然已离开腾讯多年，却依然还记得腾讯"一切以用户价值为依归"的经营理念。腾讯内部有个著名的"10/100/1000法则"：产品经理每个月必须做10个用户调查，关注100个用户博客，收集反馈1000个用户体验。这正是腾讯重视用户，基于用户去思考问题的体现。

以用户为中心的出发点在用户上，落脚点在问题上。最重要的就是我们要能够秒变"傻瓜"，这里的傻瓜并不是指真正的傻瓜，而是指站在普通用户的角度去使用、去思考产品。也就是忘掉自己的专业背景和经验，这样才容易发现问题、洞察痛点，找到影响用户增长的因素。

微信之父张小龙曾说过："将自己当作傻瓜，这个挺难的，但据我所知，乔布斯采用的也是这个方法，他能瞬间将自己变成一个傻瓜。我就不行，我要经过 5～10 分钟的酝酿才能进入到这个状态，这是非常难达到的一个境界。我观察到公司里面有一个人也很厉害，那就是 Pony，他大概能在 1 分钟的时间内酝酿并进入这种状态。但是我发现我们的产品经理经常花了 3 天还达不到一个傻瓜的状态，所以他们总是太专家了。"

秒变"傻瓜"很难，需要不断地去锻炼，但只有秒变"傻瓜"才能发现问题。很多企业和产品经理之所以发现不了用户痛点，就是完全没有用户思维，或者缺乏让自己秒变"傻瓜"的能力。

比如，我们生活中经常用到的插排，设计了很多插口，但是每个插口的位置都很近，当几个接口一起使用的时候，经常会出现相互排挤的问题，如下图所示。就是这样一个显而易见的痛点，却存在了好多年。

传统插排插孔距离太近造成的使用不便

荷兰一家名为 Allocacoc 的公司站在用户的角度，通过一个小小的改动实现了他们产品的用户增长。

他们打破了传统的设计思维，将插座的结构和插孔的位置做了一个小小的改变，设计出了 PowerCube 插座（如下图所示），完美地解决了以上的问题，而且这些单个的插座还可以根据需求随意组合，使用起来十分方便，这就是用户思维的体现。

Allocacoc 公司设计出的 PowerCube 插座

1.3.2 本质思维：发现事物的本质才能驱动增长

乔布斯曾说过："人们不知道想要什么，直到你把它摆在他们面前。"

用户的需求和想法是复杂的，而且用户往往很难描述或者表达自己想要的东西，这就导致我们很容易被表象所迷惑。

相信大家都听过一个经典的案例——"用户买的不是电钻，而是墙上的孔"。福特公司的创始人亨利·福特曾说过："在没有汽车之前，用户不会告诉你他想要的是汽车，只会说他要一辆更快的马车。"如果福特仅仅停留在用户语言表达的表面意思上，而不去探索问题的本质，那么他可能造的只是一辆马车，永远也造不出汽车。

如何认知本质，发现本质？笔者认为本质思维就是去思考最基础的因果关系，从复杂的关系和联系中，发现用户最重要的目标或者目的。一个优秀的用户增长从业人员所要做的是找出最重要的目的或目标，发现用户表象背后的真实问题，洞察他们隐藏起来的真实痛点，从而实现用户增长。如果发现不了本质，就会无法驱动用户增长。

近些年国内开始流行在平安夜送苹果，以表达平安之意。下面我们假设三种不同的推销场景。

假设今天是平安夜，一个用户要去水果店买苹果，他来到第一家水果店，告诉老板要买苹果，老板非常热情，介绍了各种苹果，既有美国进口的，也有山西的香脆大苹果。用户看了看，没有买。

他又来到另外一家水果店，老板给他介绍了一种苹果，说这种苹果是一种特殊品种，比一般的苹果营养更丰富，用户看了看，仍然没买。

用户来到第三家店，老板说他们有一种专门针对平安夜推出的包装精美的苹果，但是比一般的苹果贵，用户二话没说，直接掏钱买了。为什么用户没买进口苹果，也没买营养更丰富的苹果，反而买了最贵的普通苹果？

如果我们作为苹果店的老板，仅仅是按照用户所说的要买苹果的需求来考虑，那么我们一定看不到问题的本质，发现不了用户的痛点，因而也就不可能将产品卖出去，从而实现用户增长。

我们需要看到苹果背后的联系和用户最根本、最重要的目的。如下图所示，用户表面的目的是要买苹果，我们接着往下分析就会发现，买苹果是为了平安夜送女朋友（不是自己吃，也不是送礼，所以是否进口、是否营养丰富都不是用户考虑的主要因素），送女朋友是为了讨女朋友欢心，是通过苹果表达爱情，苹果此时成了爱情的载体。因此，包装好、设计精致的苹果，更能代表对女朋友的用心，更能表达自己的爱意，这就是为什么他会选择第三家店主推荐的苹果的原因。当我们了解了问题的本质之后，就能找到更好的解决方案，因而就能更好地驱动用户增长了。

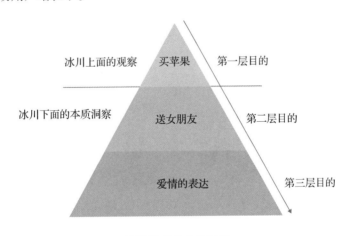

苹果售卖的本质思考

下面再来列举几个示例，例如你和好朋友一起去爬山，突然他说想喝矿泉水，喝矿泉水只是表象，其实他最重要的目的是解渴，他要的是一种能缓解口渴的解决方案。了解了这个目的后，你这个时候递给他其他饮料也可以满足他的需求。

一名初入职场、毫无经验的品牌文案人员希望你能为他推荐一本文案方面的书。其实他的本质目的是想要找到一种快速提高文案水平的方法。

当用户说他需要一个梯子时，他真实的目的可能只是想到楼上。

这才是本质思维的思考方式。只有本质思考才能发现真相，洞察问题，找到痛点，驱动增长。

1.3.3 价值思维：用户增长是用户价值和商业价值的统一

发现痛点、解决痛点、满足需求，最终是要对用户和企业有价值。如果我们能够解决用户痛点，带给用户良好的产品和服务体验，用户就会愿意使用我们的产品，那么这个时候就产生了用户价值。但这只是价值实现的一个方面，除此之外，还需要有商业价值。真正的用户增长是用户价值和商业价值的统一。

商业价值主要指满足用户需求能给企业带来什么。我们可以从下图所示的三个维度和流程进行思考。

价值化思维流程

（1）价值预判：价值预判就是要对整个市场规模、用户结构、用户依赖度进行初步分析和预估，以判断市场的大小和价值度。

（2）价值模式：简单地说就是靠什么盈利，比如，靠广告、增值服务、平台分成等。

（3）价值指标：就是通过什么样的指标来判断价值，主要是指产品上线后的指标考量，主要有营业额、净收入、ARPU 值、DAU、复购率等。

需要注意的是，用户价值和商业价值是相辅相成的，用户价值是商业价值的前提，商业价值是用户价值的衍生。如果以损害用户价值来获取商业价值，实现用户增长，那么这样的产品和服务必然不会长久，也不可能持久增长。

1.3.4 系统思维：用系统化思维去思考用户增长

系统化思维是指我们在思考用户增长的时候，不能零散孤立地看待事物，而是要以整体、联系的思维认知事物，将对象当成一个系统去研究。这种思维能为我们带来全新的整体观，能帮助我们发现用户增长的问题所在。

我们都听说过庖丁解牛的典故，庖丁每一刀下去，刀刀到位，轻松自如，技艺到了出神入化的地步，就连当时的文惠君都惊呆了。之所以解牛对他来说这么轻松，是因为他将牛作为一个系统去看待，掌握了牛的肌理以及相互之间的联系。我们要想达到庖丁解牛的技艺，需要从事物的整体性、立体性和动态性三个层面进行系统化思考。

1.整体性：看到全局而非局部

整体性是系统化思维方式的最基本特征，其主要包含两个方面的内容，第一是每一个事物都是由许多要素构成的系统。第二是我们分析每一个具体的系统时，都要将其放到更大的系统中去思考。

这样说起来大家可能会觉得很难理解。下面就以饿了么外卖平台为例来进行说明。饿了么作为一个解决用户餐饮外送的服务平台，它是一个系统，但该系统是由许多要素构成的，比如用户、平台、送餐员、商家等，这些元素构成了"饿了么"这个外卖系统。这还不够，如果我们能有更全局性的认识，那么我们还要将"饿了么"放到更大的餐饮行业、物流行业、零售行业、支付、技术等系统中去思考，因为这些因素都与增长息息相关。外卖行业整体思考图示具体如下图。

只有从全局出发，才能发现更多的问题，才会找到解决用户增长问题的方法。

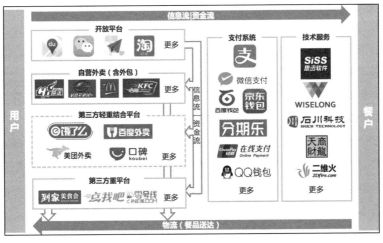

外卖行业整体思考图

2.立体性：看到立体而非线条

系统化思维还是一种立体性思维，也就是说我们既要横向思考，也要纵向思考。

比如，我们在思考某个产品的用户增长的时候，在横向上我们应考虑产品的目标用户是什么样的、是否有竞品、竞争对手做得怎么样、目前市场上的技术是否成熟等，通过分析找到直接的联系和规律，这就是横向思考。

除此之外，我们还需要了解我们的企业目前处于行业发展的哪个阶段，未来趋势是什么样的。将问题放在整个时间进程中去思考，这就是纵向思考。只有进行这样立体化的思考，才能从整体上全面地认知事物的本质。

3.动态性：看到变化而非静止

任何系统都是在不断发展变化的，用户增长也是如此，不同阶段的用户增长遇到的问题都不一样，相应地也应采取不同的增长策略。

我们仍然以外卖平台为例来说明，外卖行业刚刚出现的时候，需要解决的是用户能订外卖的需求。随着行业的发展，用户越来越不满足外卖平台只能订到外卖，用户还需要外卖能够更快地送达。这个时候外卖平台对物流的要求就要发生改变，需要各大外卖平台通过种种措施提升配送体验，与此同时，产品、市场、运营等增长策略也需要做相应的改变。

1.4 本章小结

本章主要讲解了系统的用户增长应该包含三个阶段，以及与这三个阶段相对应的用户增长方法，具体如下。

第一个阶段：产品出现之前的用户增长——找到用户增长的根本驱动因素。

第二个阶段：有了产品之后的用户增长——快速实现用户增长。

第三个阶段：突破生命周期的用户增长——开启用户增长的第二曲线。

接着讲解了要想做好用户增长，需要具备四大思维模型：用户思维、本质思维、价值思维、系统思维。

从第 2 章开始，我们将讲解如何找到用户增长的根本动因。

第 2 章

找到用户增长的根本动因

2.1　没有痛点的用户增长是不持久的

近几年创业的人越来越多，在这些创业失败的案例中，不乏一些 UI 设计非常漂亮的产品，但最终却因为用户增长做不起来而导致创业失败。这些产品失败的最主要原因就是没有找对痛点。

美国硅谷有一家名为 CB insight 的知名独立智库，他们统计分析了几百家失败企业的"尸检报告"，总结出了创新创业公司失败的 20 大主要原因。其中，导致失败的最主要原因就是"没有市场需求"（No Market Need），如下图所示。

没有需求也就是产品与市场不匹配，其背后最根本的原因是找错了痛点，从而为用户提供了错误的解决方案（产品和服务），用户不需要，当然也就不会有用户增长，这也就是我们通常所说的"伪痛点"。通俗地说，就是大部分用户的真实痛点是 A，而你以为是 B，并将 A=B，因此为用户提供的是针对 B 的解决方案，最终辛辛苦苦做出来的产品，用户不使用，只能沦为美丽的废品（如下图所示）。

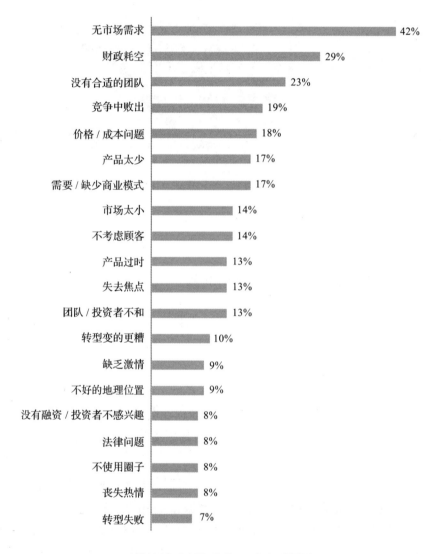

创业失败的前 20 大原因

基于 101 家初创公司失败案例的数据分析

创新创业公司失败的 20 大主要原因

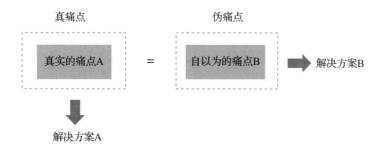

伪痛点分析图

大家可能都还记得 2015 年国内的创业潮和资本热。只要有一个金点子，甚至连产品都没有，就可以拿到几百万甚至上千万的投资。由于资本的进入，催生了一大批创业公司的诞生，它们通过大规模的市场推广、广告投放等手段，在短期内获得了快速的用户增长。现在回过头来看，当时的创业公司 99% 基本上都已经倒闭了。

2018 年比较火的子弹短信，通过创始人的影响力和大量媒体的传播造势，短短十天内获得了 400 万的激活用户，但是在很短的时间内又迅速衰落下去。这些企业和产品死亡的原因有资本因素、有管理等原因，但最根本的原因是找错了用户痛点，用户的增长不能持续下去。

2015 年的时候国内还出现了很多上门服务的 O2O 产品，其中很多都是"伪痛点"项目，比如，上门理发、上门按摩、上门做饭等。为什么这些都是伪痛点？

我们以上门理发为例来分析：相信很多人都有过这样的经历，每次走进理发店，好不容易理完发，一睁眼，发现发型不是自己想要的，结果通常还会为此懊恼好几天。因此对于理发这个需求来说，大部分用户的核心痛点是找不到合适的理发师（手艺好，剪得好看，性价比也高），因此针对用户的痛点，对应的解决方案应该是，怎样才能帮助用户找到适合用户的理发师。

而上门理发只是将用户不想出门，懒惰当成用户理发的核心痛点，从而给出了上门理发的解决方案。这个方案不仅没有解决大部分用户的真实痛点，还造成理完发需要打扫卫生的麻烦。而且陌生人来到家中，还可能带来安全和隐私等问题。因此，类似这样解决"伪痛点"的产品无论用户体验多么好，产品设计多么好看，最终也不过只是"美丽的废品"。

痛点才是用户增长的第一要素，用户增长的第一步是找到用户痛点。

2.2 痛点界定三角

2.1 节中，我们讲了因为找错痛点，导致很多产品成了"美丽的废品"，因而没有办法获得用户的持续增长。如果我们想要创建一个成功的产品，想要获得用户的持续增长，那么首先我们需要能够"去伪存真"，剔除伪痛点，发现真痛点。执行一个没有论证过的想法，将是一件十分危险的事件。

因此，在着手做用户增长之前，我们要找到正确的用户痛点。但是如何才能界定痛点是否是真痛点？这可能也是很多用户增长从业人员最大的"痛点"。

2.2.1 痛点界定三角公式

在讲解如何找到真痛点之前，我们先来看看什么是痛点。

简单地说，痛点就是痛苦的点，是用户在需求满足过程中遇到的问题，这种问题阻碍了需求的达成，造成了用户的痛苦。

从痛点的定义中我们可以看出，要发现痛点必须弄清三点，具体如下。

（1）用户：我们的用户是谁？

（2）场景：在什么场景下进行什么事情？

（3）问题：什么问题阻碍了用户需求的达成？

也就是说，用户、场景、问题，这三个要素构成了痛点界定三角（如下图所示），缺少三角中的任何一个元素去谈痛点，都可能导致痛点判断的不准确和伪痛点的产生。因为不同的人，在不同的场景下，遇到的问题也会不同，因而会有不同的解决方案。

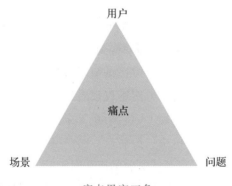

痛点界定三角

下面我们以"吃饭"这件事情来解说痛点是什么。如果直接这样提问，那么得到的答案可能会五花八门，没人能说得清楚。但如果通过痛点三角，将吃饭这件事情放到三个要素里，答案就会一目了然。下图所示的是关于吃饭的痛点界定示例。

用户	场景	问题	解决方案
张三：程序员	在公司加班，快到中午了，肚子饿了要吃饭	工作忙，没时间出去吃饭	饿了么外卖
李四：广告人	今天朋友来北京出差，要在国贸附近请朋友吃饭	国贸附近不熟悉，不知道选什么餐厅	大众点评
王五：大学生	今天生日，请宿舍同学一起庆祝吃饭，想去一个性价比不错能吃能玩的地方	不知道什么地方吃和玩都能解决，而且便宜	美团团购

关于吃饭的痛点界定

（1）张三的痛点：因为忙没时间出去吃饭。张三在公司加班，没时间出去吃饭，用饿了么点了外卖，解决了自己的吃饭问题。

（2）李四的痛点：陌生的地方找不到合适的餐厅请客。李四因为不知道国贸附近有什么比较好的餐厅比较适合请客吃饭，所以最终用大众点评找到了一家环境不错、口味好且比较适合宴请朋友的餐厅。

（3）王五的痛点：找不到性价比高的场所请客。王五是大学生，比较看重性价比，所以通过美团团购选择了一家轰趴馆，节省了不少费用，大家也玩得很开心。

张三、李四、王五三个人因为用户属性的不同，场景的不同，遇到的问题不同，当然最后的痛点也不同，因此解决方案（产品）也会不同。

综上所述，我们在谈论痛点的时候，不要孤立地或者笼统地去看，一定要放在用户、场景、问题三要素中去详细考虑。

以上只是简单地分析了痛点界定必备的三要素，要发现痛点，要为一款产品奠定用户增长的基础并没有那么容易，需要对用户、场景、问题进行详细分析。比如，如何定义用户？他们具有什么样的特征？如何确定场景？用户的问题那么多，什么样的问题才值得我们去解决？

用户、场景、问题三者是密不可分的，一般来说分析用户会涉及场景和问题，同样，谈论场景和问题也不能脱离用户。为了让大家理解得更深刻，下面将对这三个要素分别进行详细深入地分析和论述。

2.2.2　用户——定义目标角色

说到用户，我们都知道用户很重要，但一旦具体到应如何分析用户，应分析用户的什么时，很多人往往又会感觉无从下手。或者只分析了用户的性别、年龄、收入、地域、喜好、行为等，但发现仍然没有得到想要的答案。

要想分析用户需要有正确的方法和步骤，最重要的就是要去定义我们的用户。

定义用户的目的是在产品开发之前，找到"用户共同体"，将对痛点和需求的讨论定义在一定的范围之内，从而帮助我们更好地理解用户，认清我们的服务对象是谁，这样才能有的放矢，实现用户增长。

定义用户的本质实际上是将所谓的"用户"从这个词语里剥离出来，形成一个更具象的特定群体。下面我们就来看看如何定义用户。

1. 定义用户的三大步骤

定义用户是对"笼统"的用户进行细分，创建用户的人物角色，具体包含如下三个步骤。

第一步：确定目标用户

我们准备创建一个产品时，一般会有一些想法（我们会做一个什么样的产品，面向什么样的用户，用于解决什么样的问题）。这些想法实际上已经初步确定了我们的目标用户。比如，我要做一个针对小学生线上学习英语的产品；我要开发一个面向白领的交友 App；我要做一个产品经理的知识付费平台……

这里的小学生、白领、产品经理等就是我们初步确定的目标用户。但是，这里的用户还是比较笼统的，还不足以去找到真正的问题和痛点。

第二步：用户群体细分

通过第一步，我们已经初步知道了产品的目标人群，但是还不足以让我们更好地洞察我们的用户，这就要求我们对目标人群进行细分。用户细分首先需要找出用户细分因子，细分因子就是我们进行用户细分的依据或者维度。一般来说细分的方式有很多种：按用户目的进行细分，按使用周期进行细分，按照行为和价值观的组合等来进行细分等。

比如上面提到的，我们要做一款面向小学生的在线英语学习平台，就可以进行不同的细分。

（1）用户目的角度：用户学习英语的目标会有所不同，可能会有为了提高考试成绩的，有为了提升英语综合素养的，或者为了出国留学的。因此可以将用户目的简单划分为"提高成绩型""素质教育型""出国留学型"，如下图所示。

（2）用户行为角度：如果按照用户的行为和价值观来划分，那么可能会分为"价格敏感型""追求品质型"等。

按目标来进行的少儿英语用户细分

一般来说，根据不同的情况，可以将用户划分为3～6个细分群体。总体来说，要看这个细分因子对我们是否有价值。用户细分的核心思想是将有"共同特征"的用户进行聚类，而且这个聚类一定是要与我们的产品相关的。

第三步：创建人物角色

在通过某个细分因子对用户进行细分之后，我们需要根据细分因子创建用户角色。人物角色就是在人群细分的基础上，为每类人群加入更多的细节。目的是让我们能够更综合、更有感知地去了解和认识我们的用户。人物角色主要包含以下一些内容。

（1）关键差异信息（目标、行为和观点）。

（2）个人信息（性别、年龄、婚姻状况、籍贯、学历、职业、性格、兴趣爱好等）。

（3）互联网使用情况（时间、频次、喜好等）。

（4）人物角色简介。

（5）附加属性。

（6）通过人物角色想要达到的商业目标。

（7）人物角色的优先级。

（8）场景。

下图就是我们根据少儿在线英语平台的"追求品质型"的细分用户创建的用户角色。

首要人物角色

追求品质的 Rock

爱生活爱家庭
凡事追求完美
最看重英语在线教育平台的教学水平和效果
价格不是最主要的考虑因素

简介

Rock 是一个对什么都有要求的人，力求做到让自己满意为止。在工作中 Rock 是一个有责任心的管理者；在家庭上，为了小孩的教育也费尽心力。小孩英语教学线下资源很紧张，为了给小孩找一个合适的外教十分不容易。Rock 希望找到一家高水平的网上英语学习平台，能提升小孩的英语成绩，更看重小孩的英语综合素质的提升，而不是仅仅会考试。因此，他希望老师是纯正的欧美外教。

Rock 不在乎在小孩身上投入大量的精力和资金，但他不知道在哪里获取这种信息。他主要还是通过朋友、同事的推荐，以及从小区里的电梯中看到的广告去了解此类信息。此外，他还会通过网络去探索相关信息。但他发现这样的平台比较多，这些平台的网站看起来都差不多，不知道应该选择哪一家，查找了很多信息，也没法做出决定。最终决定去试试几家口碑还不错的平台，看看效果如何。

商业目的

成为高端少儿英语线上首选平台

认可我们平台的教学模式、外教师资力量、课程设置

愿意在我们平台为小孩学英语付费

愿意推荐其他家长使用我们的平台

用户目的

提升孩子的英语综合素质，尤其是口语能力

最关心的：

外教是否是北美外教

课程是否趣味性强

个人信息

职业：运营总监

年龄：35 岁

家庭情况：已婚，一家三口

爱好：运动、看书

性格：开朗大方、热情、活力

喜欢的节目：《第一财经》《晓说》《盗墓笔记》等

商业信息

工作地点：北京西二旗中关村软件园

从业时间：12 年，公司中层

下属：20 个

收入：100 万 / 年

资产：有车、已购房

互联网使用情况

主要使用 App：微信、微博、爱奇艺、网易云音乐、得到、今日头条、滴滴打车等

上网时间：每周 20 小时

少儿英语在线平台"追求品质型"人物角色图示

2. 创建人物角色的三种方法

上文中，我们讲解了用户定义需要确定目标用户、用户群体细分、最终创建人物角色三大步骤。初步确定目标人群比较容易，比较困难的是如何进行用户群体细分，如何创建人物角色。

关于如何细分用户群体，如何创建用户人物角色这一点，Steve Mulder 在《 The User is Always Right 》一书中介绍了三种方法。这三种方法主要是根据定量和定性的用户研究分析方法来区分的，因此，在介绍这三种方法之前，我们先来简单了解下定量和定性的用户研究方法。

（1）定性研究：主要是指通过小规模的样本量来研究用户的方法，是一种开放式的研究，通过定性研究来发现用户的新想法和未知的问题。定性研究是一种低成本的方法，是通过探索用户"说了什么"，来揭示他们的目标和观点。主要包括用户访谈、焦点小组、用户观察、卡片分类、日记记录等。

（2）定量研究：主要是通过大量的样本量来帮助验证定性研究的一些假设和想法。定量主要是研究用户"怎么做"的问题，因为用户往往说的和做的可能完全不一样，定量研究能够发现用户真正的行为是什么，主要包括问卷调查、A/B 测试、大数据分析等。

下图中，我们通过用户所说、所做、定量、定性四个维度，分成了四个象限，各个象限中又可以加入具体的、不同的调研方式。

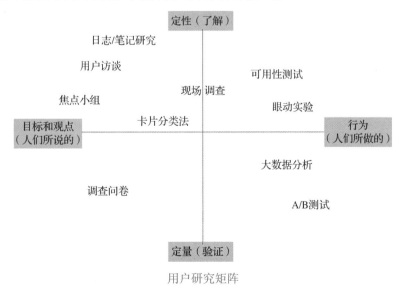

用户研究矩阵

根据具体采用的是定性研究还是定量研究，或者两者一起使用，Steve Mulde将如何进行用户群体细分，以及如何创建人物角色分成了三种方法，具体如下。

（1）定性人物角色：第一种方法直接通过定性来进行用户细分，然后创建人物角色。这种方法相对来说是投入最低的一种方法，但是因为没有定量的调研，因此有可能导致最后的人物角色不准确。

（2）经定量验证的定性人物角色：第二种方法则是先通定性研究来确定细分用户群体，然后再通过定量研究来验证用户细分群体，最后在验证的基础上创建人物角色。这种方法相对于第一种方法会稍微花费一些资源和人力。因为加入了定量调研，因此结果会更准确一些。但是如果通过定量研究得出的结果与定性研究不一致，则会重新去做研究，因而会花费更多的时间和精力。

（3）定量人物角色：前两种方法都是细分出某一维度的细分选项，比如，按照目标用户使用产品的目的来划分。但第三种方法是先通过定性分出众多的、可能的细分人群假设，比如按照目的、按照行为等，然后通过定量找到最正确的人群细分，再来确定人物角色。

因为假设的用户细分群体太多，需要投入大量的时间、人力、资金，但因为这种分析方式更全面，因此定量人物角色是三种方法中，更容易找到正确方案的方法。

这种方法比较适合用于分析人物角色由许多变量决定，不容易弄清楚哪个变量的时候，而且公司愿意付出大量的金钱和时间成本的情况。下图所示的是创建人物角色的三种方法优缺点对比图。

	方法一	方法二	方法三
	定性人物角色	经定量验证定性的人物角色	定量人物角色
步骤	1. 进行定性研究 2. 在定性研究的基础上细分用户群体 3. 为每一类用户群体创造一个人物角色	1. 进行定性研究 2. 在定性研究的基础上细分用户群体 3. 通过定量研究来验证用户细分 4. 为每一类用户群体创造一个人物角色	1. 进行定性研究 2. 形成关于细分选项的假设 3. 通过定量研究收集细分选项的数据 4. 基于统计聚类分析细分所有用户 5. 为每一类用户群体创造一个人物角色

创建人物角色的三种方法

优点	1. 投入低 2. 简单易理解 3. 所需要的专业人员比其他方法更少	1. 可以向管理层提供可量化的证据 2. 简单的人物角色便于理解和使用 3. 仅需要较少的专业人员	1. 人为因素影响比较小 2. 更容易找到最好的方案 3. 可以检查更多的变量
缺点	1. 没有量化的证据 2. 没办法对已有的假设进行验证	1. 需要增加额外的工作 2. 在原有假设基础上的验证，很难有新的发现 3. 如果验证的结果与假设不相符，则需要重新做，需要花费更多的时间和资金	1. 工作量大，时间周期长 2. 需要配备更多的专业人员 3. 可能出现与原有假设甚至商业模式相悖的结果
应用场景	1. 没有太多的资金和时间投入时 2. 管理层的信任 3. 风险可控的项； 4. 目的是先在小项目上进行试验，再用到大项目上	1. 能够付出更多的时间和资金 2. 管理层需要量化的数据 3. 确定你的定性细分人群是正确的	1. 能够投入大量的时间和精力 2. 管理层需要量化的数据 3. 希望通过多个模型找到最合适的那一个 4. 你的人物角色是由多个变量决定，但不清楚是哪个变量

创建人物角色的三种方法（续）

以上三种方法各有优缺点，具体应使用哪种方法，则主要根据我们的项目背景以及应用场景而定。比如当我们没有太多的时间和资金可用来投入时，而且自己对未来有可能出现的风险有把握的时候，就可以采用第一种，通过定性去确定人物角色的方法。时间快，花费少，也省时省力。

3. 用户、客户及利益相关方

在互联网公司我们都喜欢说用户，比如腾讯的"一切以用户价值为依归"。但笔者想说的是，我们除了需要重视用户之外，还有两大群体不能忽略：客户以及利益相关方。这些都是我们在做用户研究和分析的时候需要考虑到的。只有我们关注不同群体的价值诉求，才能对用户认识更深刻、更系统、更准确。

1）关于用户和客户

用户：关于用户我们很好理解，就是使用我们产品和服务的人，不一定花钱购买或消费。比如，我们使用百度地图、微信、微博等，我们就是他们的用户。

客户：客户就是购买产品或服务的人或组织，简单来说就是客户一定是要付钱的。客户可以是一个人，也可以是一家公司，比如，公司采购了一批电脑。

用户和客户的关系主要包含如下几种情况。

（1）用户就是客户：一般大多数的传统企业客户就是用户，你要使用企业的产品或服务就必须付钱。比如买衣服、吃饭、打车，等等。还有很多 to B 的企业软件和产品，他们的购买者和使用者是相同的人。

（2）用户和客户完全不同：即产品和服务的使用者和购买者基本上是不同的群体，比如百度搜索，使用者一般是免费使用的，付费的是购买搜索页面投放广告的人或企业。虽然用户是免费的，但庞大数量的用户群体让产品本身变得有价值了，从而可以吸引众多广告主（客户）向百度页面上投放广告。很多互联网产品都是采取用户免费，通过其他方式赚钱的模式。

（3）部分用户是客户：就是将部分用户转化成客户以盈利。比如，爱奇艺累计用户数高达好几亿，但是其付费会员即（客户）只有几千万。爱奇艺除了付费成为会员的客户之外，还有付费投放广告的客户。

从上面的分析中，我们可以知道。有的产品仅仅只有用户（用户和客户相同），有的产品既有用户，也有客户。对于后者，如果我们忽略了客户，则会导致我们认知的不全面，从而无法提供合适的解决方案。

比如，最近几年特别火的 K12 在线教育（K12 是 kinderg-arten through twelfth grade 的简写，是指从幼儿园到十二年级），就涉及了用户（学生）和客户（家长）两个角色，使用者和决策者是分离的。如果我们仅仅只考虑用户，而不考虑作为决策者和购买者的家长，则会很难去发现真正的用户痛点，因为学生和家长对产品的诉求完全不一样。

以小学生为例，他们除了日常上课和课后作业之外，家长还会为他们报名参加各种课外班。美术、舞蹈、绘画、钢琴……众多课外班就已经让他们疲于应对了。在线教育作为一种辅助手段，更看重趣味性，在快乐中学到知识，收获成长。而家长则更看重产品是不是可以随时检查孩子的学习情况，通过在线教育的学习是不是能给小孩带来改变，比如，可感知的分数提升，学习习惯和态度的改变，等等。因此，我们的产品既要考虑学生的痛点，也不能忽视家长的问题。不仅要让小朋友们喜欢，还要能打动家长，让他们愿意购买。如果只考虑到一点，不仅用户痛点容易找错，而且还会影响后期的用户增长。

2）用户与相关利益方

还有就是除了用户和客户之外，我们还需要关注利益相关方。所谓利益相关方，是指虽然不是用户和客户，但与用户和客户关系紧密。比如，上面提到的 K12 在线教育，除了学生和家长之外，学校、老师就是利益相关方，老师和学校虽然不直接付费，但他们可能会成为一个推荐者或者反对者的角色。如果以学校和老师的信任背书，去推荐某个在线教育产品，那么家长付费的可能性将会大大增加，用户增长也就更为容易；反之，则会对该产品产生不好的影响，影响用户的增长。

2.2.3　场景——确定用户场景

在讲解什么是场景之前，我们先来看一个与麦当劳有关的故事。

很多年前，麦当劳为了提高公司奶昔的销量，雇用了专业的研究人员来调查顾客到底喜欢什么样的奶昔，是更甜、更黏稠，还是更凉的奶昔。通过专业的调研分析，麦当劳根据用户的喜好，开发了几种新的奶昔产品，没想到几个月过后，奶昔的销量仍然没有增加，研究人员就是找不到原因。其中一名研究员杰拉德·博斯特尔放弃了研究产品本身，转而对用户进行观察。他每天坐在麦当劳里面长达 18 个小时，观察买奶昔的用户的行为，从而得到如下几个发现。

（1）买奶昔的人大多数都是在早上购买。

（2）用户通常独自一人，除了买奶昔之外几乎很少购买其他食物。

（3）他们一般不在店里喝奶昔。

为了弄清楚以上现象的原因，杰拉德进一步与用户交谈得知，这些喝奶昔的用户大多数都是上班族，因为这些在早上买奶昔的用户每天上班都要开很长时间的车。在这么长的路途中，他们会感到百无聊赖，而且 10 点左右一般也会感觉有点饿，这个时候奶昔刚好可以打发无聊的时间，还可以解决用户有点饿的问题。

用户也尝试过其他的早餐解决方案，比如吃香蕉通常几口就吃完了，而且消化太快，很容易又会饿。面包又会非常不方便，弄得手上都是油，车里面也到处都是面包屑。所以奶昔成了他们的最佳解决方案，一杯黏稠的奶昔要花很长时间才能吸得完，也能抵挡得住 10 点左右的饥饿感，放在车里也很方便。

麦当劳在了解到用户购买奶昔的原因之后，针对用户的消费行为，重新开发了新产品，增加了奶昔的浓度，让他们可以喝更长时间。同时还在奶昔中加入了水果块，不是为了让用户感觉到健康，而是在他们的无聊旅途中增加一些惊喜。而且还在包装上采取了防漏设计，以保持车内的干净。通过重新改良的产品设计，麦当劳的奶昔销量得到了大幅度的提升。

通过以上案例我们可以得知，如果我们仅仅是讨论用户喜欢什么口味的产品，而不是去观察用户在特定的场合和情境下的行为和目的是什么，那么我们无论多么努力也发现不了用户的真实的痛点。就像麦当劳奶昔案例中，谁会想到用户购买奶昔是为了填饱肚子和打发无聊的时间，而且用户大多是在车里吃奶昔呢？如果最终都无法提供正确的解决方案，那就很难持续带来用户的增长。

既然场景如此重要，那么我们接下来就来看看什么是场景，它与我们上面提到的"奶昔故事"有什么关系。

1. 场景是三个"间"

如果要具体解释场景的话，那么我们可以简单地把场景归纳成三个"间"，即时间、空间、心间。时间和空间比较好理解，"心间"主要是指用户、事情和目的，是由用户的行为和心理构成的。

通俗地说就是，场景是指在什么时间（WHEN），什么空间（WHERE），什么人（WHO），做了什么事情（WHAT），要达到什么样的目的（WHY）。时间、空间、心间（人物、事件、目的）几大要素构成了一个画面，这个画面就是场景（如下图所示）。

场景本来是一个紧密相连的系统，三个"间"是密不可分的，但是为了让大家更好地理解，下面我们将三个"间"的几大要素进行拆分分析。

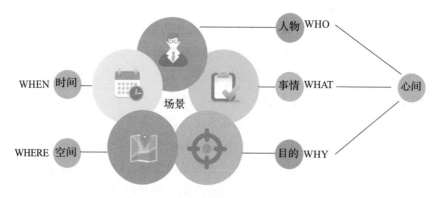

场景构成图

1）时间

时间是指用户在什么时候使用我们的产品，比如，早上、中午、晚上、白天、黑夜等。不同的时间，用户的需求和行为会不同，痛点也会有所不同，因而需要对应于不同的解决方案。

比如，我晚上关了灯，躺在床上，想在睡觉之前打开今日头条浏览新闻，但是屏幕太亮，很伤眼睛，于是我打开了夜间模式，让眼睛更舒服。今日头条的夜间模式，其实就是根据用户在不同的时间场景下，进行的产品设计。如下图所示的是今日头条的两种不同的阅读模式。

今日头条的白天/夜间阅读模式

大家经常使用的滴滴打车 App，该 App 除了有最常用的现时叫车功能之外，还有一个预约叫车的功能。这也正是从时间维度考虑了用户的用车痛点。比如，我们可能会遇到第二天凌晨四五点钟去机场的情况，这个时候如果临时叫车，一般会很难叫到，时间也比较赶，很可能会导致误机。滴滴的预约叫车功能则可以提前预约最近三天的车辆（如下图所示），这个功能刚好能够解决用户的痛点。

滴滴的提前预约叫车功能

2）空间

其实我们做产品与行军打仗、排兵布阵也有类似之处，地点（空间）就是我们不得不考虑的重要因素，《孙子兵法》总共 13 篇，就用了《地形》《九地》两篇来讲地点的重要性。书中提到："夫地形者，兵之助也。料敌制胜，计险阨远近，上将之道也。知此而用战者必胜，不知此而用战者必败。"地形是克敌制胜的重要条件，高明的将领必须掌握运用地形的方法，掌握了研究地形的方法就能够取得胜利，反之则必定会失败。这说明"空间"对于战争胜利的重要性。

　　李世民每次打仗都会亲自勘察地形，而不是将这项任务分派给他的部下，因为他说答案就在现场，"现场有神灵"，只有看到了现场，才知道如何根据实际情况用兵。《三国演义》中，关羽水淹七军就是因为了解到了当地的地理环境和气候条件，看到曹军错误地将部队驻扎在低洼地区，于是利用下雨的时候，放水淹了于禁的七军，而马谡则因为忽略了地形的因素而失了街亭。

　　现代商业社会中，我们做产品也是如此，只有好好掌握"空间"的使用方法，才能成为真正的"上将"，才能打好"产品"这一仗。也就是说我们需要考虑产品是如何围绕空间与用户建立联系的，在家里、公司里、地铁上、路上、室内、室外等，不同的空间与用户建立的联系是不同的。

　　比如，百度糯米就是利用了"空间"的方法来提升业绩，获得用户增长的。百度糯米利用用户空间的变化，通过实时大数据位置感知技术，对用户进行推荐。当用户进入某个商场或者商圈的时候，通过用户的地理位置，精准识别用户到店的场景，对于已经有糯米券的用户，直接提示用户有消费的券码。而对于没有券码的用户，则推送相关店家的团单消息。

　　百度糯米通过对"空间"的运用，唤起了用户的消费需求，帮助用户做消费决策，解决了用户不知道吃什么，或者忘记使用券码而导致过期等问题。通过这样一个基于地理位置场景的推荐，使成单率提升了百分之十几，带动了GMV 增长，从而获得了用户的增长。

　　需要说明的是，商业行为中的"空间"既指现实中的空间，也指线上虚拟的空间。现实中的空间比较好理解，就是我们经常所说的地铁上、家里等，而线上则主要是指不同的平台，比如，知乎、美团、滴滴、网易新闻、微博等，它们是不同的场景，不同的空间，用户的行为和习惯完全不同。此外还包括同一平台下具体的某个环节和页面等，比如，首页、下单页、支付页、登录页等。

　　3）心间（人物、事情、目的）

　　心间主要包含了人物、事情以及目的三要素。

　　所谓人物就是我们的目标用户，通过细分人群，去发现他们的人物角色。关于这一点，前文中已经有过讲解，这里就不再重点解释了。

　　事情是指用户的行为，事情最重要的就是要有目标性，为什么要做这件事，通过这件事想要达成什么样的目的。一切脱离用户目的的场景都是假场景，目的代表着一种指向性，它是需求的前提。只有在有目的的事情中才能找到痛点。

下面我们以喝咖啡为例，喝咖啡的目的有很多，可能是为了味道（在乎品质）、约会（看重环境），或者其他。前几年兴起的创业咖啡厅主要是为用户提供创业交流、项目对接的场所。用户去创业咖啡厅的目的更多的是获得创业相关的资讯，以及与投资者、创业者等人员进行交流。如果我们忽视了用户的目的，就像一般的咖啡厅一样，只将关注点放在咖啡好不好喝、环境好不好等上面，这样就是找错了痛点，提供了错误的产品解决方案，那么这家咖啡厅的运营一定不会好，也不可能带来用户的增长。

2. 场景是同理心

场景还是一种同理心，场景的作用在于还原用户行为，站在用户的角度，去发现用户痛点，为用户提供正确的产品和解决方案。

我们不仅要看用户怎么说，还要看他们怎么做。在产品开发之前，我们除了进行正常的调研之外，还要监测、观察，甚至模拟用户的行为，因为这样做往往能让我们发现不一样的东西。而对于已有的产品，则可以通过后台数据去分析用户的行为。

上文提到的麦当劳开发奶昔新产品的案例，刚开始我们无法发现用户痛点，或者说找到的只是错误的用户痛点，就是因为我们没有将自己置身于真实的用户场景之中，只站在了自己角度去思考产品。杰拉德则通过观察，将自己与用户放在同一场景之中，才找到了正确的痛点和解决方案。

《凯叔讲故事》的创始人王凯曾说过："不为场景打造出来的产品与垃圾无异。"他在刚开始创业做《凯叔讲故事》这个产品的时候，非常自信，他觉得自己是央视主持人，还是小说演播艺术家，拿过很多奖，给孩子讲故事这个事情对他来说就是一件驾轻就熟的事情。于是，他用十分生动鲜活的语言，一天录了 18 个故事放到产品上。开始上线一段时间之后，收到了接二连三的投诉，说他讲的故事太过于鲜活了。王凯百思不得其解，难道讲故事不应该鲜活吗？不应该有感染力吗？

直到王凯与用户沟通交流之后，才发现他之前根本没有考虑用户使用的场景，没有与用户保持同理心。听他讲故事的高峰期是在晚上 8 点半一直持续到 11 点半，一般是妈妈陪着孩子听故事，家长除了通过听故事让孩子学到东西之外，还希望孩子能够听着听着慢慢入睡，要不然很容易会影响到孩子的睡眠。而他之前的产品不是讲得不好，而是太生动了，孩子越听越兴奋，越听越不想睡觉，所以家长才会抱怨和投诉。

于是他开始尝试根据用户的使用场景去调整产品，每天换一个故事，每个故事结束的时候附上一首生涩难懂的诗歌，比如，类似于"锦瑟无端五十弦，一丝一弦思华年"这样的诗歌，然后读个十几遍，每一遍的声音越来越小，直到似有似无。调整之后的新产品上线之后，得到了家长的一致好评。因为，听他的节目不仅能让孩子学到知识，而且还能让孩子很快入睡，不耽误孩子的睡眠。

3. 场景是冲突感

场景最重要的就是要有冲突感。美国著名的剧作家大卫·马梅说过："吸引读者一直读下去最简单的方法就是冲突，如果一个场景没有冲突，就会让人看得兴味索然。每一个场景都必须要有某种形式的冲突，否则就需要重新改写。"

场景本来是戏剧影视领域界的一个概念，原本是指戏剧、电影中的时空。剧本和影视中的冲突感，目的是为了让影视作品有张力，让观众愿意看下去。而商业场景中，也需要通过用户场景中的冲突感去发现痛点。

生活中我们经常会遇到的这样的场景，开车去与朋友聚餐，将车停在商场的地下停车场。两个小时后，吃完饭回到地下停车场，却发现停车场实在太大，再也找不到自己的车了。这个时候就产生了场景的冲突感，这种冲突感是用户痛点和需求的起点。如果这个时候有车内定位装置将手机和车连接起来，再通过室内地图导航，就可以很好地解决场景中的冲突和痛点。"奶昔案例"正是因为研究人员通过观察发现了用户与产品之间的冲突，找到了用户痛点，为改进奶昔产品，提高销量提供了依据，最终获得了用户增长。

2.2.4　问题——发现迫切性问题

痛点是一种问题思维，痛点的价值在于"解决问题"。企业和产品经理首先要做的就是发现用户遇到的问题，然后通过产品去帮助用户解决问题。

但是不同的用户在不同的场景中遇到的问题是不同的，就算是同一类用户也会遇到各种问题，并非所有的问题都有价值。那么到底什么样的问题才是最有价值的问题呢？决定问题价值大小的核心要素又是什么呢？

迫切性是决定问题价值大小的核心关键，如果是单一问题，那么我们需要看这个问题的迫切性是否足够高。如果用户在需求的达成过程中遇到许多问题，那么我们要去发现用户迫切性最高，最需要解决的那个问题，也就是会让用户"愤怒的""无奈的"的问题。只有这样的问题才是用户的核心痛点。

下图中的横坐标表示问题的迫切程度，纵坐标代表用户的感知程度。迫切性和痛感是成正比例关系，问题的迫切性越高，则用户得不到解决就会越痛苦，痛感就会越强烈，当痛点超过了用户的容忍阈值的时候，用户就越有可能使用我们的产品，我们针对这样的问题所做的解决方案，开发出来的产品，也越有可能带来用户的增长。

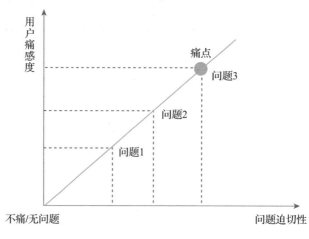

用户问题分析图

比如，你到一个景区旅游，突然有点渴想喝水，但这个景区的矿泉水要50元钱一瓶，价格很高，而你也没那么口渴，那么你购买那瓶矿泉水的可能性就会较小。这个时候，虽然有需求，也遇到了问题，但由于你没那么渴，因此对于解决这个问题的迫切性就没那么强烈了。但如果此时此刻你是置身于一个荒无人烟、50度高温的沙漠中，已经三天没喝过一滴水了，这时一瓶矿泉水哪怕卖到100元钱你也会买。这个时候问题的迫切性很强，强到不喝水则可能面临着死亡。这就是用户最有可能为产品付费的痛点。

2.3　本章小结

因为本章的内容比较多，因此为了便于大家更好地理解，下面就来整体回顾一下本章主要讲过的内容。

本章主要的核心是：痛点才是用户增长的根本动因，用户增长的第一步是找到用户痛点，开发出能解决用户痛点的产品，也就是痛点的解决方案。如果产品不能解决用户痛点，那么无论这个产品设计得有多么漂亮，最终也只能成为美丽的"废品"，哪怕通过各种方式和手段获得了短期的用户增长，也不能长久持续下去。

因此，实际上在没有产品之前，增长就已经开始了。

本章还讲解了如何通过痛点三角这个模型去发现痛点，痛点三角主要由用户、场景、问题构成，也就是说我们在界定用户痛点的时候，一定要将问题放在这三个要素中去考虑。

1）用户

用户分析最重要的就是我们应如何定义用户，定义用户的目的是找到"用户共同体"，把对痛点和需求的讨论定义在一定的范围之内，认清我们的服务对象是谁。定义用户主要分为三步，具体如下。

（1）找到目标用户。

（2）对目标用户进行细分。

（3）在细分的基础上创造用户人物角色。

接着，本章讲了 Steve Mulde 如何创造人物角色的三种方法，这三种方法主要是基于对用户的调研方法不同而定的，即定性创造人物角色、经定量验证的定性人物角色、定量人物角色。此外，在我们研究用户的时候，我们还不能忽略与用户相关的客户，以及相关的利益方。

定义用户，创造人物角色之后，我们就能很清楚我们的产品面对的是什么样的人群，他们有什么样的行为和特征。

2）场景

场景最主要的就是三个"间"，即时间、空间、心间，通俗地说就是什么时间（WHEN），什么空间（WHER），什么人（WHO），做了什么事情（WHAT），要达到什么样的目的（WHY）。时间、空间、心间（人物、事件、目的）几大要素构成了一个画面，这个画面就是场景。

发现痛点需要我们将用户置于场景之中，要有同理心，站在用户的角度，还原用户的行为，并在用户行为中发现冲突。

3）问题

将用户置于场景之中，去发现用户遇到的问题，但是并非遇到的所有问题都是值得去解决的痛点，最重要的是要看这个问题对于用户的"迫切性"程度。针对用户遇到的单一问题，我们要看这个问题的迫切程度是否高，如果用户遇到多个问题，那么我们最重要的是要找到多个问题中迫切性最高的那一个。迫切性越高，得不到解决的用户就会越痛苦，其就越有可能成为用户的核心痛点，当我们开发出这样的产品时，用户也越有可能使用我们的产品，也就越有可能带来用户的增长。

如下图所示的是痛点三角分析模型图示。

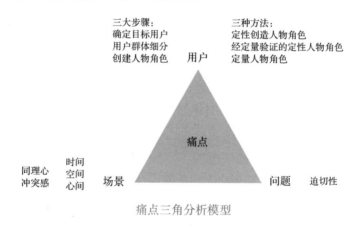

痛点三角分析模型

总的来说，本章主要讲了痛点是用户增长的根本动因，是用户增长的第一步。我们可以通过用户细分找到我们的用户，将他们放在时间、空间、心间构成的场景中，去发现他们遇到的迫切性最高的问题。

第3章中，我们将具体分析从哪些维度去洞察用户痛点。

第 3 章

洞察痛点的五大维度

第 2 章中，我们分析了用户增长的第一步就是找到用户痛点，并为用户提供解决方案（产品），也就是将用户置于场景之中，发现用户最迫切、最需要解决的问题。本章我们主要讲解具体从哪些维度去寻找用户痛点。

痛点看起来有很多，但痛点背后的人的本性是不会变的。实际上，很多痛点我们都可以从如下 5 个主要维度去思考。

（1）生存：人们都想更好地生存。

（2）效率：更高效率地去完成事情。

（3）价格：以更低的价格买到想要的产品。

（4）角色：需要向外展示自己的"角色"。

（5）精神：实现内部精神世界的追求。

当阻碍以上行为的问题出现时，痛点就有可能产生了。如下所示的是痛点洞察五大维度分析图示。

因此，我们可以从以上 5 个维度出发去发现痛点，这里需要强调的是，具体是什么痛点，仍然不能脱离用户、场景、问题三要素。下面我们就对每个维度进行逐一分析。

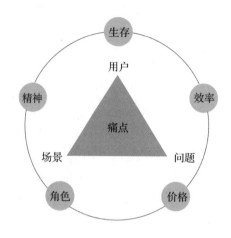

痛点洞察五大维度分析图

3.1　生存痛点：发现影响用户生命和财产的问题

生存与繁殖是人类与生俱来的本能，"长生不老"是人类亘古不变的追求。从古代秦始皇派出五百童男童女前往东海求取长生不老仙药，到现在医学和科技的发展进步，人类无不想延长自我的寿命。

可以说，人最大的痛就是害怕生命的逝去。生病、挨饿、劳累等一切威胁到人生命的事物都会让人产生恐惧，感到痛苦，从而人们想摆脱这种痛苦的情绪就会十分强烈。因而，与"生存"有关的痛点最容易被用户感知，最容易被企业发现，从而引发商业行为。

人类在茹毛饮血的远古时代，因为资源缺乏，觅食、储食、御寒等十分重要，没有这些他们很可能就活不下去。因此，在远古时代，人类都需要保护自己的食物等财产，因为这些在一定程度上代表了生命的延续。

3.1.1　"生存"痛点分析

我们可以从痛点的方向、涉及的主要行业以及产品的属性三个角度来具体分析与"生存"有关的痛点，如下图所示。

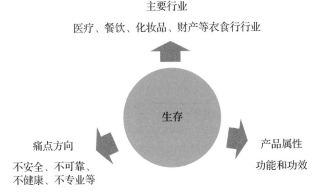

"生存"维度痛点分析图

1. 痛点方向

在现代社会，虽然财产的损失并不会直接威胁到生命，但是受几百万年以来人类形成的基因和心理的影响，当财产受到威胁的时候，人类也会产生恐惧和痛苦。因此，这里讲的"生存"是一个大的概念，不仅仅与人的直接生命有关，也与人所拥有的资源、财产等有关。

因此，我们所说的与"生存"有关的痛点主要包含用户的生命和财产两个方面。凡是会影响到用户生命和财产的迫切问题都有可能成为痛点。

（1）与生命有关的：对生命不安全、不健康的担心。

（2）与财产有关的：对财产不安全的担心。

这只是寻找痛点的大方向，具体到用户痛点是什么，还是要将不同的用户，放在具体的场景下去思考。比如，以空气污染为例，在北京等雾霾严重的城市和地区，用户关注的痛点可能是雾霾的危害，而对于刚装修完的房子考虑的则可能是能不能净化甲醛等。因此，对不同的用户需要提供不同的解决方案。如果生产空气净化器的厂家将一款去甲醛的产品推荐给希望能去雾霾的用户，则很难带来用户增长。

2. 行业角度

从行业来看，这一类痛点主要与医疗、餐饮、化妆品、财务等衣食行行业密切相关，当遇到这些行业和产品时，我们可以多从"生存"维度去思考用户痛点。

大家所熟知的王老吉，就是解决了用户吃火锅等"怕上火"的痛点。

支付宝解决了用户怕支付不安全的痛点。

很多中小型互联网金融平台也是从用户担心理财不安全的痛点出发，向用户传递安全、专业的品牌形象和主张（如下图所示），建立用户的信任感，这样更容易获得用户的增长。

理财"安全"海报

3. 产品角度

从产品的角度来说，这类痛点一般与产品的功能或者功效相关。

比如，我们经常使用的插座，安全性就是用户最大的痛点。不安全的插座特别容易引发火灾、触电等，伤及人身安全。公牛插座因为解决了用户安全的痛点，获得了快速的用户增长，靠"安全"成为行业的领导者，将一个"小生意"做成了一年销售额达 67 亿的大生意,公司市值高达 56 亿。下图所示的是公牛插座宣传其产品安全性的海报。

公牛插座安全海报

沃尔沃汽车主打安全也是出于同样的原因,还有很多化妆品主打的不伤皮肤、快消品的不含添加剂等卖点都是从与"生命"有关的产品功能出发去发现用户痛点。

3.1.2 "生存"痛点实现用户增长的关键

"生存"看似是最基本的维度,却是用户感知最强烈、最直接的维度。对企业来说,这种痛点最容易被发现,因此,竞争也最激烈,会造成很多产品和服务都在说一个相同的痛点的问题。这种情况下,要想实现用户增长,又该怎么办呢?

首先是要发现痛点。

其次,更重要的是,如何让用户相信你的解决方案,让用户觉得你是真正解决了他的痛点。最关键的就是需要找到痛点可"信任"的支撑,才有可能获得用户增长。

下面我们来看看在医疗整形行业比较火的一个 App——新氧,是怎么做的。

新氧,是目前国内最大的医美社区和电商平台,是互联网医美上市第一股,平台拥有 2500 万用户,超过 7000 家医美机构入驻,成为互联网医疗领域又一家独角兽企业。

新氧 App 的成功，首先在于其能洞察行业，发现痛点机会。这是一个"看脸"的时代，随着"颜值时代"的到来，越来越多的人希望通过改变外貌在工作和生活中获得更多的优势和机会，医疗美容行业也因此得到了快速地发展。很多企业也看到了这个机会，于是通过互联网，将很多医美机构搬上网络，各种医美 App 应运而生。但很多医美 App 都没能做起来，或者拿不到融资，最重要的原因就是他们没有找到用户痛点。那么医美行业最大的用户痛点究竟是什么呢？

医美行业最大的问题其实是信任问题，用户首先考虑的一般是这家医院安全不安全。很多用户担心钱花了，人没变美，反而变丑了，更糟的是对身体还造成了伤害。网络上各种整形失败的报道和案例，更让很多爱美的人对整容望而却步。不安全、不放心成为阻碍用户使用医美 App 的最大痛点。谁先解决这个痛点谁就有希望首先赢得用户增长。

其实，除了新氧之外，还有很多企业也看到了医美行业高速发展和成长的机会，但是他们大多数的 App 仅仅是医院、医生信息的罗列和汇集，比如医院的环境展示、医生的介绍、医院的实力，等等，这些信息根本不能解决用户的信任问题。

而新氧之所以能够成功，受到用户和投资机构的青睐，是因为新氧直接从用户痛点出发，从以下几个方面解决了用户信任问题。

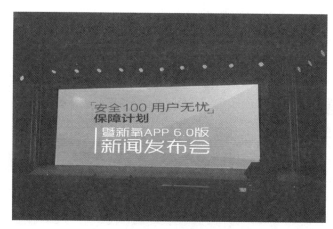

新氧的"安全"保障发布会

（1）真实消费者感受展示，增强消费者体验感知：以整容的消费者上传的整形日记作为切入点，新氧在短短几年时间内已经积累了几百万篇的消费者整形日记。通过日记让消费者和潜在用户进行交流，帮助潜在用户做消费决策。医生说什么不重要，重要的是让潜在用户看到真实的案例，感受到消费者在整容过程中心理和身体的变化，提前看到真实的效果，从而缓解想整容的潜在用户的焦虑和担心。

（2）建立评价体系，树立口碑，强化信任：这些整容日记，形成了对医疗机构的评价标签，建立了真实的用户评价体系，为用户做出判断提供了依据。用户知道哪家医院更受欢迎，哪位医生口碑更好，更擅长什么项目，从而减少恐惧感。新氧利用消费者的整形日记在很大程度上解决了用户的信任问题。

（3）严格准入机制，打造安全防护标准：排除"三非"，即非正规机构、非专业医师、非 CFDA 认证产品，只有正规医院和医生方可入驻。并与国家计生委医生资格查询通道打通，可以在线查询医生和药品信息。而且在全国几百个城市派驻专门人员，对这些医院进行实际核查。这些举措都是在帮助建立用户对平台的信任感。

3.2　效率痛点：一切违背人类懒惰天性的点都是增长点

在远古时代，保存体能对人类来说特别重要，只有有充沛的体能才能获取食物、逃避洪水猛兽，以及抢夺地盘、获取配偶等。因此人类必须将体能花费在最重要的事情上，只有这样才能更长久地生存和更好地繁衍后代。随意地浪费体能，是对生命的一种威胁。久而久之，人类慢慢进化出"懒惰"的本能和基因。

因此，当我们遇到比较复杂、烦琐，需要消耗大量体力和时间的事情时，就容易感觉到痛苦。比如，大家一定记得，我们在上学期间教室里出现最多的一句话就是"书山有路勤为径，学海无涯苦作舟"。为什么是"苦作舟"？因为学习需要勤奋，需要努力，而这是一件非常耗费精力的事情，是和人的"懒惰"相悖的，所以我们会觉得"苦"。

不过，这种违背人类惰性天性造成的痛苦恰恰是商业的机会点。这也就是本节将要讲解的与"效率"有关的痛点，即是什么问题影响了效率的提升，具体来说，就是由于不方便、不快捷、复杂烦琐造成的"痛"。

当我们通过解决方案去提升效率，减少用户思考和付出时，解决了这些问题，就能带来商业的价值。因为懒得走路，所以我们有了马车、汽车、火车和飞机。因为懒得做家务，所以我们有了保洁公司，有了 58 到家，现在甚至还有扫地机器人。

到底是什么阻碍了"效率"的提升？总体来说有三个方面——时间、空间和体验，具体说明及图示如下所示。

（1）时间：太花时间。我们需要思考如何帮助用户更好地节省时间。

（2）空间：距离太远。我们需要思考如何帮助用户更少地耗费体力。

（3）体验：体验太差。我们需要思考如何让用户的使用更简单更方便。

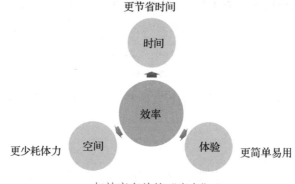

与效率有关的"痛点"

3.2.1　时间的痛点

商业社会，时间非常重要。时间就是货币，时间就是价值。下面我们来看看是什么造成了时间的浪费，阻碍了效率的提升，造成了用户的痛。

（1）内容太多，选择太花时间——帮助用户做决策，快速找到用户想要的东西。

（2）速度太慢，需要等待很久——让用户更少等待，变相地增加了用户的时间。

（3）时间有限，一心不能两用——碎片化时间利用，让用户一分钟当两分钟用。

1. 帮助用户做决策

移动互联网的出现，无论是在时间上还是在空间上，都进一步拓展了我们生活的边界。移动互联网将各种信息、物品等搬到网上，让我们能够随时随地享受科技带来的各种便利。但网络在给我们带来便利的同时，还为我们带来了另外一个需要面临的问题，那就是网上的内容越来越多，信息越来越过载，各种平台的规模也越来越大。例如，淘宝有 1000 多万的卖家，十几亿的商品；美团上有 500 多万商家。

信息过载的本质是指通过现有的方式已经无法完成信息的匹配，也就是说，用户已经无法高效地找到所需要的东西。内容太多，选择太难，太花时间，这就是用户最大的痛点。

如何帮助用户找到他想要的内容，帮助用户快速决策就成为关键。很多产品就是发现了用户这样的痛点而获得用户喜欢的。

下面以电影为例来说明，仅 IMDB 就收录了 180 万部电影，这还只是其中一部分，而这些电影若以每部 2 小时计算，就算是不间断地看，全部看完也要花费 410 年的时间……在国内，仅 2016 年网络大电影就有 2500 多部，院线电影 460 多部。在如此多的电影中，对用户来说，如何选择的确是个难题。

下面我们再来重点看下豆瓣电影是如何帮助用户做决策的。

作为我国最大的观影决策平台，豆瓣电影影响用户决策的核心就是评分和评论。大家都喜欢在看电影之前先去看看豆瓣的评分和评论，评分和评价系统很好地解决了用户痛点，节省了用户时间。

比如，最近有几部新片上映，今天晚上准备去看电影，但是对看哪一部电影又犹豫不决，打开豆瓣电影，通过用户的评分和评价，很快就能选择到口碑较好的电影（如下图所示）。

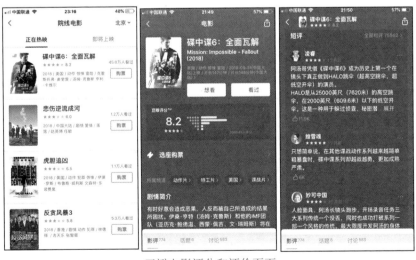

豆瓣电影评分和评价页面

在评分和评价的基础上，豆瓣电影还通过榜单、主题标签分类等帮助用户做决策（如下图所示）。比如，周末一个人待在家里，想看一部恐怖片，这时就可以一下子想不起有哪些好看的恐怖片，这时就可以通过豆瓣电影恐怖片排行榜，快速做出决策。

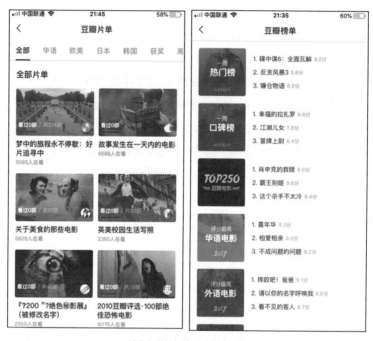

豆瓣电影片单和榜单页面

除了豆瓣之外，还有很多产品也是在海量的信息中帮助用户做决策，具体如下。

大众点评帮助我们在海量的餐厅中选择餐厅，让我们快速找到想去的餐厅。

马蜂窝通过旅行攻略，在旅行前为我们制定吃喝玩乐游住行等出行决策，让旅行没有后顾之忧。

2.让用户更少等待

我们一定都有过这样的经历：与朋友一起去吃饭，遇到火爆的餐厅，需要排号等位；去医院需要挂号排队；互联网刚兴起的时候，打开个页面也要等待半天。等待总是让人痛苦的，而用户又极度不愿意忍受等待的痛苦。

有研究表明，用户打开一个网页，如果等待时间超过 10 秒，99% 的用户都会不再等待下去，而是关闭这个网页。Google 曾做过研究发现，他们的网站访问速度每慢 400ms，就会导致用户搜索请求下降 0.59%；而 Amazon 网站的延迟每增加 100ms 则将导致收入下降 1%。

因此，我们要做的就是发现用户等待的痛点，通过合理的解决方案减少用户的等待时间。

再比如，滴滴打车，是因为在创立滴滴之前，程维曾在阿里巴巴工作，需要北京、杭州两地跑，经常需要提前两个小时打车，即便如此还是会因为经常打不到车而误机。自身的感同身受，让程维意识到乘客打车难的问题。于是他决定做一款连接用户端和司机端的产品，让用户方不再等待，从而能够快速地打到车。

"美团外卖，送啥都快"这句 slogan 大家一定都记得，美团不仅解决了用户在家不愿出门吃饭的问题，还解决了用户不愿意等待太久的痛点。

还有，笔者曾经在百度负责过的百度地图，也是在帮助用户节省时间，让用户减少等待。我们在出行的时候，总是会怕堵车、等待，或者找不到地方。路况预测、多路线导航（如下图所示）、行程助手等功能就是在通过各种方式让用户在出行过程中减少等待，解决用户怕堵车、怕找路而花时间的痛点。

百度地图多路线导航功能

3. 碎片化时间利用

人的一天只有 24 小时这一点是固定的，谁也没有多出一分钟也没有少一分钟。工作 8 小时，睡眠 8 小时，这 16 个小时一般是固定的时间。此外，我们还剩下 8 小时，这剩下的 8 小时，需要吃饭、等车、走路、刷牙、洗澡，等等。真正剩给我们学习或者处理其他事情的时间真的非常少。时间少，事情多，这就是用户的痛点。该如何解决呢？

如果能帮助用户解决这个痛点，我们的产品就容易受到用户的欢迎，用户就更有可能使用我们的产品，从而获得用户增长。

比如，喜马拉雅 FM，用户每天平均使用时长达 128 分钟，这真是一个惊人的数字，相当于从剩下的 8 个小时里"抢"了 2 个多小时。喜马拉雅 FM 之所以能够做到帮用户"抢"时间，实际上是帮助用户利用好了碎片化的时间，即变相地为用户节省了时间。

喜马拉雅 FM 最大的特点就是，它是一种有声 App，是一种"伴随式"媒体，它既与其他 App 竞争，又不与其他 App 竞争。因为这种"伴随性"可以让它与其他 App 以及耗费时间的事情共存，而不是有你没我的关系。

比如，我们可以在使用微信、在刷微博时候使用；也可以在上班下班的路上、公交车、地铁中，听自己喜欢的内容；甚至还可以在做家务、吃饭、运动健身的时候使用喜马拉雅 FM。喜马拉雅 FM 这种"耳朵里的生意"，让它可以伴随在用户碎片化的时间和空间里，将用户的碎片化时间充分地利用起来。喜马拉雅 FM 场景海报如下图所示。

喜马拉雅 FM 场景海报

得到 App 的创始人罗振宇曾说过："得到 App 的价值不是为用户提供知识，而是为用户节省时间。"得到 App 不仅可以让用户利用碎片化时间学习，还能让用户在更短时间内获得更多的知识，比如，"每天听本书"的栏目（如下图所示）将一本书的框架和精华内容压缩到 30 分钟以内，让我们原本要花几天甚至更久时间才能看完的一本书，现在只需要半个小时不到就能了解其中的内容了。

得到 App "每天听本书"页面

3.2.2　空间的痛点

"一骑红尘妃子笑，无人知是荔枝来"，杜牧这首诗描写的是当年唐明皇为了博得杨贵妃的欢心，命人快马加鞭从南方将荔枝运到长安。长安，也就是今天的西安。当年，在长安要想吃到南方的荔枝，这个难度相当大，因为距离太远。

荔枝产于岭南，也就是今天的广东一带，广东距离西安有 2000 多公里，而当时的运输采用的是快骑驿送，就算一匹马日行千里，马不停蹄，也要 4 天时间才能到达。据说当年，为了让杨贵妃吃到新鲜的荔枝，每一次运送荔枝都要累死好几匹马。

最近笔者在看电视剧《一代名相陈廷敬》，里面提到康熙到江南考察，因为路途太远，来回要花三个月时间。

古代人进京赶考，要么走路，要么坐马车，在路上花费的时间少则几个月，多则一年半载。

可见距离的遥远，给大家带来了多少麻烦和痛苦。人类的历史其实就是一部不断发现人类的痛苦、拉近空间的距离、提升人类效率的历史。

随着科技的进步与发展，我们有了火车、汽车、高铁、飞机，这些交通工具大大地提高了我们的效率，解决了古人遇到的出行不便的"痛点"。

当年杨贵妃要吃个荔枝是多么不容易，在如今的西安想要吃个荔枝就方便多了，上午广东新摘下来的荔枝，通过空运，可能下午就能在楼下的超市买到。

从我国的大多数地方去一趟江南地区（江浙一带），一天就能走个来回。

去北京参加考试、出差，几个小时就能到达。

在互联网时代，很多产品实际上都是为了解决用户在距离上的痛点，具体如下。

（1）淘宝：解决了购物不方便的痛点，没有淘宝之前，我们可能要坐很久的地铁或者公交到很远的商场去选购衣服等商品，十分麻烦。

（2）携程：在没有携程之前，出差、旅行订酒店十分不方便，尤其是如果遇到大半夜到达一个陌生的城市，有可能会因为订不到酒店而露宿街头。而携程通过网络可以实现提前预订，这一点很好地解决了跨距离的用户的痛点。

（3）猫眼：猫眼没有推出在线订座的功能之前，我们无从知道一部电影是否还有票，一般要提前到达电影院，要么排很长的队来买票，要么票已经卖完了。

可能大家会说，空间距离造成的痛点大家都知道，好的模式都已经做完了。其实未必，还有很多因空间距离造成的痛点，关键还是看我们是否能发现。我们来看最近两年比较热门的一家公司 VIPKID，它是怎么发现和解决空间距离的痛点的。

VIPKID 是一家在线 1 对 1 的少儿英语教育机构，成立时间只有短短 5 年，估值已达 35 亿美元，营收超过 50 亿。这 50 亿，新东方用了 19 年，好未来用了 13 年。50 亿的背后是因为 VIPKID 发现了我国少儿英语教育"距离"的痛点，并通过解决痛点，满足了用户的需求。

在我国，许多家长越来越重视孩子的英语教育，尤其是很多 80 后家长不希望小孩仅仅会哑巴英语，希望孩子可以说一口流利的英语，为孩子在未来的竞争中赢得更多的机会。VIPKID 的创始人分析了当时的 K12 英语教育，发现国内市场上主要是低端的、没有资质的外教。而人们所认为的高质量的北美外教十分缺乏，许多有消费能力的家长，在国内找不到好的外教，也不可能将孩子送到北美去。这个时候用户的痛点就产生了，距离就成了用户需求的最大阻碍。

那么，如何解决用户的痛点？

VIPKID 将视角放在了更远距离的北美。通过线上教学，将北美外教与国内的学生连接在一起，建立起一套高效的、对接中美教育的共享经济模式，缩短了高品质外教与用户之间的空间距离。VIPKID 迅速与以菲律宾外教为主的 51TALK、欧美外教为主的哒哒英语形成了差异化。经过几年的积累，VIPKID 消除了距离带来的痛点，连接了超过 6 万名高品质的外教，在整个在线少儿英语市场中营收、占有率都超过了 50%，成为行业的领军者。

VIPKID 的成功正是因为解决了由于距离产生的痛点，让国内的高端用户可以跨越距离享受到北美外教的服务。

3.2.3　体验的痛点

在日常生活中，你是不是经常会遇到这样的问题？

（1）刚买了一台电视机，可是遥控器上的按钮多得让人不知道如何操作，尤其是一些老式的电视机，除了电视机遥控器之外，还有一个机顶盒的遥控器（如下图所示），面对两个遥控器通常会让人手足无措。

（2）买了一台空气净化器，看完厚厚的说明书还是不知道应该如何操作。

（3）面对一扇门，不知道是该拉还是该推。

……

电视和机顶盒遥控器

　　美国心理学家唐纳德·诺曼将这些设计不佳、不方便用户使用和操作的物品，统称为"诺曼"，如上面提到的"诺曼遥控器""诺曼净化器""诺曼门"等。其实不管是在传统行业还是新兴的互联网行业，都有很多这样的"诺曼门"，这些"诺曼门"成了用户需求的阻碍，让用户感到痛苦和难受，这也是我们发现痛点的来源。

　　因此，我们在思考用户痛点的时候，可以看看到底有哪些产品和服务让用户感到体验不好、难操作、不好用、不方便，从而创造新产品和发现新商机。

　　那么，应该如何解决用户生活和工作中遇到的这些"诺曼门"，来帮助用户消除痛点呢？

　　最重要的就是让产品和服务"简约"化。

　　简约不是简单，也不是简陋，更不是减掉重要的功能。简约的本质：一是减少用户的认知负担；二是减少使用负担。也就是让用户少思考，让产品更易用，最终目的是提高效率。

　　张小龙说过："任何一个工具都是帮助用户来提高效率的，用最高效率的方法去完成他的任务，这就是工具的目的，工具的使命。微信也是一个工具，所以微信的目的也是帮助用户用最高效的方法去完成他的任务。什么才是最高效的方法呢？就是用最短的时间去完成任务，也就是说，一旦用户完成了他的任务，他就应该去做别的事情，而不是停留在产品里面。"

大家可能会觉得张小龙让用户"用完即走"的产品观，与我们经常提到的"黏住用户"的原则相悖，其实不然。笔者的理解是，"用完即走"不是想让用户离开微信，而是在微信的功能和操作使用层面让用户感觉易用、顺畅、没有阻碍感。让用户无论是在聊天、购物，还是分享、点赞、看文章的时候都能保持高效。"用完即走"的背后是减少用户使用产品的痛苦，增加用户的愉悦感，用户走了还会再来，我想这就是产品设计的最高境界。

但要做到"简约"并非易事，因为人类都有一个心理模式，那就是人们通过经验、训练等，对自己以及外在事物和环境形成的心理认知。对产品来说，由于产品经理和使用者角色的不同，会有两个模式，具体如下。

（1）设计模式：产品经理或者设计人员对产品概念的认知，也就是站在设计的角度看产品。

（2）用户模式：用户认为产品应该如何使用和操作，也就是站在用户的角度看产品，想象一套产品该如何运行的模式。

实际情况是，产品经理和用户之间是没办法直接沟通的，他们需要通过产品去连接，我们将连接设计模式和用户模式的中间环节称为系统表象，也就是系统的外显部分，产品经理让产品呈现的状态。这样就形成了一种"设计 – 系统 – 用户"模型，如下图所示。

产品体验心理模型

用户通过产品的视觉、外观、用户手册、操作引导等做出反应，而产品经理或者设计人员则需要根据自己的设计模式为用户提供产品呈现。当提供的产品与用户操作的动作一致或者趋近时，用户体验才会好。也就是说，最佳的情况是设计模式与用户模式相吻合，而且按照设计模式做出来的系统表象等也能符合设计模式，这样就不会存在用户在使用产品中遇到操作不便等问题，即我们常说的"所见即所得"，否则就会出现之前所说到的"诺曼门"。

因此，产品经理和设计人员要做的事情就是：第一，要和用户沟通，真正了解用户的心理模式；第二，通过了解用户的心理模式，调整自己的设计模式，尽量保证系统表象能呈现出符合用户心理的设计模式，从而解决用户的痛点。

比如，在功能手机时代，手机的按键特别多，有时候操作一个功能需要上下左右不断地切换，十分不方便。而 iPhone 的出现，仅仅凭借一个 3.5 英寸的玻璃屏幕和一个单一的 Home 键，以及触屏操作，就让用户纷纷将功能手机"抛诸脑后"。因为，iPhone 让我们的手机变得更加简单易用，简单到几岁的小孩，你不用教他自己都会用。真正实现了设计模式 – 系统表象 – 用户模式三者的一致性。

苹果手机发现了用户使用不方便的痛点，而"一撕得"则解决了用户在使用纸箱中遇到的不方便难题，开发了拉链纸箱，对纸箱行业进行了颠覆。

很多女生一定都有过这样的体验，在网上欢快地购物之后，好不容易等到大大小小的一堆包裹送到家了，心情本来十分激动。但这些包裹里三层外三层用厚厚的胶带缠绕起来，拆起来十分不方便，若不使用剪刀等工具，根本打不开。费力地打开包裹也多少影响了原来兴奋的情绪。

"一撕得"创造性地在箱子上设置了一个拉链，只要轻轻一拉，就能打开快递箱（如下图所示）。这样一个箱子，凭借不缠胶带，让用户开启方便，让商家打包效率更高，一举成为淘宝、京东、唯品会、聚美优品、小米、小红书等上百家品牌的合作伙伴，一年销售额达到 6 个亿。

虽然是一个看起来非常简单的拉链设计，但实际上这个创新，是符合用户的心理模式的，让设计模式 – 系统表象 – 用户模式实现了真正的统一，让用户不用思考，方便操作。

传统纸箱和"一撕得"纸箱

3.3　价格痛点：用户要的不是便宜，而是"占便宜"

有个成语叫"趋利避害"，趋利避害是人的一种本性。前面两节我们讲的"生存"和"效率"实际上就是在讲"避害"，而本节将要讲解的寻找痛点的另一个维度"价格"则是"趋利"。当人们想要某件商品或者服务，而由于某些原因不愿意或者付不起费用的时候，痛点就出现了。

3.3.1　价格的痛点误区

价格是产品实现用户增长最大的利器，我们常常会看到很多企业和产品利用价格这把利器撬动用户增长的案例。大家一定还记得当年的网约车大战，滴滴当时通过为每个用户补贴 5 元，一周之内订单涨了 10 倍，第二周涨了 50 倍，订单量由 10 万直接涨到 500 万。快的紧急跟进，一个月内快的和滴滴总共补贴超过 24 亿，在很短的时间内，两家公司占据了全部打车市场份额的 98%，一年时间内将一个品牌拉到了 100 亿美金的估值。还有当年的杀毒软件之战，360 后来居上，靠着"360 杀毒永远免费"将瑞星、江民、金山、卡巴斯基等行业老牌巨头掀下马，颠覆了整个杀毒行业。

以上案例无不说明价格对用户，对一个产品的用户增长的重要性。大家可能会觉得关于价格痛点没有什么可说的，只要"低价"就行了，谁不喜欢便宜啊？上面的滴滴和 360 的例子不就说明只要价格低就可以了吗？

事实真是这样吗？如果是这样，那么市场上应该有很多类似于滴滴和 360 这样靠"价格"成功的公司。如果价格低就能受用户欢迎，就能卖得好，那么为什么很多街边小摊，很多"10 元店"却无人问津呢？

表面上看价格高是阻碍用户消费的痛点，用户购买是为了价格低，其实用户购买不仅仅是因为价格，还有价格背后的价值。仅仅"价格低"是没有意义的，对企业和用户增长来说都是不长久的，价格必须与价值相关联。

心理学上有个名词叫"心理账户"，即：心理账户 = 心理收益 − 心理成本。

所谓心理收益是指心理感知的收益，而非实际收益，心理成本亦然。用户有趋利避害的本能，对我们来说，要做的就是让用户感受到更多的利，而受到更少的害（也就是尽量让心理成本小于实际成本，并且放大心理价值，如下图所示）。只有心理账户的值大于零，而且达到一定阈值的时候，也就是只有当用户心理感受到有利于自己，"贪"的行为才会被触发。注意，关键词是心理，认知大于现实。

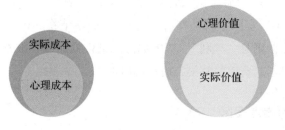

心理成本和心理价值图

用通俗的话说就是，让用户觉得自己赚到了，物超所值。用户要的不是便宜，而是"占便宜"。"价格痛点"的真正解决方案，不是低价，而是让用户觉得有价值，用户感受到产品的价值超越了产品的价格。比如，小米就是这样一个例子。

2018 年 7 月小米上市，市值突破 500 亿美元。在上市之前，雷军的一封公开信中提到："小米的使命是，始终坚持做感动人心、价格厚道的好产品，让全球每个人都能享受科技带来的美好生活。"

"感动人心、价格厚道"不仅是小米对用户的承诺，也是"价格痛点"的正确的打开方式。在小米手机之前，市场上的高端智能手机的价格普遍都在4000～6000 元，比如三星、苹果手机。要么就是几百块钱的，品质非常差的山寨手机。而很多人买不起高端智能手机，又想享受到高端智能手机的体验。小米横空出世，配置与当时的高端智能机相当，却只要 1999 元。小米追求超高性能和超高性价比，提供能让用户尖叫的产品，这是小米的立身之本，是小米一切商业模式、产品策略、营销方法成立的前提。

因此并不是低价就能够成功，山寨机价格更低，但成功的是小米。因此，请记住，低价不是用户的痛点，心理价值才是。

3.3.2 低价痛点要带来用户增长需要其他相关支撑

"价格痛点"看似最简单，最容易发现，但实际上也是最不容易操作的。因为"低价优品"一般意味着公司成本更高，利润更低。对很多企业来说，仅靠低利润来维持公司的运转将会十分困难。因此，"价格痛点"的实现需要企业其他行为做支撑，才可能获得持久的用户增长。

1. 以量取胜

所谓"以量取胜"，通俗地说就是"薄利多销"，即在单个产品利润低的情况下，如何通过扩大销量来形成规模效应，取得总体上盈利的增加。还是以小米手机为例，雷军虽然宣称硬件业务的综合净利率不会超过 5%，但小米手机的整体销量却十分庞大，仅 2017 年这一年，小米手机的出货量就达到 9200 万部，即使一部手机只赚 100 元，这个销量的利润也是十分巨大的。

因此，在价格很低的情况下，我们需要思考如何通过各种手段，比如强化渠道、提升效率、扩大宣传等举措提高产品的销量，实现真正的增长。

2. 模式创新

许多成功的企业并非仅靠"低价"这一种模式来盈利，尤其是在互联网行业，产品往往都是免费使用的。因此，在产品利润比较低的情况下，这里不赚钱，我们就需要从其他地方赚钱，这就需要进行模式的创新。

比如，Costco 的"会员模式"。Costco 是美国最大的会员式仓储超市，全美第二大、全球第七大零售商，单店营业额是沃尔玛的 4 倍，它被称为沃尔玛最害怕的对手。Costco 最大的特点就是通过"极致低价"和"精选商品"来吸引用户，解决用户价格痛点，为用户提供物美价廉的商品，从而获得用户增长。

为了做到低价，Costco 有两条规定，具体如下。

第一，所有商品的毛利率不超过 14%，如果超过这个数字，则必须要 CEO 批准。

第二，对于提供商品的供应商，如果他们提供给别的地方的价格比 Costco 低，那么这家供应商的商品将永远不会出现在 Costco 的货架上。

通过以上两条规定的限制，Costco 将平均毛利润只限制在 7%。这个数字是一个什么概念？在美国号称"天天平价"的沃尔玛，毛利润都在 22%～25%。可以说，销售商品对 Costco 来说，几乎不赚钱。

Costco 主要通过低价优品来吸引消费者，而通过会员费来赚钱，它的大部分利润都来自于会员。Costco 是会员体系，主要有执行会员和非执行会员，执行会员需要缴纳 120 美元的年费，非执行会员只需缴纳 60 美元的年费。但执行会员可以享受消费总额 2%，最高 750 美元的返现。低价和精品的模式，让用户心理上会产生这样的感觉：虽然有会员费，但是这里的价格这么低，我只要买够多少件商品，我就能把会员费赚回来了，一点也不亏。正是用户这种心理让 Costco 会员的续费率高达 90.6%，光一年的会员费收入就达到了 26 亿美元。Costco 也因此将会员牢牢地绑在了自己的门店。

Costco 的成功可以简单地概括为，低价优品解决用户痛点，获取用户增长，然后通过高附加值服务的会员费用盈利。这里需要强调的是，只有用户的增长并不叫用户增长，而是有价值的用户增长才是真正的用户增长。

3. 降低成本

低价往往意味着利润相对来说会减少，而降低成本则是提升利润最直接和有效的手段。

前文中提到的 Costco 在为消费者提供低价的同时，也在不断地降低成本。

首先，Costco 实现超低的 SKU 的策略，对每个品类都经过精挑细选，一般一个品类只提供 2～3 种"爆品"。Costco 总共的 SKU 在 4000 种左右，仅为沃尔玛的十分之一不到。这样不但方便了消费者挑选商品，而且降低了运营成本。

同时，由于每个品类的 SKU 较少，更容易形成"爆品"，减少了商品的库存、陈列、物流等方面的管理成本。而且单一 SKU 订货量更大，在与供应商谈判的时候更能形成较强的议价能力。

此外，Costco 还采用非常简单的仓储式布局，设计都非常简单，在超市内还取消了导购。对外几乎不做大的市场推广和广告，全靠口碑传播。所有以上这些都在很大程度上降低了 Costco 的成本。

还有以"低价"著称的美国西南航空公司，也是非常注重降低成本。比如，采用单一经济型波音 733 飞机，这样可以降低飞机的维修成本，机组人员的培训成本。减少机组成员，每个航班大概比美国其他飞机少 2 名人员；减少服务，不提供正餐、毛巾和枕头等。

3.4 角色痛点：我消费什么，我就是谁

在谈与角色相关的痛点之前，我们先来看看什么是"角色"。

"角色"一词其实是一个戏剧用语，是指在戏剧中，演员扮演的剧中人物。比如，最近比较火爆的《延禧攻略》中的魏璎珞、明玉、富察皇后、傅恒等都是人物角色。

为了更好地理解"角色"一词，我们再分开来看看"角"和"色"分别是什么意思。

（1）角，在古代是指牛、羊、鹿头上长出来的坚硬的东西，向挑战者和竞争对手显示实力，代表力量，还有竞争的意思，比如角斗、角力。

（2）色，颜气也。《说文解字》里说："人之忧喜，皆著于颜，故谓色为颜气。"什么意思呢？通俗地说就是指脸色，人的喜怒哀乐都通过面部表现出来。比如我们现在还经常说喜形于色。

通过以上解说我们可以知道，"角色"这个词其实包含了两个层面的意思，我们要讲的"角色"痛点也与这两层含义密切相关。

（1）一是展示，在消费社会中，产品就是人们角色的载体。人们通过使用产品去展示和向外传递自己的声望、地位、权力、个性、特征等，产品成为一种代表角色的符号。这就是第一层"展示"的意思。

（2）二是表演，除了向外展示自己的"角色"之外，还需要向外"表演"自己的角色。为什么呢？

因为人其实有两个"我"。一个是"现实自我"，也就是本来的自己。此外，每个人心目中还有一个自己期望的角色和形象，这个就称为"理想自我"。"理想自我"一般是比较完美的，但是现实中没有一个人是完美的，因此，"现实自我"总是与"理想自我"存在着差距。

但是人们都希望别人看到自己好的方面，隐藏自己不好的地方。因而"现实自我"和"理想自我"之间存在着距离的时候，人们就希望通过"表演"，也就是自我补充去向外展示自我。

"我消费什么，我就是谁"。

在消费社会中，如果没有产品，或者这个产品不能实现自己的角色展示和表演的时候，人们的痛苦就产生了，这就是与角色相关的痛点。

"角色痛点"不同于之前产品功能以及物理性质相关的痛点，比如，安全、方便快捷、易用等。"角色痛点"与产品的情感及社会属性相关，总体来说，"角色痛点"可以分为三种：身份角色、个性角色、关系角色。

3.4.1　身份角色痛点

所谓身份角色，就是用户和消费者通过产品去彰显自己的身份和地位，比如，领带一定要是 Hermes，手表一定要是 Rolex，衣服一定要是 Armani，因为这些都是身份的象征。当不能彰显自己身份时，痛点就会产生。

如果仅仅从产品质量和品质来说，很多领带、手表、衣服未必就比Hermes、Rolex、Armani 差，大家之所以愿意花费比其他产品高达十倍、百倍的价格去购买这类产品，就是因为他们看重的是这些产品带来的身份角色。

买表不是为了看时间，我们戴的也不是表，戴的是"角色"。

买车是为了交通便利，但买宾利、劳斯莱斯等豪车更多地则是为了彰显自己的身份角色。目的是要创造自己内心的角色体验，展示和表达自己在别人心中的地位和分量。

当用户需要向外展示自己的身份角色，但没有这样的产品时，就造成了用户的痛苦，这就是"身份角色痛点"。这个时候，我们就需要想办法提供合适的产品去解决用户的痛点。

用于展示"身份角色"类的产品有一个最显著的特征就是高昂的价格，第二就是具有外显性。高昂的价格比较好理解，"外显性"是指这个产品很容易就能被人看到，比如，衣服、汽车等。要获得荣誉与声望，仅仅拥有财富和权力是不够的，还需要能够提出证明来显示所拥有的，这就需要借助外在的东西来显示和炫耀。

3.4.2　个性角色痛点

与身份角色主要以高昂价格的物品来显示自己的身份地位不同，个性角色主要是通过产品来显示自己的个性，价格不一定要很高，但一定要凸显自己的不同之处。比如，自己是一个很有品位的人、有文化的人、时尚潮流的人等。个性角色痛点是因为用户或者消费者不会轻易说出来，所以一般不太容易发现，但一旦发现就能创造价值。

比如，百事可乐就是靠发现消费者的"个性角色痛点"而与可口可乐平起平坐的。

世界上第一瓶可口可乐于 1886 年诞生于美国，随后席卷整个美国，成为饮料之王。百事可乐作为后起之秀，虽然口味和配方与可口可乐非常接近，但由于可口可乐的先发优势已经形成，百事可乐不仅没有撼动可口可乐的地位，还与可口可乐的差距越来越大。于是，百事可乐采用价格策略来实现用户增长，将价格降到可口可乐的一半，但还是没能奏效。

在百事可乐处于破产边缘的时候，他们发现二战之后出生的一大批年轻人，没有经历过战争，生活乐观自信，追求自由和新鲜事物。于是，百事可乐调整了产品策略，放弃通过产品的口味和价格去吸引用户，而是通过"个性角色"去实现用户增长，提出了"年轻人的可乐"。结果，百事可乐的销量猛增，接近可口可乐，甚至一度还超过了可口可乐。下图所示的是 1964 年百事可乐的宣传海报。

其实用户在意的并不是口味和价格，而是可乐带给他们的个性标签，这就是通过发现用户的个性角色痛点来取得用户增长而最终成功的例子。

我们可以看到百事可乐在我国请窦靖童当代言人，其实就是符合百事可乐个性痛点的调性。

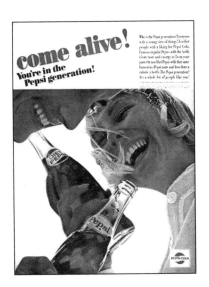

1964 年百事可乐"新一代的选择"海报

还有许多这样的产品和品牌通过解决"个性角色痛点"来满足用户需求的案例，比如，哈雷摩托虽然噪音巨大，非常耗油，还不环保，造型也老，但是他代表着一种"哈雷精神"；万宝路香烟不是通过外观、口味等刺激用户痛点，而是塑造西部牛仔的个性角色来解决用户痛点；MUJI代表着一种极简主义的个性角色；穿某个小众的设计师衣服品牌以显示自己的与众不同，等等。

3.4.3 关系角色痛点

人是一种社会性的动物，人生活在社会中，不得不与各种各样人打交道，并由此而形成不同的关系角色，比如亲戚、朋友、父母、夫妻、恋人等关系。当你做一款产品的时候，你需要问自己，这款产品是不是解决了用户的关系痛点，能成为一种什么样的关系角色象征。

这种关系角色用得最多的就是爱情，比如钻戒、鲜花、巧克力等。当你想要向一个女生表达她是你这一生中"只爱"的那个人，表达你们的爱情关系，但不知道买什么好，这就是痛点。怎么办？

Roseonly可以帮你解决这个痛点，Roseonly作为一个高端玫瑰及珠宝品牌，向消费者传递的是"一生只爱一人"的理念。其实，女孩子要的既不是永生花，也不是首饰，男人送的也不是一个简单的物品。它是在向恋人传递一种角色关系，表达一种永不凋零、一生只爱一人的专属爱情。

当你要向父母表达孝心，不知道送什么礼物的时候，这个痛点该怎么解决。送脑白金，因为"今年过节不送礼，送礼只送脑白金"。

这些产品都是通过解决关系角色的痛点而获得了用户的增长。

3.5 精神痛点：实现自我精神的满足与完善

如果说"角色"带有外显性，更多是出于社会因素的考虑，是"人"与"外境"的关系，是为了实现外在的自我。那么，"精神"则更多地具有内显性，是一种内在因素，是"人"与"内在"的关系。目的不是为了向外显示或者展现自我，而是实现自我精神的满足与完善。这类维度的痛点，就要看是什么问题阻碍了自我精神的满足与实现。

对"精神"的追求有两种情况，具体如下。

（1）第一种是实现更好的自己，想要在精神上得到更多的满足。

（2）第二种是现在可能"不好"，比如无聊、孤独等，需要通过某种东西去填补精神空间的空白。

因此，相应的与"精神"相关的痛点也有两种。

3.5.1　实现更好的自己

比如，艺术培训市场以前更多是面向小孩，而现在越来越多的城市白领一族也想利用业余时间学习插花、舞蹈、绘画、茶艺等，但市场上这样的机构要么很少，要么比较零散，很难找到一家比较好的、针对成年人的此类机构或者品牌。这就是影响用户实现"精神"满足的痛点。

还有以前出差、旅行一般都是选择住酒店。酒店相对来说会比较"正式"、"理性"，其实很多用户内心世界是渴望追求更美好、更具特色、更有温度的住宿环境的，但是当时没有这类的住宿环境，这就是用户的痛点，只是这种痛点和"生存""效率""价格"等功能性痛点相比，用户自己不容易察觉到，但并不代表他们"不痛"。这几年比较火的民宿，"轻松""感性"的住宿环境，正好解决了用户的痛点而获得了发展。

上面提到的艺术培训、民宿等，就是第一种情况的痛点。

3.5.2　填补精神的空间

很多年轻人在大城市打拼，面对高昂的房价、工作的压力、快节奏的生活，他们渴望交流和倾诉。然而虽然每天与很多人相交，但总是擦肩而过，交谈却没有交流。这些很容易造成人们精神上的孤独、无聊等情绪，需要通过某种东西去填补，这实际上是很多都市打拼一族的痛点。抖音的成功对视频发布者来说解决了之前提到的展示自我的个性角色痛点，但对于刷抖音的用户而言更多是解决了他们无聊、孤独的痛点。所以很多人说抖音有毒，容易上瘾，"抖音里刷半小时，已是人间大半天"。

荔枝 App 专注于"陪伴式音频"，它的理念就是用声音陪伴更多人，与更多人在一起，而且很多都是情感方面的内容（如下图所示），荔枝超过 64% 的用户为年轻的女性用户。荔枝通过解决用户孤独的痛点，成为都市年轻女性的情感陪伴集中地。

荔枝 App 首页

作为动物的我们，除了衣食住行等基本物理需求之外，精神体验也是最重要的需求。与"精神"相关的痛点现在越来越受到重视。因此，我们要做的就是发现"精神"的痛，俘获用户的心，实现产品的价值和用户的增长。

以上我们从 5 个维度分析了用户痛点，这些产品的成功正是因为它们通过发现这些痛点，并为用户提供痛点解决方案而获得了用户的增长。

但有一点需要强调的是，用户并非只有以上某一个维度的痛点，有时候用户同时会有多种维度的痛点，而有时候一个产品也不仅仅只是解决了一个用户痛点。还是以抖音为例，它除了解决了某些用户孤独、无聊维度的"痛点"之外，还解决了用户展现自我精神维度的"痛点"。苹果刚出来的时候不仅解决了用户"身份"角色维度的"痛点"，还解决了用户"效率"维度的痛点。

3.6 本章小结

痛点是用户增长的根本动因，一个产品要想有持续健康的增长，首先必须要发现并解决用户痛点。

本章主要讲解了寻找痛点的具体方法，即如何从生存、效率、价格、角色、精神 5 个维度寻找痛点，有一点需要强调的是，这 5 个维度并非是痛点，而是方向，是要从这 5 个维度中发现用户存在的痛点。而且在从这 5 个维度发现痛点的过程依然要放到用户、场景、问题的痛点界定三角中去思考痛点。下图所示的是 5 大维度痛点分析概要总结。

维度	维度细分	痛点	解决方案关键点	案例
生存	影响身体 影响财产	不安全、不健康、不放心	"信任"支撑和背书	新氧、公牛插座、沃尔沃等
效率	时间 距离 体验	太花时间 距离太远 体验太差	节省时间 少耗体力 简单易用	豆瓣电影、大众点评、百度地图、喜马拉雅 FM、VIPKID、苹果、一撕得等
价格	价格	价格高	心理价值	小米、Costco
角色	身份角色 个性角色 精神角色	没有角色的载体	展示和表演	Hermes、Rolex、百事可乐、Ros-eonly、MUJI 等
精神	实现自我 精神空缺	缺乏"内境"的载体	"人"与"内境"的关系	民宿、荔枝 App 等

五大维度的痛点分析

虽然痛点是用户增长的根本因素，但找到并解决了痛点，并不意味着用户就能持续地增长，用户增长还会受到产品的价值性的影响，第 4 章我们将详细讲解用户增长的价值性分析。

4

用户增长的价值性分析

前面的章节里，我们讲解了发现痛点的方法，然而在确定了痛点之后，并非就意味着这个产品会获得持续的用户增长，因为用户增长还会受到这个产品的价值性的影响。这里影响用户增长的价值性主要包括了迫切性、成长性、替代性三个特性（如下图所示）。用户增长的价值性分析的主要目的是为未来用户的增长趋势和增长空间是否能够持久提供初步的判断和依据。

（1）迫切性：所谓迫切性，是指用户对这个产品需求的迫切程度（想要解决这个痛点的紧迫程度），用户对需要找到这个产品的紧迫程度越高，就说明用户的痛点越痛，用户也就越有可能使用和购买我们的产品，从而带来用户增长的可能性就越高。

（2）成长性：这里的成长性更多地是指产品能够带来的商业价值，其主要包含市场规模的大小与未来持续增长两大方面，而这两个方面直接决定了用户增长的潜力与空间。如果我们面对的是一个非常小的市场，那么就算我们的用户增长做得再好，增长也是有限的。

（3）替代性：替代性主要是指对于我们的产品，目前市场上是否有替代的解决方案。替代性在很大程度上决定了用户是否会使用我们产品，这一点也会直接影响到用户的增长。

用户增长价值性

迫切性在第 3 章讲解痛点的时候已经提到过，因此本章主要讲解用户增长的成长性和替代性。

4.1　成长性：让你的产品处于增长势能的快车道上

一个产品值不值得去开发，一个市场值不值得去做，未来是否会获得较大的用户增长空间，最关键的是要看产品的成长性。这里的成长性主要是指在产品开发和上线前对"产品"的用户增长的预判。

产品未来的用户增长主要会受到现有规模预估和增长空间的影响。下面我们将主要从这两个方面来分析用户增长。

4.1.1　用户增长的市场规模预估

用户增长与产品所对应的市场规模大小相关，也就是这个盘子有多大，直接决定了用户增长的空间和潜力有多大。

如果全国有好几亿人遇到了与你相同的痛点，那么未来的用户增长空间会非常大。反之，就算你这个痛点特别痛，全国仅有几百人会遇到，那就没有必要去为这个痛点折腾了，就算你的市场占有率是百分之百，你也就只有几百人，因此你的用户增长成长性也是很差的。

一般情况下，用户增长的从业者都会比较重视用户价值，而容易忽略用户的成长性，要么就是不对用户的市场规模进行预估，要么就是不会预估。因而，常常会出现这样的情况：发现痛点之后，匆匆忙忙开发了一款新产品，虽然很受用户欢迎，可是营收状况完全达不到预期目标。

所以，本节我们就来重点讨论在产品开发之前，如何对痛点的市场规模进行预估。市场规模预估的好处在于其能帮助我们提前判断商业价值的大小，以及用户增长的空间。

1. TSM 价值预估法

关于如何预估市场规模的大小，史蒂夫·布兰克在《创业者手册》一书中提出，要想知道一个市场的规模大小，需要对 TAM、SAM、TM 的价值进行判断，这里暂且将其简称为"TSM 价值预估"，具体判断说明如下。

（1）总有效市场（Total Availble Market，TAM）：即潜在市场规模。指一款产品潜在可达到的全部市场的总和。

（2）可服务市场（Served Available Market，SAM）：一款产品可以覆盖的人群和地区，即你的渠道可到达的市场。

（3）目标市场（Target market，TM）：即一款产品实际可以服务到的市场范围，其会受到价格、功能、竞品、行业发展、用户细分等的影响。

TAM、SAM、TM 是衡量市场规模大小的重要指标，三者之间形成一个重叠的圆圈关系：TAM > SAM > TM，如下图所示。

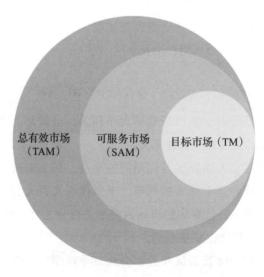

总有效市场、可服务市场、目标市场关系图

仅看上面的理论，大家可能会觉得不好理解，下面我们通过一个具体的案例来详细讲解。

假设现在很多家长想让孩子从小就开始学习钢琴，但是不知道如何才能找到合适的钢琴老师，而且线下学钢琴成本比较高，老师也少，而且距离还可能会很远，十分不方便，这些都是家长的痛点。因此，假设我们准备做一个针对3~14岁少儿群体的线上钢琴培训平台来解决家长的痛点。我们以此为例来为大家剖析如何评价这个痛点所针对的市场规模。

1）总有效市场

（1）确定 TAM：所谓 TAM 就是潜在的市场，也就是可能使用我们产品的全部人群。我们的在线钢琴培训平台主要是针对3~14岁的少儿推出的，基本上就是幼儿园到小学这部分群体。

（2）预估 TAM：我们根据《第六次全国人口普查》的结果可以得知，国内0~14岁的人口大概是2.2亿。如果我们将每一岁算为一个年龄阶段，并且假设每个年龄阶段的人口数量是一样的，那么除去0~2岁的人群，剩下3~14岁的人群大概有1.57亿。

所以，我们可以说 TAM 的用户数大约为1.57亿。

很多时候，大家预估到这里就会非常兴奋，认为我们面对的市场太大了，又解决了用户痛点，这个业务非常值得做，大多数创业者或者产品经理往往到这里就迫不及待地开始开发产品了，其实这仅仅是痛点的市场规模预估的第一步。

2）可服务市场

（1）确定 SAM：SAM 是指可以覆盖到的人群，所以我们应该看一下我们的产品实际上覆盖了多少潜在的人群，因为是线上渠道，因此并非所有的潜在人群都能覆盖到。

（2）预估 SAM：3~14岁的这部分群体的消费决定权实际上取决于他们的父母，这部分群体的父母大多为70后、80后。根据 CNNIC 发布的《2018年中国互联网络发展状况统计报告》显示，截至2018年12月，互联网普及率为59.6%。虽然70后、80后的互联网渗透率很高，但也不是百分之百，假设我们以渗透率为80%计算，那么实际上能够覆盖的群体大概是1.26亿个家庭。

所以，最后我们可以看到 SAM 已经比 TAM 小了，实际为1.26亿。

3）目标市场

（1）确定 TM：SAM 是指可以覆盖到的人群，而 TM 是指实际可以服务到的人群，这两个是有区别的。覆盖到的人群不一定会使用和消费我们的产品，而 TM 要看的则是为这个产品买单的人群。在这里就是指愿意在线上为自己的孩子进行钢琴培训消费的人群，因此，TM 才是最有价值的。

（2）预估 TM：通过上面的分析我们可以看到，潜在的用户群体和能够覆盖到的用户群都不小，但我们还需要进一步分析能为这个产品买单的人群到底有多少。也就是看看哪些因素会影响用户买单，从而影响 TM。

- 价格：钢琴是一门"贵族"艺术，学钢琴最大的障碍是需要为孩子配备一架钢琴，价格会比较高，一般一架普通的入门钢琴的价格在两三万元，贵的则要好几十万元。这个会大大限制学钢琴的人数。而且学习钢琴的费用比普通的艺术培训也会更贵一些，一年下来至少要高好几万元。所以，基本上只有良好的经济基础的家庭，才会考虑送孩子去学钢琴。这样的话，学习钢琴的人数就会大大减少。笔者曾看到过一个数据，我国中等收入家庭，也就是一年可支配收入超过 15 万的，连 30% 都不到。这部分人是最有可能为孩子学钢琴一年花几万块钱的群体。如果我们以 30% 来计算的话，那么 1.26 亿 ×30% = 0.378 亿，也就是只有 3780 万人可能会成为我们的用户。
- 其他培训：这个年龄阶段的群体，除了钢琴之外，还有绘画、舞蹈、书法等其他培训班可以选择，这样又会去掉一部分消费群体。假设其中有 10% 的人学钢琴，那么 3780 万 ×10% = 378 万。
- 线下机构：此外，能够覆盖到的群体中，还有一大部分人会选择线下学习钢琴或者选择其他在线的钢琴培训平台。我们再去掉 50% 的线下人群，那么 378 万 ×50% = 189 万。

因此，因为高昂的费用、选择的多样性、竞品以及线下渠道的影响等因素，SAM 能覆盖的 1.26 亿人群中，最后选择线上平台的用户有可能仅仅为 189 万，也就是我们最后的 TM 可能仅仅为 189 万人。

大家可能会非常吃惊，这个数据与我们最初想象的市场规模差距太大了。

我们很多的创业者和产品经理是不是经常会有这样的误区，误将总有效市场或者可服务市场当成了自己产品的市场规模？

2. 其他预估法

以上的分析是一种自上而下 Top Down 的分析方法，我们还可以通过自下而上 Bottom Up 的方法去印证。Top Down 的分析方法是从最高处逐渐分解，最终得到结论。而 Bottom Up 则刚好相反，是从最底层起，对我们的目标人群进行用户画像分析，逐渐向上分析出市场空间。比如，我们的用户是 3～14 岁的小孩，但实际决定权在其父母手里。所以我们就要考虑这部分父母的年龄、收入、阶层、城市等因素，也就是我们之前章节里讲过的创建用户角色，这里就不再细讲了。分析之后，我们再来看看两种方向分析出来的结论是不是可以相互印证。

以上两种分析，主要都是直接针对痛点所面对的市场进行的。此外，我们还可以从侧面进行最终结论的论证。

（1）**通过竞争对手分析**：这里仍以线上钢琴培训为例，我们可以看看竞品的营收、用户规模等，如果没有线上产品，那么我们可以看看线下的钢琴培训机构情况。

（2）**通过相关行业分析**：相关行业的发展状况也可以在一定程度上帮助我们了解我们得出的结论的正确性，比如我们可以看看舞蹈、绘画、乐器等才艺培训的市场情况，钢琴厂家生产以及消费数据等。

4.1.2　评定用户增长的市场营收

最终企业还是要以营收为依据考虑这个产品所产生的商业价值。本节仍然以钢琴培训这个案例来进行分析。

除了市场消费人数之外，企业营收还受到消费频次和客单价的影响。我们可以简单归纳为：**企业营收 = 人数 × 频次 × 客单价**。企业营收计算公式如下图所示。

企业营收计算公式

一般的少儿钢琴培训每课时的价格从几百到一千以上价格不等，以一周上一次课，一年大概上 50 次课来计算，假设每节课收费 200 元。我们就可以大概算出整个行业的市场大小。

（1）总有效市场规模（TAM）：1.57 亿人 × 200 元 × 50 次 = 15 700 亿元

（2）可服务市场规模（SAM）：1.26 亿人 × 200 元 × 50 次 = 12 600 亿元

（3）目标市场规模（TM）：189 万人 × 200 元 × 50 次 =189 亿

也就是说，就算我们占据全部的线上钢琴培训的市场份额，一年最多也就能做到 189 亿的市场营收。

4.1.3　用户增长的成长性变化因素

通过上面的分析，我们基本上可以看出一个行业或者一个产品的市场规模和产品可能达到的营收情况，即用户增长的可能性。

这个营收可能比较大，也有可能比较小，但是营收并不是固定不变的。我们在评估用户增长的价值性的时候还需要考虑变化的因素，即分析一个市场，除了现有市场总量之外，还应该有一个关键指标：**市场的持续性和变化性**。该指标直接决定了未来用户增长的潜力和空间。

用户未来的增长潜力和空间在很大程度上又会受到经济发展、行业属性、市场所处的空间、人口结构、技术进步等因素的影响。

下面仍以上面分析的钢琴在线培训市场为例。目前很多家庭想让孩子学习钢琴，但消费太高，随着经济的发展，人均家庭收入的增加，二胎政策的放开等，189 万的消费人数也会随之增加，整个行业的市场规模也会增加。

以本地生活服务为例，为什么美团和阿里都在全力布局这个领域，就是因为这个领域线上渗透率还比较低，餐饮的线上渗透率还不到 10%，线上化还有很大的成长空间。腾讯布局产业互联网同样也是看到了其未来的成长性，随着时间的推移，产业互联网最有可能迎来该领域的高速的用户增长。

如果我们能抓住行业、经济、技术、人口等带来的高速增长势能，也就是我们的产品正好迈进了这样的高速增长的轨道上，那么随着增长势能的影响，我们很容易就能获得快速的用户自增长。

前几年的移动互联网流量红利，诞生了 TMD（今日头条、美团、滴滴）等互联网新的巨头，他们的快速增长在很大程度上其实就是顺应了社会发展和行业发展带来的移动互联网红利势能。

笔者在 2008 年左右，在一家咨询公司工作，服务于一家电动车单车品牌，笔者团队在该公司做内访调研时，向其 CEO 请教该公司成功的最主要原因。结果该公司 CEO 说，什么都没有做，他也不知道为什么一下子就销售了 100 多万台。其实，最主要的原因就是他们赶上了高速发展的行业势能。再比如说拼多多，大家看到的是拼团和用户消费分层的成功，但它成功背后最重要的原因是三四线城市全面的互联网化带来的增长势能。

因此，不仅要关注痛点，而且还要关注产品的成长性，让自己处于增长势能的快车道上，这样才能更容易地得到快速、长久、持续的用户增长。

4.2　替代性：用户增长的竞对策略分析

产品的替代性，是指目前市场上有没有能够替代我们的产品和服务。这也会直接影响到用户可能的增长情况。

"替代性"，包含三种情况，具体如下。

（1）市场上没有替代产品。

（2）市场上有显性替代产品。

（3）市场上有隐性替代产品。

产品替代性的三种情况如下图所示。

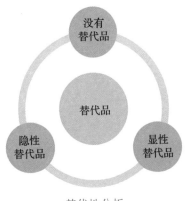

替代性分析

4.2.1　没有替代品

（1）竞争对手（简称竞对）分析：没有替代品。目前市场上尚未出现一款产品能够解决用户的痛点。如果我们经过判断，该产品对应的市场价值非常大，用户增长空间也很大，而市场上还没有出现这样的产品，那么这对创业者来说将是非常难得的机会点。

（2）增长策略：**快速进入该市场**。这种情况下需要快速地进入这个市场。如果能开发出这样的产品并获得成功，就会成为开创性的产品，比如滴滴、共享单车。

4.2.2　有显性替代品

所谓显性替代品，就是显而易见的替代品，一般是同品类的替代产品。

我们发现了痛点，但目前市场上已经出现了能够解决该痛点的产品，那么我们到底是否要开发产品，进入这样的市场？

这种情况比较复杂一些，需要考虑目前产品的市场格局。我们可以通过一个四象限工具来分析替代品。这个四象限纵坐标表示产品对用户痛点的解决程度的高低（产品体验的好坏），横坐标表示产品的市场格局（也就是占据的市场份额是大还是小），具体如下图所示。

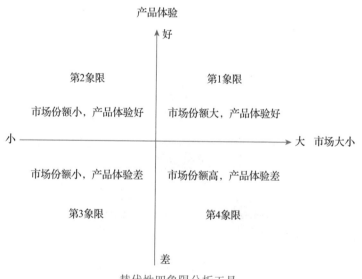

替代性四象限分析工具

1.第一象限：市场份额高，产品体验好

（1）竞对分析：**绝对领先，产品体验好**。当目前市场上的显性替代品处于

第一象限的时候，也就是该产品取得了绝对性的市场份额，并且处于领先地位，而且这个产品的用户体验还很好的情况。

（2）增长策略：**慎重进入该领域**。这种情况下，哪怕我们看到了市场机会，哪怕是用户痛点，也要慎重进入这个市场。比如，百度地图和高德地图两家加来已经占据了地图出行市场 90% 以上的市场份额，而且用户体验都很好，这个时候你要再做一款地图产品，无异于以卵击石，成功的可能性非常小，获得持续的用户增长的概率也非常小。

比如，2018 年非常火的子弹短信，短时间内通过市场行为，获取了几百万的用户，但是由于已经有了微信、陌陌等社交产品，子弹短信很难让用户转移社交关系，子弹短信迅速滑落和消亡，用户增长也没做起来。

2. 第二象限：市场份额低，产品体验好

（1）竞对分析：**市场份额低，产品体验好**。目前市场上的显性替代品能够很好地解决用户痛点，用户体验很好，但是市场份额还很小。这就代表着，这可能是一个新兴市场，目前没有太多企业进入，或者还没有一款产品已取得绝对性优势，占据用户心智。

（2）增长策略：**快速进入市场，强化用户体验**。我们可以考虑快速进入这个市场，并且要在痛点的解决方案上做得更好，以快速获得用户增长。

3. 第三象限：市场份额低，产品体验差

（1）竞对分析：**市场份额低，产品体验差**。第三象限表示替代品发现了用户痛点，但是在解决方案上面做得比较差，用户体验非常不好，而且市场份额也小。

（2）增长策略：**快速进入市场**。这是比较好的进入这个市场的机会。

4. 第四象限：市场份额高，产品体验差

第四象限就是替代品虽然产品体验差，但是市场份额较高。大家可能会觉得奇怪，为什么产品体验这么差，还能取得很大的市场份额，这种情况一般有以下几种可能。

（1）竞对分析：**市场份额低，产品体验差**。

- **市场价值小，进入的少**：这个市场价值性比较小，虽然用户有痛点，但是许多企业不愿意进入。比如，一些非常垂直的市场，BAT 这类的大企业基本上就不会考虑进入。

- **快速占据市场**：靠价格、资本等手段，快速占据很大的市场。比如，滴滴刚刚开始的时候，虽然体验并不是很好，但是通过补贴等手段，获得了较高的用户增长和市场份额。
- **垄断性特殊行业**：一些垄断性的特殊行业，哪怕用户不太满意，但是没有选择。比如 12306，在过年的时候，你要回家只有通过它才能买到火车票，就是这样一款让用户吐槽不断的产品，过年期间日交易也能上亿。

（2）增长策略：谨慎进入该领域。对于这种情况，我们若要进入这个市场，一定要谨慎考虑。

4.2.3　有隐性替代品

除了以上所说的市场上尚未出现解决痛点的产品和已经存在解决痛点的产品两种情况之外，其实还有一种情况特别容易忽略。

我们常常将视角放在可见的替代品上。很多时候表面上市场没有替代品，实际上是我们没有看到，这种情况最容易受到忽略。

我们之所以容易忽略隐性替代品，是因为我们寻找替代品的思维是从相同的品类出发，比如，想做一款矿泉水产品，我们就会找矿泉水进行分析，但实际上碳酸饮料、功能饮料、果蔬饮料、茶类饮料、牛奶等都可能是潜在的替代品。

寻找替代品正确的方法应该是从解决问题的思维出发，即有哪些产品解决了与我们相同的痛点。否则，很容易做出错误的判断。比如，之前笔者团队做过一款亲子类的产品就犯了这样的错误。

笔者团队当时做的这款产品叫"宝贝周末"（如下图所示），定位于本地亲子生活信息整合及服务平台。针对 2~12 岁的孩子及父母，为他们提供丰富的线下玩、游、学等信息和交易服务。

通过分析，我们发现这个年龄阶段的孩子与父母覆盖了 4 亿多人，而且他们都是很有消费能力的一部分人群，父母一般都很舍得为小孩投资。市场大、刚需、消费能力强，最关键的是当时市场上还没发现有专门针对亲子生活服务类的产品。分析完之后，我们非常兴奋，马上开始了产品的开发设计，最后的结果是产品失败了，没有做起来。

宝贝周末 App 产品界面

最后，我们进行了产品的复盘，发现产品失败的原因有很多，但我认为最主要的原因是如下两个。

1. 产品价值性预估

犯了 4.1.2 节中提到的关于价值性分析的错误，将全量的市场规模当成了自己产品的市场规模。关于这一点，这里不做详细分析。下面就来重点说一下我们所犯的第二个错误。

2. 产品的替代性判断

我们当时只从相同的品类，也就是本地亲子生活服务类产品中寻找是否有替代品，当然是没找到。但是如果我们换一个角度，从哪些产品解决了用户痛点的角度进行分析的话，那么得出的结论将会完全不一样。

市场上有很多产品，可能它们的名字不是 ×× 亲子，或者不是单独的

App，但他们实际上在很大程度上解决了用户的痛点，比如下面的这几类。

（1）商场：现在几乎每个商场都专门设有针对小孩游玩的场所。比如，亲子手工坊、滑冰场、游乐场、培训机构等，不管你是想带孩子玩耍，还是想培养孩子的才艺，都能得到满足。

（2）百度搜索：当你需要到周边或者市内其他地方游玩的时候，百度就能帮助搜索到我们想要的信息，如下图所示。比如，适合小孩去的餐厅、博物馆、农家乐等。

手机百度 App 搜索亲子类信息

（3）旅游类 App：携程、艺龙、马蜂窝等旅行类 App，基本上都有一些亲子游的模块，不管是周边游，还是出国游都可以查到，还可以预订，如下图所示。

携程 App 亲子游

（4）自媒体：很多自媒体也会提供同城相关的亲子信息。比如，乐呵呵亲子（如下图所示）、北京亲子游等微信公众号。

乐呵呵亲子微信公众号

（5）生活服务平台类产品：大众点评、美团、大麦网、永乐票务这些平台类的 App 虽然不是专门做亲子类服务的，但都包含了亲子相关的类别。大麦上还可以查到和购买亲子类的话剧、大众点评上可以查到亲子餐厅、亲子酒店等。

因此，对于这种隐性的替代品我们一定要特别重视，否则待盲目地开发出产品之后，才发现不仅花费了大量的资源和精力，还无法带来用户的增长。

4.3 本章小结

很多人以为找到了痛点就可以开始进行产品的开发了，其实不然。找到痛点之后，还需要进一步判断解决方案的价值性。本章主要从迫切性、成长性和替代性三个方面去进一步分析用户增长。这三个特性在很大程度上决定了以后用户增长是否能够获得成功。

本章与前面的章节主要分析了用户痛点以及用户增长的价值性，这两方面的内容是用户增长的基础，如果忽略了这两个方面，盲目地开发出产品，那么无论采用什么样的手段和方法，都将很难获得用户增长。

在分析完这两个方面的内容之后，接下来我们将在第 5 章讲解如何制定正确的用户增长指标。

5

制定用户增长指标

　　用户增长的关键是我们需要明白：用户增长的方向是什么？为什么指标而增长？在这个指标下用什么样的方法才能获得增长？这样我们的增长才不会盲目，才会有的放矢。

　　具体来说，产品生命周期内（具体如下图所示）要制定出正确的增长指标，主要包含以下几个方面。

　　（1）确定增长指标：在用户增长中会面临许多指标，我们要找到最关键的那个指标，也就是第一关键性指标（OMTM），也称为北极星指标。其目的是确定增长的方向，避免增长跑偏。

　　（2）增长指标拆解：增长指标是由一系列的数据指标构成的，要想发现增长的问题，就需要对增长指标进行拆解，通过改进，提升用户增长。

　　（3）AARRR 增长模型分析：无论什么样的增长指标，实际上都离不开对获客（Acquisition）、激活（Activation）、留存（Retention）、变现（Revenue）、推荐（Referral）的分析。

　　用户增长指标分析图示如下。

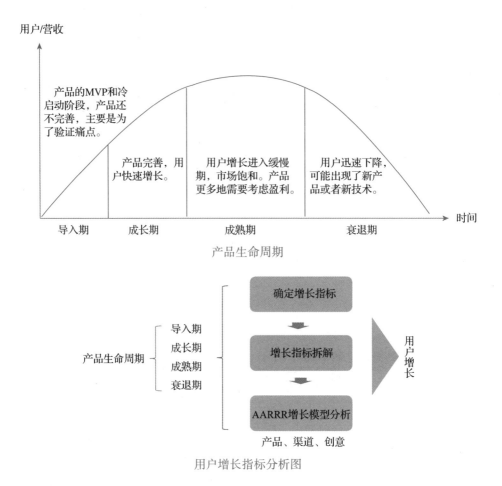

产品生命周期

用户增长指标分析图

5.1 确定增长指标

5.1.1 用户增长的虚荣指标

很多公司都很重视数据，有的公司还成立了专门的数据团队。我们在工作中也经常需要与各种增长数据打交道。最常见的就是在每周的例会上，各个团队都会通报最近的增长情况。

（1）产品团队说，通过这次改版后，我们的 PV 增加了 30 万。

（2）渠道团队说，我们这周做的投放，腾讯应用宝上下载用户达 20 万。

（3）运营团队说，我们这次双 11 活动，拉新 10 万人。

（4）市场团队说，这次广告投放，我们达到了 5000 万的曝光量。

除此之外，还有我们经常用到和提到许多数据，具体如下。

（1）DAU（Daily Active User）：日活跃用户量。

（2）MAU（Monthly Active User）：月活跃用户量。

（3）ARPU（Average Revenue Per Use）：每用户平均收入。

（4）UV（Unique Visitor）：独立访客。

（5）PV（Page View）：访问量，每打开一次页面算一次访问量，刷新页面也是。

（6）点击数：指某一段时间内某个或者某些关键词广告被点击的次数。

（7）……

但是，以上这些大家天天提到，经常使用的数据可能只是一堆毫无意义的数字。

比如说注册用户数，很多时候用户只是下载了我们的 App，甚至一次都没有用过，哪怕有 1000 万的累计用户数，如果不使用我们的产品，那么这样的数据对我们其实是没有价值的，这样的增长其实只是一种"虚荣"的增长。

还有我们经常提到的活跃用户数，比如，我们常说的日活跃用户量突破 200 万，月活跃用户量达到 1000 万等。大家可能会说，这个数据总该有价值了吧？其实未必，以爱奇艺为例，尽管它的日活跃用户量很高，但如果它的会员付费人数很少，那么对爱奇艺的营收就会造成很大的影响，再高的 DAU 这个时候其实也是不健康的。

以上列举的这些数据其实就是"虚荣指标"，这些虚荣指标最大的危害就是浪费企业的资源，影响我们对用户增长的正确判断。

5.1.2　用户增长的第一关键性指标

用户增长中涉及了各种各样的指标，经常让我们感觉无从下手，觉得这个也很重要，那个也不能忽略，眉毛胡子一把抓，最终的结果是看到了许多指标，却依然做不好用户增长。

原因在于我们没有找到第一关键性指标，第一关键性指标（OMTM，One Metric That Matters）是《精益数据分析》一书中提到的概念和方法。《增长黑客》的作者肖恩·艾利斯在他的书里将其称为"北极星指标"（North Star Metric）。

1.用户增长的第一关键性指标的重要性

不管是称作第一关键性指标还是北极星指标，目的都是一样的，都是要界定最重要的数据指标。第一关键性指标之所以如此重要是因为其能帮助我们达到如下效果。

（1）清晰目标：使得我们避免眉毛胡子一把抓，界定我们现阶段需要解决的最重要的问题，帮助我们找到清晰的目标，以促进用户的增长。

（2）聚焦资源：有利于整合全公司的人力、技术、资金等资源，统一方向，促使全公司战略协同，向一处发力，从而形成合力。

（3）发现问题：第一关键性指标能够帮助我们发现问题，以保证用户的健康持续增长。

以关键性指标为核心的用户增长方法图示如下。

以关键性指标为核心的用户增长方法

正因为 OMTM 如此重要，所以如果我们找错了指标，就会造成企业方向的偏差，往往会事倍功半，吃力不讨好，从而影响用户的增长。

这里以知乎为例，很多人认为知乎的第一关键性指标是日活跃用户量或者用户活跃率，其实不是。知乎作为一个网络问答社区和平台，最关键的指标应该是提问数量／率和回答数量／率。为什么这样说呢？

如果我们只看日活跃用户量，会出现什么问题？

就是很多用户来看看就走了，也不提问，也不回答问题，表面上看日活跃用户量很高，从长远来看，知乎上有价值的内容却没有得到增加，好的内容越来越少就会导致用户慢慢流失。

这里的日活跃用户量其实就是虚荣指标，而真正的关键性指标应该是提问数量 / 率和回答数量 / 率。只有当这个第一关键指标是健康的，才能说明我们的产品是健康的。

2. 用户增长的第一关键性指标的特点和标准

既然 OMTM 如此重要，那么什么样的指标才是第一关键性指标呢？

（1）与商业模式 & 用户价值相关，是一个核心驱动指标。第一关键性指标应该与产品的商业模式及用户痛点相关，也就是说，这个数据越好就越有可能带来更多的用户增长和更多的营收，越能解决用户痛点，满足用户需求。因此，在确定第一关键性指标之前，我们首先要弄清楚产品的商业模式和用户痛点是什么。简单地说，就是这个产品是以什么方式盈利，解决了用户的什么问题。

（2）直指现阶段的问题，是一个可以反映用户增长问题的指标。不同的产品在不同的发展阶段，遇到的用户增长问题是不一样的，第一关键性指标需要能够反映当前的用户增长现状和症结所在。

（3）具有可执行性，是一个可以操作的指标。对这个指标进行分析和调整，以指导我们的用户增长，帮助我们采取正确的措施和方法。比如，上面提到的累计注册用户数，就不是一个关键性指标，因为对这个指标的分析，无法指导我们的行为。

5.1.3　不同产品的第一关键性指标

既然第一关键性指标这么重要，那么我们如何才能在 DAU、PV、ARPU、GMV、访问时长、跳出率等众多指标中找到第一关键性指标呢？

第一关键性指标与产品属性、行业密切相关，因为产品和行业的不同直接决定了企业的用户价值和盈利模式，而用户价值和商业模式的不同，所对应的第一关键性指标也会有所不同。因此，我们要确定第一关键性指标，首先要分析产品的用户价值和商业模式，也就是通过为用户提供什么样的价值而获利。

互联网产品具有很多种类别和商业模式，但整体来说，大概可以分为内容、电商、社交、工具、游戏等几大类。这几大类商业模式及其第一关键性指标具体如下图所示。

商业模式	产品	可能的 OMTM
内容	知乎、果壳、抖音、快手等	内容量级、时长
电商	淘宝、京东、拼多多等	交易额
社交	微信、陌陌等	互动、时长
工具	墨迹天气、万年历、高德地图等	活跃度
游戏	王者荣耀、绝地求生等	ARPU、付费率

商业模式与第一关键性指标

1. 内容型产品

内容型产品为用户提供的最核心的价值就是内容，如果没有优质的内容，用户将不再使用我们的产品。而内容的丰富和优质，会吸引更多的用户，用户更容易停留更长的时间，从而带来更多的用户增长和更大的盈利。因此，这类产品的第一关键性指标一般与内容和用户停留时长有关，比如果壳网上内容的多少，知乎上回答和提问的多少，今日头条的内容及用户停留时长，等等。

2. 电商型产品

电商型和交易型的产品最直接的盈利模式就是直接通过卖出产品而盈利，它的核心商业逻辑是用户"下单"，若不产生购买，则这个产品就毫会无价值。因此，电商类产品的第一关键性指标往往与 GMV 相关。

这里以抖音和今日头条为例来说明，作为内容型产品，他们的第一关键性指标应该是内容量级和用户停留时间，但如果将此指标作为一个交易型平台（比如，外卖平台）的第一关键性指标就会出现问题，用户在一个外卖平台上停留很长时间，很可能只是不知道该点什么，说明我们的产品，或者内容和活动运营可能存在某些问题，没能更好地帮助用户做决策。还有可能是用户看了很久，但最终却没有下单。

同样，如果我们将 DAU 作为电商型产品的第一关键性指标也会出现问题，

DAU 再高，用户没有转化，不产生购买，那么一切都是枉然，说明我们可能并没有很好地解决用户痛点。光有活跃度而不下单的用户是没有价值的。这类产品更多是要引导用户下单，提高复购率。因此，电商型产品将 GMV 作为第一关键性指标更为合理。

3. 社交型产品

社交型的产品，本质是人与人之间信息的沟通，这类产品的第一关键性指标应该是用户之间的互动和时长，如果仅仅只是登录产品，而没有产生一定时长的互动，那么这样的指标也是不健康的。或者换一种说法，针对这类产品的活跃度的定义，我们不应该仅仅看登录量，而应该以聊天时长为标准，比如以互动时长超过 5 分钟或者信息超过 20 条等来作为关键指标。

4. 工具型产品

大部分工具型产品的商业模式一般包含两种情况，具体如下。

（1）通过免费提供给 C 端用户使用，获取 B 端的广告收入等实现盈利，比如墨迹天气等。

（2）通过为更高需求的用户提供付费服务的方式盈利。比如 MIX 作为一款美图软件，大部分的功能都是免费的，但是如果用户需要一些特殊的滤镜等，就需要付费购买。

但不管是哪种情况，这类产品的用户活跃度越高，企业就越容易盈利。因此，这类产品的第一关键性指标一般与活跃度有关。

例如，墨迹天气作为一款天气类工具，它主要解决的是用户查询天气的问题，而它主要的商业模式其实是靠广告赚钱，广告收入占了其整个营收的 99%，用户活跃度越高对广告主就会越有说服力，越能支撑它的盈利模式，因此，它的第一关键性指标应该是用户活跃度。

5. 游戏型产品

大部分游戏都是免费的，该类产品主要是通过为玩家提供付费装备等服务来盈利。因此，游戏类产品，玩家的付费率与 ARPU 值就尤为重要。如果我们只注重玩家的活跃度是否高，而忽视了付费率，那么玩得人越多意味着我们需要付出的维护成本越高，若只是玩家活跃度高，付费率却很低，那么这样的用户增长是不健康的。

以上只是从整体上分析了大部分商业模式可能的第一关键性指标，还有两点需要详细说明，具体如下。

（1）有些平台和产品的商业模式和用户价值比较复杂，可能是以上几种商业模式的综合，需要具体情况具体分析。

（2）第一关键性指标并不是说我们要忽略其他数据指标，而是说针对不同的产品在不同的阶段，需要找到对用户增长来说最重要的那个指标。

5.2 增长指标拆解

确定第一关键性指标的目的是为了找到用户增长最关键的因子，但仅看第一关键性指标是无法指导用户增长的，需要对增长指标进行进一步的拆解，以找到影响用户增长的关键环节和问题。

5.2.1 第一关键性指标是系列指标

我们可能会认为关键性指标只是一个数据。其实第一关键性指标实际上是一个由许多数据构成的系列指标。

下面我们以电商平台为例，在成熟阶段，电商平台的第一关键性指标是交易总额，但销售总额又是由购买用户数和客单价两个衍生指标决定的，公式为：销售总额 = 购买用户数 × 客单价，如下图所示。

销售总额计算公式

我们要想提高销售总额就需要增加购买用户数和提高客单价。不过，我们仅看购买用户数和客单价是很难发现问题的，如果我们将指标再进一步拆解（如下图所示），那么很多问题就会一目了然了。

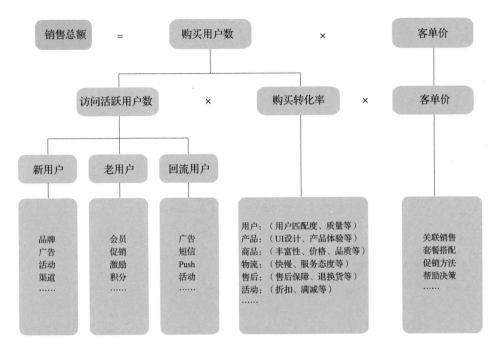

关键性指标销售总额拆解

销售总额 = 购买用户数 × 客单价

　　　　 = (访问活跃用户数 × 购买转化率) × 客单价

　　　　 = (新用户 + 老用户 + 回流用户) × 订单转化率 × 客单价

备注：不同的平台对活跃用户的定义不同，这里的用户主要是指使用我们产品的用户。

1. 购买用户数

通过上文所示的关键性指标销售总额拆解图我们可以看出，购买用户数可以拆分成访问活跃用户数 × 订单转化率。而访问活跃用户数又是由新用户、老用户、回流用户构成的。新用户、老用户、回流用户、订单转化率和客单价又会受到很多因素的影响。

（1）活跃用户数：

- 新用户：品牌、广告、活动、渠道投放等都会影响新用户。
- 老用户：通过会员、促销、激励、积分等措施减少老用户的流失，增加留存。
- 回流用户：广告、短信、活动、push 等方式可以召回流失用户，提升活跃用户度。

（2）订单转化率：用户、产品、商品、物流、售后、活动等因素都会影响订单转化率。

2. 客单价

说到客单价，大家可能会觉得客单价主要受到品牌定位和用户消费水平的影响，很难去提高。

其实，我们可以通过产品的调整来提升客单价。比如，可以通过关联销售、套餐搭配、促销措施，帮用户做消费决策等方式来提升客单价。

其实，在我们的现实生活中经常会遇到关联销售。在商场里，最显著的位置，经常摆放有搭配好衣服的模特，你去商场本来只打算买一件外套，售货员经常会向你推荐搭配用的裤子和鞋子，让你穿上看看整体效果，这就是一种隐形的关联销售，售货员表面上并没有让你买裤子和鞋子，但如果你搭配穿上后觉得很好看，那么你在很大程度上会想要全部购买。在超市中，如果我们仔细观察，就会发现货架上商品的摆放也是有一定的依据和规则的，摆货员常常会将两种最有可能产生关联销售的商品放在一起，比如牛奶和面包就经常放在一起。

笔者曾在百度糯米工作的时候，我们会在用户购买完电影票之后，向用户推荐可乐和爆米花，从而提高客单价。还有很多电商的买三送一，满多少减多少的促销方式，也是为了提升客单价。

其实上面的内容还可以继续拆分，目的就是让我们发现影响用户增长的问题和环节，并且需要通过测试发现哪个环节对增长带来的贡献最大，从而在该环节投入更多的资源和资金，以获取快速的用户增长。

以上我们只是以销售总额为例进行分析，大家可以试着拿自己产品的关键性指标去做分析，相信你一定能够发现问题所在。

5.2.2 定性的用户反馈对用户增长同样重要

通过对以上数据指标的拆解，我们可以很好地发现用户增长可能存在的问题，但是有时候光靠数据并不能解决所有的问题，需要将数据和定性相结合。

因为数据分析和定性研究既相辅相成，又各有区别。

数据主要回答 who、what、where、when、which、how much、how many 等确定性比较强的、边界清晰、容易量化的问题。比如，多少人使用我们的产品、客单价是多少、消费频次多少、喜欢在什么时候购买、是哪些地区，等等。

但是数据比较难回答 why、how 等涉及用户价值观、用户体验等需要进一步深度分析和挖掘的问题。比如用户为什么购买？为什么买这个而不买那个？是如何看待这个产品的，等等？数据与定性分析的区别如下图所示。

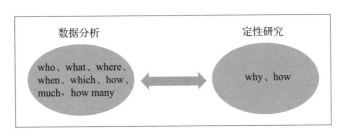

数据分析与定性分析的区别

为了便于大家更好地进行理解，下面来以饿了么外卖为例来具体分析。假如我们最近发现相比之前用户流失率比较高，我们需要找出具体的原因，从而采取相应的措施，阻止用户的继续流失。

1. 确定流失用户

第一步我们需要确定我们的流失用户。不同的产品对流失的定义不一样，有的产品以是否登录为标准，有的则以是否浏览为标准，对于饿了么这类本地生活服务交易类产品，我们一般以是否产生购买行为作为用户是否流失的标准。

在确定了标准之后，我们再来看看时间。假设我们所要查看的是 7 天的流失情况，即在这段时间内用户流失的情况。

2. 流失用户细分

在确定了流失用户之后，并不是马上进行分析，而是要对流失用户进行细分。因为虽然通过标准和时间维度确定了具体的流失用户，但不同属性的用户其流失原因也有可能是不同的，为了更好地分析流失原因，我们最好将流失用户进行细分。

我们可以将流失用户简单地分成两类：一次性流失用户（产生一次购买后就流失的用户）、老用户（购买一次以上才流失的用户）。

3. 分析可能的原因

对流失用户进行分类之后，我们就可以通过后台数据来查看每一类用户的流失情况了。

（1）老用户流失的可能原因如下。

- 如果数据显示老用户流失严重，那么我们需要考虑是不是有可能最近发布的新版本，改动太大，老用户不喜欢。
- 或者没有发布针对老用户的运营措施。
- 也有可能是老用户已经使用产品很久了，产品一直没太大的更新，对老用户失去了吸引力。
- ……

（2）一次性用户流失的可能原因如下。

- 一次性用户是指只产生了一次购买就离开的用户。其有可能是被促销吸引过来，使用一次后，发现促销力度没有那么大了，就不再使用了。
- 也有可能是觉得产品体验不好。
- 或者渠道带来的用户不是我们核心的目标用户，只是低价值用户，质量不高。
- 物流配送慢。
- ……

4. 发现影响用户增长的问题，采取相应的措施

具体到是什么因素让用户离开，还需要将后台数据和定性研究结合起来进行分析。

比如，如果后台数据发现饿了么外卖的新用户流失严重，通过用户访谈，在众多可能的原因中我们分析出，新用户流失最重要的原因是因为新用户觉得饿了么的送餐速度比竞品慢很多，那么我们可以通过两方面的举措，来阻止用户流失。

（1）产品端：在物流侧增加外卖小哥运力，调整配送范围等，提升送餐速度和效率。在产品上建立迟到赔付机制，为用户提供心理补偿。

（2）运营端：通过短信、邮件、push 等方式召回老用户，告知用户我们的调整及赔付机制。

（3）市场端：通过视频、文章、H5 之类的 social 传播、广告投放等，告知用户我们的物流优势。比如承诺 30 分钟送到，超过 30 分钟餐费免半等。

通过以上分析，我们知道流失用户群体的不同，其流失原因也会不同，需要采取的应对措施也会有差异化。

但我们在日常工作中，面对流失用户常常采取同一种措施，比如发送给所

有流失用户的召回短信都是相同的。就像上面提到的，如果我们对在意送餐速度的流失用户，发送一张代金券，召回效果未必会好。如果我们对在意价格的用户，发送我们的赔付机制，效果也未必会好。

因此，我们需要通过数据分析和定性分析，针对具体出现的问题，采取相应的解决方案，通过用户的分层精细化运营，实现用户的增长。数据分析与定性分析的具体内容如下图所示。

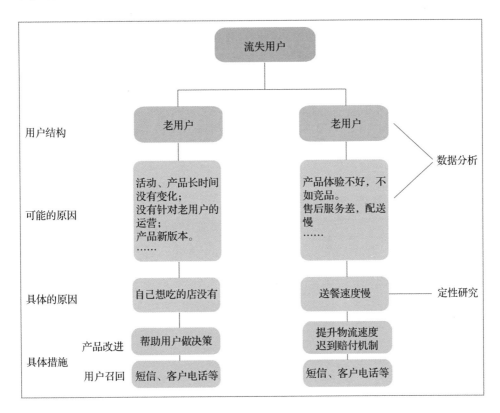

数据分析与定性分析

还有一点需要强调的是，并不是任何时候针对不同的用户都需要采取应对的举措。比如，我们通过数据和定性研究可以发现一次性用户中，他们流失的主要原因是：不喜欢一些功能和 UI 设计。

是不是一定要为了应对用户的要求而去调整产品呢？

这个时候，我们需要做进一步的分析，如果流失的一次性用户所占的比重较小，而老用户对此问题几乎没有提及，则说明这个功能和 UI 并不是大多数用户所关注的。因此我们可以判断，这个功能若不进行改动也不太会导致大规模的用户流失。

对于是否需要改动我们产品的功能和 UI 设计，一定要慎重对待。最好是针对该问题对新老两类用户进行专项定性分析。如果不进行分析就直接为了满足小部分人群的需求，随意调整产品，而不顾大部分用户的需求，不仅不会带来用户增长，还有可能会导致其他用户大面积的流失。

因此，在做用户增长的时候，我们需要重视用户，但也不能盲目地被用户牵着鼻子走。一切举措都需要在数据分析和定性研究的基础上进行。

5.3　用户增长的 AARRR 模型

其实不管我们的第一关键性指标是什么，要想实现这个指标，都离不开获客（Acquisition）、激活（Activation）、留存（Retention）、变现（Revenue）、推荐（Referral）几个流程和环节（如下图所示），这也是增长黑客中经常所说的 AARRR 模型。接下来我们具体分析一下 AARRR 模型。

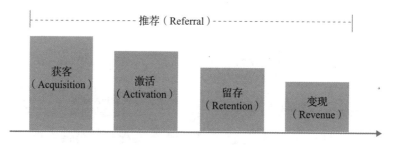

AARRR 模型

5.3.1　AARRR 模型的一些注意事项

1. AARRR 并非是一个先后顺序关系

很多人认为 AARRR 模型是由一组具有先后顺序关系的环节形成的闭环，即先要获取用户，然后激活，再留存、变现，最后形成用户口碑和自传播。其实，AARRR 模型中的各环节之间并非是一个先后顺序的关系，比如，电商类产品的激活和变现其实几乎是同时发生的。

如果将 AARRR 模型当成一个先后关系形成的漏斗模型，则会影响到用户增长工作。所以，我们要抛弃 AARRR 模型是一个严格按照先后顺序发生的闭环的想法。

2. 推荐（Referral）贯穿获客、激活、留存和变现环节

并非只有用户产生留存，成为忠诚用户之后才会有推荐行为，获客、激活、留存各个环节都可能产生推荐行为，具体说明如下。

（1）获客：在获客阶段，用户可能会因为我们的传播创意产生共鸣而发生推荐行为，比如，朋友圈的转发分享。这个时候用户甚至还没有开始下载使用我们的产品，但已经产生了推荐。

（2）激活：用户下载产品，开始使用之后，发现产品不错，这个环节也会发生推荐行为。

（3）留存：用户在使用几次产品之后，发生推荐行为。

（4）变现：推荐也可能发生在变现环节，比如，我们通过促销或者价格激励，引发用户的传播。最初，滴滴打车分享红包其实就是发生在打车交易环节结束之后。

也就是说，每个环节都可以持续地通过推荐获客，从而扩大各个环节的漏斗口，带来更多的用户增长，如果我们将 AARRR 模型看成一个先后顺序的关系，那么就仅仅只会在第一个 A 阶段去获客，这在无形中降低了产品的获客能力。

3. AARRR 模型需要整体设计

在很多公司里，我们经常会看到拉新部门、活动运营、内容运营等部门，拉新部门主要是负责获取新客户，比如通过应用商店付费渠道、异业流量置换、广告投放等方式去获客。而活动运营和内容运营等部门更多的是激活和留存环节的工作。但是通常各部门的直接工作是割裂开来的，比如，拉来的新用户，有可能会因为没有活动的承接或者对新用户的激励而流失。

AARRR 模型的获客、激活、留存、变现和推荐几个阶段是一个整体，切忌分开思考。比如，拉新部门，在有大的拉新计划和投放的时候，活动运营及内容运营部门需要一起协同，需要考虑在大规模拉新的这段时间里除了常规的激活和留存手段之外，是不是要有针对新用户的激活和留存规划。而活动部门在做大促等大规模的活动时，也需要考虑让负责获客的部门一起加入进来。这样一体化的思考，更能提升用户增长的效能，切忌将 AARRR 各个环节独立思

考，各干各的。

4.多业务形态的平台需要根据业务的不同对用户进行分层分析

AARRR 模型的目的是通过分析发现每个环节存在的问题，从而指导用户增长，并通过精细化的运营，最终提升用户增长。

但是对于多业务形态的平台类产品，不能仅仅通过一刀切的方式去分析AARRR 模型，因为多业务形态的平台类产品，由于其业务种类较多，因此其用户的差异性也会非常的大。

下面我们以美团为例进行说明，美团作为一个生活服务类的综合平台，有餐饮、酒店、电影、亲子、生鲜超市、丽人美发、打车等业务模块和品类。用户的需求和痛点的差异性很大，所以会导致获客、激活、留存、变现、推荐的AARRR 模型各个环节存在的问题也不尽相同。因此，我们需要对各个品类和业务模块进行用户群体的分层研究，如果我们一刀切地去研究则可能会导致数据的不准确，从而导致用户增长策略制定的失败。

5. AARRR 模型在不同的产品发展阶段其关注重点不同

获客、激活、留存、变现和推荐在产品的不同发展阶段，所要关注的重点可能会有所不同，具体如下图所示。

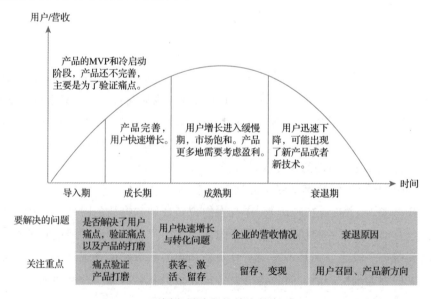

不同发展阶段的关注重点

（1）导入期：导入期是产品的 MVP 和冷启动阶段，这个时候用户对产品还不熟悉。这个阶段的痛点还没得到验证，用户数量也有限，因而数据的重要性还没那么明显。在这个阶段我们主要是看看用户的自然增长情况。此外，非常重要的一点是，我们需要通过定性（比如访谈等），去查看用户对产品的反馈情况，然后进行快速迭代和调整。这个阶段的重点是用户痛点的验证和产品的打磨。不适合做大规模的、对外的推广和传播去获客。

（2）成长期：用户已经对产品比较熟悉了，市场反馈也验证了我们的痛点，产品处于高速增长中。但这个阶段，不能仅仅关注用户的增长情况，更需要关注转化情况。因此这个阶段获客、激活、留存就显得尤为重要，尤其是获客。

（3）成熟期：产品已经比较成熟，用户增长进入缓慢期，市场已经逐渐饱和，这个阶段需要维护好现有用户，增加用户的留存率，并且重点关注商业变现的情况，比如，交易额此时就成了最关键的衡量指标。以抖音为例，与快速成长期相比，此时的用户增长比较平稳，抖音目前实际上已经进入了成熟期。这个阶段抖音所关注的已不再是用户的增长情况，而是如何将几亿用户进行商业变现。

（4）衰退期：用户迅速下降，我们要关注流失率和用户的召回率，同时，还要探索产品和业务的新方向。

5.3.2　影响 AARRR 的重要因子

用户增长简单地说就是做好 AARRR，也就是做好获客、激活、留存、变现和推荐，这 5 个环节看似受到很多因素的影响，实际上主要受三大因子，即产品、渠道、创意的影响，这三大因子几乎贯穿于 AARRR 模型的各个环节之中（如下图所示）。因此只要我们做好了这三个方面，就能保证 AARRR 各个环节的健康进行，从而有效地获得用户的增长。

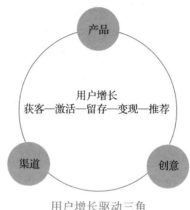

用户增长驱动三角

1. 获客

（1）**渠道**：说到获客，大部分人最先想到就是渠道，包括线上和线下的各种渠道。比如，应用商店广告投放，搜索，SEO，腾讯广告，今日头条的信息流，抖音、微博等广告投放，异业合作流量置换，等等。

（2）**产品**：这是大家最容易忽略的，社交化的产品功能、裂变功能等都能帮助产品获客。比如，滴滴的红包分享、拼多多的拼团产品模式等。

（3）**创意**：不管是端外的广告投放、病毒视频、H5、TVC还是端内的活动设计都离不开好创意。好创意带有天然的用户裂变和病毒属性，能以较小的投入带来较高的用户增长。

2. 激活

（1）**渠道**：渠道不仅仅是与获客有关，渠道的质量更是直接决定了激活率，与目标用户及产品属性相吻合的渠道，能带来高质量的用户，从而提高激活率。

（2）**产品**：产品与痛点的契合度、产品是否具有较好的体验和视觉交互等都会影响到用户的激活。不管带来多少用户，如果产品的体验不好，那么激活率一定会很低，而且会导致大量用户的流失。好产品是用户激活最基本的要求。

（3）**创意**：端内活动的落地页，针对新客的激活策略和措施的设计，也会影响到获客的激活转化效果。比如，饿了么外卖场景化的端内活动模块和针对新客的无门槛的红包刺激等。

3. 留存

（1）渠道：渠道的获客质量其实不仅仅会影响激活，也会影响到用户的留存。

（2）产品：在用户激活之后，产品除了要保证基本的体验之外，还需要为用户提供可持续的价值，才能让用户持续留在我们的平台上，比如产品功能的优化等。

（3）创意：针对不同群体精细化的运营活动设计（持续的节假日活动、大型促销等）、用户的成长体系、积分体系的设计等。

4. 变现

（1）渠道：渠道的获客质量直接决定了变现的效果。

（2）产品：产品本身盈利模式的设计，产品的特权、升级服务等。

（3）创意：满减活动策略设计、捆绑销售等。

5. 推荐

（1）渠道：一些超级节点，比如 KOL 等渠道的传播，配合好的创意，更容易引发自传播和推荐。

（2）产品：产品的视觉交互、裂变功能的设计等都能触发用户的推荐行为。

（3）创意：不管是端内还是端外，好的创意都具有口碑和自传播的属性。

5.4　本章小结

本章主要讲解了用户增长指标的制定，首先要找到用户增长的第一关键性指标，也就是北极星指标，其目的是让我们集中资源和精力聚焦到用户增长最关键的因素上。找到第一关键性指标，我们需要对指标进行拆解，以发现影响用户增长的问题，并采取对应的解决方案。

不管我们的第一关键性指标是什么，最终都离不开获客、激活、留存、变现和推荐所构成的 AARRR 模型，这些环节主要受到渠道、产品、创意三个要素的影响，这三大要素几乎贯穿于 AARRR 用户增长的各个环节。因此，我们需要通过这三个方面去获取用户的增长。

第 6 章

增长从 0 到 1: MVP 及冷启动

产品的 MVP 和冷启动环节相较于用户增长的其他阶段来说是比较特殊的，因此，本章将专门分析 MVP 及冷启动这个阶段的用户增长。

之前的章节中，我们讲到要找到用户痛点，并对用户增长的价值性及空间做判断，这是用户增长的基础，但这些都是在没有产品之前的预判，需要通过 MVP 进行验证。

6.1　什么是 MVP

说到痛点的验证，大家首先想到的就是先开发一个产品，再通过市场的检验，看看用户是否喜欢这个产品，愿意为这个产品买单。而关于如何开发产品，每家公司都有自己一套严格的标准和方法，但通常的情况往往是公司花费大量的时间和资源，可是开发出来的产品却无人问津。比如，当年摩托罗拉用了 11 年时间，花费超过 50 亿美元打造的铱星计划，最后却落得破产的命运。

还有很多类似的案例，很多产品失败的原因，并不是因为他们不努力，不愿意投入资源，反而是他们"太努力"了。因为"太努力"，一款"完美"的产品一般会花费更多的时间，当产品上线时，其他的竞品可能已经抢占了市场，占据了用户心智。

或者开发出来的产品被验证不符合市场需求，用户不喜欢，结果是既浪费了资源，又浪费了时间。精益创业之父史蒂夫·布兰克就曾说过："团队最大的失败是什么？一个组织不畏艰难、全心全意、按质量、按计划、按预算地开发出一款用户拒绝使用的产品。"

在产品初期，有一种快速验证痛点和需求的方法称为 MVP（Minimum Viable Product），这里的 MVP 不是指最有价值的球员，而是最小可行性产品的缩写。

MVP 是埃里克·莱斯（Eric Ries）在他的《精益创业》一书中关于精益创业的核心理念和思想。MVP 是指用最快、最简明的方法开发出一个可用的产品原型，但 MVP 不仅仅是一个产品，还是一个过程，是由开发、测量、迭代三个环节形成的循环圈（如下图所示），即最小产品开发、产品验证、产品调整不断循环，以此往复。

（1）开发：开发出最小可行性产品（MVP），并找到种子用户。

（2）测量：对种子用户使用产品的情况进行定性定量测试。

（3）迭代：根据数据和用户的定性反馈，对产品进行迭代调整，或者放弃产品，改变方向。

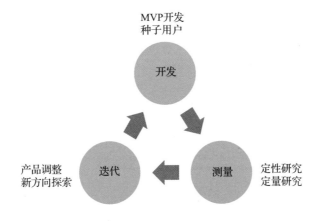

开发 – 测量 – 迭代循环

MVP 可以简单地概括为：用最少的时间、资源和资金的投入，开发出一个最简化且可实行的产品，然后测试其可行性，并不断反复迭代。

正常的产品开发往往会花费非常多的资源和时间，比如，前面提到的摩托罗拉花了10年的时间和50亿美元用于打造铱星计划。而MVP方法的好处在于，其能将复杂的产品"做小"，使其能够快速地推向市场，以获得用户的反馈，从而可以快速迭代，节省更多的时间和资源。

现在微信已成为我们生活中必不可少的一部分，利用微信，我们不仅可以通过文字和语音聊天，还可以视频通话、发文章、抢红包、玩游戏、购物、交水电费、买火车票等。其实，微信最初的测试版本非常简单，是一个典型的最小可行性产品。该版本只有三个最基本的功能，而且仅支持iPhone，甚至连最基本的通讯录都没有，因此，微信能够在米聊发布一个月后就发布了产品。以下就是当时微信最基本的三个功能。

（1）文字消息：满足用户最基本的文字交流。

（2）发送图片：满足用户发送图片的需求。

（3）设置头像：可以为自己设置个性化头像，以更好地展现自己，同时方便好友之间进行识别。

微信测试版产品界面

6.2 MVP 的误区

不仅仅是微信，很多企业和产品经理都将MVP的方法运用在产品开发中，但这个看似简单明确的方法，却存在着种种错误和误区。

6.2.1 只看到了"小"，而忽略了可行性

对于 MVP，很多团队更容易只看到 M，而看不到 V。"最小"要求我们的产品要功能极简，低成本甚至零成本，但并不是说，为了省钱和快速，就去开发一个残缺的、粗糙的、用户体验极差的产品。

最小可行性产品是敏捷性和完整性的统一，我们在考虑"小"的同时，也要重视可行性，即我们不能忽略 MVP 的"质量"。

（1）可行性需要保证功能的完整性，不是只注重某些细枝末节的产品细节，而是关注核心功能。

（2）可行性的本质是以用户问题为中心，这个最小可行性产品需要能够解决用户痛点。如果只追求最小，而不考虑可用性，那么产品就会陷入没人需要，而且不能解决问题的困境。MVP 是最小和可行性的统一，如下图所示。

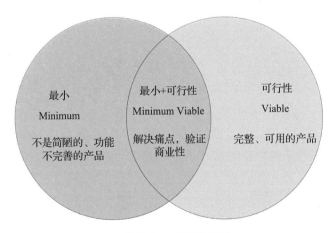

MVP 是最小＋可行性的统一

比如前面提到的微信的测试版本虽然简单，但兼顾了最小性和可行性。作为一款即时通信社交软件，要解决的就是与谁沟通和怎么沟通的问题。微信测试版的文字消息、图片发送、头像设置的主要功能都是以用户问题为中心进行展开的，形成了一个从注册到交流的完整闭环链条，而且使用起来很流畅。

6.2.2　过于拘泥于 MVP 的形式

还有一种情况就是一提到 MVP，很多人以为一定是要开发出一款"产品"，比如做一款 App，开发一个网站等，MVP 甚至还被认为是产品的 1.0 版本。

真正的 MVP 是不用拘泥于严格意义上的"产品"形式的，MVP 没有严格意义上的"模板"，MVP 的目的在于验证痛点和需求，只要能够实现这样的诉求就可以称为 MVP。它可以是 App、网站、公众号、一段视频，甚至是微信群。

假如我们要做一款针对初级产品经理的在线收费培训产品。按照正常的做法，我们要花费很多时间去开发一个简单的 App 或者网站，然后再招募很多老师，开发许多课程，最后上线。要完成这样的工作至少也要几个月，如果最终产品上线之后，却发现没有市场需求，那么之前所有的付出都算是白费了。

正确的做法是，只要保证 MVP 产品可以解决用户问题，满足核心业务流程即可。针对初级产品经理的在线培训课程，需要验证的就是任职 0～3 年的产品经理是不是愿意为我们的课程买单，愿意为什么样的内容买单。因此，我们甚至可以首先建立一个初级产品经理的微信群，然后做一个 PPT 培训课件或者录一段视频课程，共享到群里，就可以很方便地验证用户的需求了。

6.3　冷启动与种子用户

有了 MVP 之后，接下来就是要找到种子用户进行产品的冷启动。所谓冷启动是指产品从 0 到 1 的这个过程，**冷启动不是产品运营推广的初级阶段，冷启动的目的是通过种子用户验证 MVP 是否解决了用户问题和用户痛点。**

6.3.1　种子用户及特点

要验证痛点的真伪，进行产品的冷启动，最关键的就是首先要找到种子用户。

之所以要找到种子用户，主要是种子用户具有如下两个作用。

（1）帮助验证痛点的真伪：主要是在 MVP 阶段，用于验证痛点的解决方案是否能够满足用户需求，是否契合市场。

（2）帮助产品用户增长：在验证用户痛点为真痛点之后，这一波用户将真正成为用户增长的种子，让产品生根发芽，长成参天大树。

所谓种子用户，从字面意思我们就可以看出，种子用户是能使产品发芽的用户。具体来说种子用户的特点具体如下。

1. 种子用户首先是目标用户

很多人都以为早期用户就是种子用户，或者首先使用我们产品的那批用户就是种子用户。

其实种子用户属于早期用户，种子用户只是早期用户的子集，但早期用户不一定都是种子用户。因此我们需要警惕和排除如下几类早期非目标用户。

（1）观光用户：这类用户一般是竞品用户，也可能是同行，他们更多地是为了研究产品，了解产品。他们甚至下载了很多同类产品。比如，笔者当时为了研究直播 App，下载了几十个直播类软件，目的只为研究，研究完之后几乎就很少再使用了，有的甚至直接卸载掉了。

（2）薅羊毛用户：还有一些早期用户可能是因为利益或者其他原因而使用我们的产品，但这类用户未必是对这个产品真有需求，比如，用下载一个 App 就可以得到礼品等方式引来的用户。

2. 种子用户对痛点感受最强烈

种子用户对痛点一般都具有非常强烈的感受，也就是说，他们的痛点的迫切性很高，对使用我们的产品具有强烈的渴望。

3. 种子用户更愿意互动和反馈

因为种子用户对痛点的迫切性很高，如果正好有这样的产品能够解决他们的痛点，那么哪怕产品有一些小 BUG 或者一些不完善的地方，他们的容忍度也比普通的用户高。而且他们希望产品能越来越好，因而也更愿意参与互动，更有可能提出合理的建议和反馈。

6.3.2　如何寻找种子用户

讲完了什么是种子用户以及为什么要寻找种子用户之后，接下来我们来看看如何获取种子用户？

说到进行产品冷启动，寻找种子用户，我们经常会看到如下这样的一些做法。

（1）地铁口、公司楼下、小区里、商场路边见人就发传单。

（2）不厌其烦地让身边的朋友、同学、家人下载使用产品。

（3）发个红包或者送个小礼品，让人下载。

这些方法本身都没错，但是忽略了之前提到的这些用户是不是我们的种子用户的问题。如果花了大量人力财力所带来的用户却不是我们的种子用户，不能验证我们的 MVP 和痛点，那么这样的用户就算再多也是没有价值的。

要找到种子用户就要明确我们的目标用户是谁？他们分布在什么地方？

不管是在线上还是线下，我们要看看这些种子用户都在什么平台或者渠道聚集。而不是一上来就不管三七二十一去拉人来使用我们的产品。因此，需要重点强调的是，不管用什么方法去获取种子用户，种子用户首先必须是目标用户。

下面我们就来看一看常用的寻找种子用户的方法，具体如下。

（1）社区：社区一般都是按照不同的用户群体进行聚集的，在社区中更方便也更容易找到合适精准的目标用户，比如豆瓣、知乎、贴吧、小红书等，上面具有很多兴趣小组。我们可以从中找到与我们产品比较一致的目标用户。

（2）社群：比如很多 QQ 群、微信群。这些群往往也是按照各种兴趣爱好聚集而成的群体。比如母婴群、美食爱好者群、广告人群、产品经理群、驴友群、跑步群，等等。假如我们要针对一款旅行类产品寻找种子用户，则可以通过这些社群和社群内的旅行圈去寻找，此时找到的用户就会非常精准，也能更好地验证痛点。

（3）线下：线下地推、沙龙、会议等是经常用到的获取种子用户的方法。但是需要注意的是，不要见人就发传单，见线下活动就去推广，而是要有针对性地进行推广。比如，如果我们要做一个针对互联网从业人员的招聘产品，那么我们可以在各个互联网公司附近去寻找种子用户，去参加各种线下的与互联网相关的沙龙或者会议等。比如，分期乐的目标用户是学生，他们最先获取种子用户就是通过高校，首先通过高校招聘地推人员，然后进行大学生宿舍的"扫楼"，或者在大学生中散发传单。

（4）熟人圈：所谓熟人圈，主要是指同事、朋友、亲戚、家人等。因为是熟人，因此更容易促使他们下载使用我们的产品。

（5）KOL：在行业里和圈子里比较有名的一些人，因为 KOL 具有较强的影响力，因此通过他们能够很快地聚集起一批种子用户。比如微博早期，就是通过引进大批的明星艺人等 KOL，快速地积累了第一批种子用户。不过需要注意的是，KOL 既可能带来很多种子用户，但同时也可能带来很多负面效应，因此，邀请 KOL 成为种子用户时需要谨慎，尤其是在产品体验还非常差的时候。

（6）邀请：邀请机制也是常用的寻找种子用户的方法，常用的邀请方式主要有邮件邀请、好友邀请、注册码邀请等。邀请机制的好处在于其提高了产品的使用门槛，营造了一种稀缺性，能够筛选掉一批非目标用户，获得的种子用户质量更高。

以上只是列举了一些常用的获取种子用户的方法，具体采用什么样的方法，需要根据自身产品的属性和需要解决的痛点问题来决定。

不过还要再一次强调的是，种子用户一定要是目标用户，不要为了追求数量而去获取一些无效的用户。

产品处于 MVP 阶段时，并不是用户越多越好，这个阶段的种子用户要重视质而非量。

首先，MVP 阶段的产品还不是很完善，即使公司有资源、有人力物力也不适合做大规模的推广来获取用户。因为大规模流量的引入，很可能会带来很多非目标用户。此外，产品的不完善很可能会带来用户大规模的流失和较差的口碑，下次再想要吸引用户就会非常困难了。

其次，该阶段的目的主要是为了验证痛点的真伪，所以用户一定要精准，我们要的是种子用户，而非注册用户。大量的非目标用户的获取，很可能会干扰痛点的分析，造成对痛点真伪的误判。

6.4　MVP 的测试与迭代

MVP 产品完成之后，我们需要收集种子用户的反馈意见，对 MVP 进行修改迭代，然后再收集反馈，再迭代，循环往复。

6.4.1　MVP 的测试

一般 MVP 会采取如下一些常用的测试方案。

（1）数据分析：在进行 MVP 的产品测试之前，需要注意数据的埋点，通过产品的数据分析用户的行为，比如，在哪个环节流失、页面停留时长、购买率，等等。通过分析发现来影响用户增长的问题。但需要注意的是，MVP阶段的用户数据一般不会太多，在分析数据的时候，还要重视用户访谈的定性研究。

（2）用户访谈：仅看数据并不能看出所有问题，还需要进行用户的访谈。用户访谈需要注意两个方面，一是针对目前产品的设计问题，其目的是发现MVP阶段产品可能需要改进的地方。二是可以设计一些具有探索性和方向性的问题，其目的是探索其他的可能性。

（3）A/B测试：可以为用户提供两套方案进行选择，通过对比分析来验证痛点，并发现问题。

6.4.2 MVP的迭代

如果通过测试分析验证了MVP方案与用户的痛点相契合，那么接下来就可以进行产品的正式开发了，并且可以通过资源和资金的投入，快速带动用户的增长。

如果验证存在问题，则需要对MVP进行迭代，或者调整方向甚至放弃对产品的进一步投入。

需要说明一点的是，在验证MVP存在问题之后，应避免陷入无休止的功能修改循环，迭代的目的是解决问题，因此迭代一定是以问题为出发点的，而不是为功能而迭代。

MVP的迭代调整流程如下图所示。

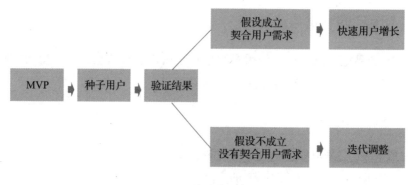

MVP的迭代调整

6.5　本章小结

本章主要讲解了如何通过最小可行性产品（MVP）去验证痛点和用户增长，主要分为三个步骤，即 MVP 开发—测量—迭代三个环节，三个环节形成一个循环。如果验证失败，则需要不断进行方向的调整和迭代。如果痛点被验证是正确的，那么我们接下来就可以进行真正意义上的产品开发，以快速获取用户增长。

在验证了痛点的正确性和初步的用户增长之后，接下来的几章内容，我们将讲述如何通过产品、渠道、创意三个方面来驱动用户增长。

第7章

打造无形的用户增长引擎

第6章中，我们讲解了如何通过MVP和冷启动验证痛点的真伪及判断初步的用户增长。在验证完痛点的正确性之后，才算真正地开始进入用户增长。而产品是用户增长的第一大因子，是用户增长的根本和前提，本章我们将讲解如何通过强化产品，打造无形的用户增长引擎。

产品只是解决了用户痛点还远远不够，要想让用户更好地增长，还需要强化产品痛点，建立产品的核心优势和核心竞争力。

在做用户增长的过程中，强化产品是最容易被我们忽视的，因为它不能带来直接的、看得见的用户增长，但它却是十分重要的。产品是否能很好地解决用户痛点，产品的体验是否好等会影响到用户的获取、激活、留存、变现和推荐。

强化产品的目的是在一个地方打透，形成强大的竞争壁垒和增长势能，从而形成用户增长的"爆点源"。

我们可以从业务、产品、感知三个方向去"强化"产品，打造无形的用户增长引擎，具体说明如下。

（1）业务方向：聚焦核心痛点业务。

（2）**产品方向**：确定产品的主线功能。

（3）**感知方向**：强化产品的痛点感知。

以上三个方向都是指向用户痛点，目的都是为了"强化"用户痛点，而且三者之间还存在一个影响和决定的关系——业务影响产品、产品影响感知，具体如下图所示。

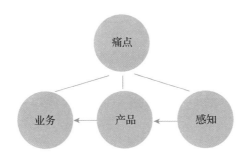

强化痛点"三方向"

那么，应如何通过业务、产品、感知去"强化"痛点呢？接下来我们就对这三个方向进行详细分析。

7.1　业务——聚焦核心痛点业务

所谓业务，就是围绕痛点应开展什么样的业务以及如何开展业务。我们"强化"痛点，体现在业务上就是重点聚焦核心痛点业务，这里最主要的是解决如下问题。

（1）做什么？不做什么？

（2）什么时候做？如何做？

7.1.1　做什么？不做什么？

在产品初期，我们的产品还不够完善，用户痛点解决得还不够好，还没有培养起用户的忠诚度。如果这个时候有很多竞争对手进入市场，那么用户很容易流失，不利于用户的增长。

在这个阶段，首先要确定的就是围绕痛点我们应做什么？不做什么？比如很多产品在刚刚开始的时候，都是聚焦在核心业务之上，具体示例如下。

滴滴打车解决的是用户出行相关的痛点，所要做的是出行相关的业务。

淘宝解决的是用户网上购物相关的痛点，所要做的是电商业务。

百度解决的是用户网上查找信息相关的痛点，所要做的是搜索业务。

以上这些产品虽然现在都开展了多元化的业务，但是在产品刚刚发展的时候，甚至是好几年的时间内，几乎都只聚焦在核心业务上。

在这个阶段，只有聚焦于核心业务，不断地强化用户认知，更好地解决用户痛点，才能牢牢地黏住用户，抢占用户心智，才能增强产品的获客、激活、留存、变现和推荐能力，从而驱动用户增长。反之，如果我们没有建立起核心业务的优势，或者一个产品试图同时开展多项业务，则会造成用户心智认知的模糊和资源的分散，从而阻碍用户的增长。

假如我们是一个新闻资讯平台，同时我们又想解决用户出行打车的问题，还想解决用户在线购物的问题，最后这个产品就会成为一个四不像的产品，最终用户的心智也会很难建立。

马化腾曾说过："核心能力要做到极致。要多思考如何通过技术实现差异化，让竞争对手做不到，或者需要一年半载才能追上你的产品"。

马化腾这里所说的核心能力，其实就是强化核心业务的能力。

7.1.2　什么时候做？如何做？

上面我们讲解了要围绕痛点，确定做什么业务，不做什么业务。

这里仍以滴滴为例进行说明。

我们都知道滴滴解决的是用户出行难的痛点，滴滴的业务也是围绕出行来展开的。滴滴的出行业务包括了出租车、快车、专车、大巴、代驾、共享单车等子业务。但是滴滴并不是从一开始就推出了所有的功能和业务，笔者梳理了一下滴滴各个业务的布局情况，具体如下图所示。我们从中可以看出滴滴是如何开展业务的。

滴滴业务布局时间进程

2012 年 9 月，滴滴上线，推出单一的出租车业务。

2014 年 08 月，滴滴专车上线。

2015 年 05 月，推出快车业务。

2015 年 06 月，推出顺风车业务。

2015 年 07 月，推出代驾、巴士业务。

2015 年 10 月，滴滴推出试驾业务。

2015 年 11 月，推出快车拼车业务。

2016 年 08 月，进入租车领域。

2016 年 12 月，滴滴小巴上线。

2017 年 01 月，海外租车业务上线。

2017 年 02 月，发布了滴滴优享。

2017 年 03 月，滴滴出行宣布在硅谷成立滴滴美国研究院，重点发展大数据安全和智能驾驶两大核心业务。

2017 年 04 月，接入 ofo 小黄车。

2017 年 05 月，无障碍专车，宝贝专车上线。

2018 年 01 月，进入中国台湾地区的市场。

2018 年 02 月，进入日本市场。

2018 年 04 月，进入墨西哥市场

2018 年 08 月，收购嗨修养车，与嗨修养车合并为"小桔养车"。

2018 年 08 月，与济南市公交总公司联合推出的首批定制公交线路开通。

我们可以看到，从 2012 年 9 月出租车业务上线，到 2018 年公交业务上线，滴滴花了将近 6 年的时间才完成这么多业务布局。

我们再仔细分析就会发现，滴滴在上线出租车业务差不多两年后的 2014 年 08 月，才推出了专车的业务。为什么滴滴推出第二个业务与首个业务之间相隔了两年？具体包含如下几个方面的原因。

- **当时产品还不成熟。**也就是说，原出租车业务痛点都还没有很好地解决。当时出租车业务还存在着许多问题，比如，无法取消订单、定位不准确、叫不到车等问题。这个时候如果急着推出其他业务，不仅没好处，而且可能会因为用户体验差而导致用户的流失，甚至产品的死亡，不利于产品的用户增长。

- **自身还没有建立核心优势。**当时出现了很多竞品，比如 Uber、快滴等竞品，都在抢占市场，滴滴当时并没有形成绝对的优势。通过数据我们可以看出，直到 2013 年 10 月，滴滴的市场份额也才刚过 50%。

- **处于用户教育阶段。**当时不管是司机还是用户通过网络叫车的习惯都还没有完全形成。2014 年滴滴和快滴的补贴大战烧掉了几十亿，这既是为了抢占市场，也是在教育用户。

- **通过出租车构建流量产品，带动其他业务用户增长。**在没有网约车之前，很多人已经习惯了在线下打出租车，出租车拥有非常庞大的用户群体，滴滴通过吸引这部分用户群体线上打车，将线上出租车打造成了一个流量产品，而出租车用户又可以有效地转化成快车、专车等业务的用户，带动其他业务的用户增长。

与滴滴相反的例子是百度外卖。百度外卖是百度这几年来，少有的不错的产品，曾经在外卖白领市场做到份额第一，估值一百多亿，被当时的美团外卖视为最有力的竞争对手，与美团外卖、饿了么并称外卖三巨头。就是这样一个明星级的产品，最终却以被饿了么收购而收场。百度外卖失败的原因有很多。比如，百度从 O2O 到人工智能的战略转型，战略放弃了 O2O

业务，补贴等投入减少。基于资本的压力，为了快速盈利，提高了外卖配送费等。

除此之外，有一个非常重要的原因就是百度外卖在不合适的时间进行了不合适的业务布局，即还没有将餐饮外卖这件事情做透，在核心业务和领域上还没有建立起竞争优势的情况下，进行了业务的延伸，削弱了用户增长能力。

下面我们来看看当时究竟发生了什么。

2015 年是最关键的一年：7 月，百度外卖完成 2.5 亿美元融资；8 月，饿了么完成 6.3 亿美元融资；10 月，美团和大众点评合并，随后在 2016 年 1 月完成 33 亿美元融资。饿了么和美团外卖完成融资后，将业务聚焦在餐饮外卖领域，通过补贴抢地盘、抢商户。这个阶段外卖处于三分天下的情况，谁抢夺的餐饮商户多，谁抢夺的地盘大，谁就有希望取得最终的胜利。

就在饿了么和美团外卖将精力和资源聚焦在核心业务"餐饮外卖"上的时候，百度外卖却投入大量精力和资本进行其他的布局，比如自建中央厨房、自己成立餐饮品牌，而且还上线了生鲜、食材供给、商超、众包、电商平台等项目。百度外卖在错误的时间将有限的资源和精力分散到这些项目中，等百度外卖反应过来时，已经无法追上竞争对手了。

实际上，如果百度外卖聚焦于餐饮核心业务，将餐饮核心业务做大、做强，就会更容易获得其他业务的用户增长。因为餐饮作为高频、刚需的用户需求，体量和市场空间都十分巨大。将餐饮作为流量型产品，当用户积累到一定程度时，再将用户迁移到商超、电商、生鲜、药品等业务则是一个水到渠成的事情，用户也会自然地获得增长。

通过以上分析我们可以看到，企业在开展下一项业务时需要考虑如下一些因素。

（1）自身的情况，包括产品、技术、资金实力等。

（2）目前行业和竞品的发展情况等。

（3）产品的发展处于哪个发展阶段。

（4）是否可以通过刚需高频流量业务带动其他业务的用户增长。

确定开展一个子业务的时间点最重要的是要看原有的核心业务情况，

在原有的业务和领域还没有建立起竞争优势的情况下，不要轻易开展新的业务。

7.2 产品——确定产品主线功能

7.1 节中，我们讲解了如何通过聚焦核心业务来"强化"痛点，构建核心竞争力和优势。所有的业务最终都要通过产品来实现，都需要用产品支撑我们的核心业务。比如，滴滴有滴滴打车的 App，美团外卖也需要通过美团外卖 App 去下单。产品是用户最终体验必不可少的环节，产品体验的好坏会影响到用户的增长。因此，我们还需要通过产品去"强化"痛点。

7.2.1 一个产品，一条主线

说到产品，最容易想到就是产品功能，产品就是由一个个功能构成的。正因为功能很多，因此要想"强化"痛点，就要做到"一个产品，一条主线"。

也就是说无论这个产品包含多少个具体的功能，都必须要围绕一个主线进行，即只解决一个核心痛点，比如淘宝所解决的是网络购物问题，微信所解决的是聊天社交问题。

张小龙曾说过："一个很简单的产品可能包含了上百个功能在里面，这些功能你可以像写代码一样，按一个线性的方式将它们串起来，但是也可以做成一个很有架构性的产品。这就是在考验一个人对产品的见解是什么样的。我们的心中一定要有一个产品的整体架构，而不是说我们这个产品就是一大堆功能的集合，只是一个无序的集合，那样就很糟糕了。那样我们的产品就没有了自己的骨骼和系统架构。"

其实，不管包含了多少个具体的功能，都是在做同一件事：强化产品的核心痛点。

我们可以看到淘宝的功能很多，多得都要数不过来了，但是这些功能都是围绕着让用户更方便购物的"主线"来展开的。淘宝的推荐、头条、AR、视频、直播等一堆功能，看起来很复杂、很花哨，但核心的买卖流程却没有发生变化，看起来很多，但用户不会觉得乱，因为，它们都在解决用户购物这一件事情。

高德地图其实是在解决让用户出行更方便、更快捷的问题，它也包含了很多功能，比如查询地点、发现周边、路线导航、全景地图、跑步路线、停车功能、离线地图、违章查询、车主特权、行程助手等，这许多功能实际上都在做一件事情，也就是"方便出行"，如下图所示。

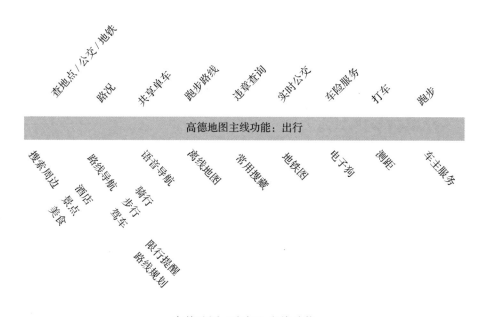

高德地图"出行"主线功能

这里我们来看一下高德地图的一个具体的功能，比如在北京，交通部门对车辆有时间和路段的限行规定，而且限行尾号会定期调整，很多人容易忽略或者忘记，造成扣分或者罚款。高德地图在"路线导航"的子功能中推出了"限行提醒"（如下图所示），这个功能其实就是围绕出行的主线来进行的，就是在强化出行这个痛点。

高德地图限行提醒

7.2.2　产品功能的"排列组合"

上文中我们提到一个产品只有一条主线，很多人可能会担心，虽然只有一条主线，旨在解决一件事情，但是一条主线下面有那么多功能，而且功能会越来越多，会不会造成某些功能没有强化痛点，反而影响痛点的解决，影响用户的体验，导致用户流失，影响用户增长？

关于功能的多少，很多产品经理经常秉持如下两种态度。

（1）谨慎：第一种是对功能的增加非常谨慎，谨慎到非常纠结这个功能该不该加，担心功能太多会不会造成用户体验不好。

（2）随意：第二种就是比较随意的态度，不断地增加各种功能。数据不好，增加功能；用户不满意，增加功能；竞品有了新的功能，增加功能；用户有要求，增加功能。

其实功能的多少并不是判断好坏的标准，关键是看我们怎么对这些功能进行"排列组合"，简单地说就是如何对这些功能进行"组装"，通过排列组合帮助用户聚焦到痛点的解决方案上来。每一个功能的增加删减都应立足于我们的核心业务和对用户痛点的解决方案之上，而不是为增加功能而增加功能。

为了便于对产品进行"排列组合"，根据产品功能与痛点的关系紧密程度，以及功能对用户的重要性，我们先对产品功能做一个初步的分类。

（1）核心功能：对应的是最需要解决的问题，也就是核心痛点。是大多数用户最经常使用的功能，一个产品最重要的功能。

（2）延伸功能：重要性和优先级相对低一点的功能，相对于核心功能来说，用户使用频次稍微低一些或者使用人数少一些的功能。

（3）基础功能：可能与用户的核心痛点关系不大，但是是产品必不可少的功能，比如登录、设置、个人中心等功能。

（4）无用功能：多余的功能，去掉不会影响用户使用和体验的功能。

我们需要将这些功能"组装"成一个产品，但因为这些功能的重要性和角色不同，针对这些功能的"排列组合"也会不同。一般可以分为如下几种："突出"、"隐藏"、"删除"、"归类"、"排序"。这些排列组合的目的都是为了聚焦主线功能和核心痛点。

（1）突出：突出重要的功能。

（2）隐藏：隐藏次要的功能。

（3）删除：删除无用和不合理的功能。

（4）归类：将相似的功能归在一起。

（5）排序：按重要性进行排列。

一般来说，我们需要重点突出核心功能。

延伸功能和基础功能主要是隐藏，隐藏并不是说藏起来不让用户看到或者使用，而是说延伸功能相对于核心功能的重要性并没有那么强，在产品的架构和布局中，地位会没那么凸显。

无用的功能要坚决删除，因为它不仅没有任何好处，还会浪费企业的资源和影响用户体验。

而不管是核心功能、延伸功能还是基础功能，当出现很多子功能的时候，我们需要将相似或者同类的功能进行分组归类，或者按照重要性进行排序。

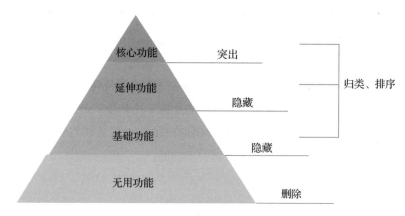

产品功能的"排列组合"

为了让大家能够更好地理解，下面我们就来具体分析下，如何将产品的不同功能进行"排列组合"。

1. 突出

虽然都是围绕核心痛点的功能，但功能的重要程度是不一样的，因为核心功能对痛点来说是最重要的功能，也是用户经常使用的功能，所以在产品的设计中我们要将其重点突出。

好的产品，一般会突出20%的核心功能，80%的其他功能则会在界面上做适当隐藏。突出一般有很多种方式，最常见的就是通过位置布局和视觉体现。

1）位置布局

位置布局就是通过产品界面位置的布局和结构实现核心功能的突出显示。通过位置布局来突出核心功能和痛点的方法，具体包含如下两个方面。

（1）从架构层面来讲，很多产品的核心功能都会放在首页。

（2）在同一页面中，根据重要性还会进行功能的布局。

为了方便理解，我们以高德地图为例来进行分析。我们在上文中提到过，高德地图主要是围绕方便大家出行来布局产品的主线功能，高德地图有几十上百个功能，如下图所示，其最主要的功能都放在了首页：搜索、周边、路线、地图展示、语音、我的，等等。

　　而在首页中，不同的功能位置布局又是不一样的，为了便于大家看得更清楚，笔者在此对高德地图的首页画了一个功能框架图，如下图所示。

高德地图首页界面

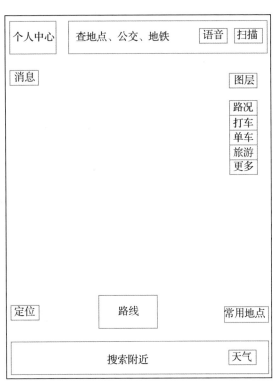

高德地图首页功能框架图

　　从这个框架图中我们可以看到，高德地图在首页最重要的位置摆放了三个功能：位置查询、路线和搜索附近。因为这三个功能是用户最经常使用排名前三的功能，这与我们功能的位置设计是一致的。

　　2）视觉呈现

　　视觉呈现就是通过视觉设计去强化核心功能，比如颜色、图形、动态效果等。视觉是最常用的"突出"手段，上面提到的高德地图，为了突出"路线"功能，用蓝色将其突出，与其他首页功能区别开来。

　　除了互联网产品，"突出"的方法论也可以运用到我们日常生活的许多产品中。比如，笔者家里购买的一个多功能电热水壶，就没有很好地运用"突出"的方法去排列功能。

这个电热水壶有烧水、花茶、水果茶、暖酒、煲中药等 18 个功能。这 18 个功能中，常用的也就一两个，而有的功能可能一年也难得用到几次，比如煲中药、煮酒等。但在产品设计上却没有主次之分，没有突出用户最常使用的核心功能，如下图所示。

多功能电热水壶功能

其实，我们只需要稍微做一点点的调整和改动，就能提升用户体验。比如将烧水、煮茶等最常用的功能放到视觉中的焦点位置，并在视觉呈现上做突出。

其实，就是这种看似与用户增长没有直接关系的用户体验在很大程度上会决定用户的去留。

2.隐藏

隐藏就是将不常用的功能放到相对于核心功能来说，稍微深一些的位置，隐藏主要会涉及延伸功能和基础功能。

隐藏的目的是为了让产品更聚焦于核心功能，减少众多功能对用户造成的干扰。

这里仍然以高德地图为例来说明，除了路线导航、地点查询、周边热点查询等核心功能之外，其他很多不同的常用的延伸功能都隐藏到了二级甚至三级页面。比如摇号查询就隐藏到了三级页面（首页—个人中心—车主服务—摇号查询），如下图所示。

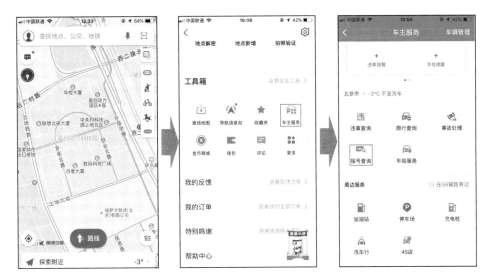

高德地图"摇号查询"功能位置

除了延伸功能之外，很多产品的基础功能，比如登录、设置、个人中心等也都是采取了"隐藏"的方式。

3.删除

删除就是我们经常说的对产品做减法，加功能容易，减功能却难。这里的减法并不是简单地删除，而是去掉多余的、无用的、影响用户体验的，保留核心的，真正做到少即是多。

与隐藏不同的是，**去掉产品功能需要慎重对待。并不是用户体验差就要删除，如果这个功能虽然体验不好，但是很重要，这个时候需要去优化，而不是删除。**

具体什么样的功能需要删除，主要看以下几种情况。

（1）与痛点无关的功能。与用户痛点完全无关，会打扰用户，影响用户认知的功能。比如，高德地图里如果出现了一个看新闻的功能那就是有问题的，这样的功能就需要删除。

（2）多余的流程。虽然与痛点相关，但是是多余的，比如一个步骤就可以完成，我们却要用上两个步骤，那么我们可以删除其中一个环节，减少用户的操作步骤。

（3）多余的功能。我们需要查看这个功能是不是与另一个功能有重合？是否可以合并？如果一个功能就可以解决用户的问题，那么没有必要用上两个功能。

4. 归类

我们先做一个测试，你能花 5 秒钟记住以下数字吗？

$$10283529456174738950$$

一组无规律数据

这一组数据，笔者相信很多人都做不到在 5 秒之内将其记住，那我们再来看看另外一组数字，也用 5 秒钟时间，看看你是否能记住。

$$00112233445566778899$$

一组规律数据

第二组数，大多数人应该都能记住。其实这两组数包含的数字都一样，只是排列方式不一样。

为什么大家更容易记住第二组数据，可能你会说因为第二组数据有规律，其实有规律的背后是我们大脑的心智模式。

人的大脑容易对复杂和混乱的信息和事物产生排斥，而更喜欢接受简单有序的信息。因此，当信息复杂和混乱时，就容易对用户产生障碍和不好的体验。因此，需要对信息和内容进行整理和分类。

比如图书馆对图书的分类，就是为了让大家更方便、快捷地找到想要的书籍，如下图所示。如果图书馆不对图书进行分类，可想而知我们要找到一本书该是多么困难。如果这家图书馆没有索引，而另外一家图书馆有，那么我们可能就再也不会去没有索引的那家图书馆了，其实很多用户就是在这样不知不觉的情况下流失的，我们还没有开始做用户增长，但用户已经离我们而去。

图书馆书籍分类

在工作中，电脑上的文件也会逐渐增多（如下图所示），如果不进行分组，就会大大影响我们的工作效率，我们想要找一个文件就会花费大量的时间。

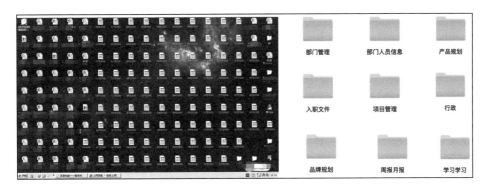

混乱的文件和整理有序的文件

同样，对一个产品来说，随着时间的推移，其会不可避免地增加很多模块、元素和功能，如果我们不进行整理就会造成用户心智的混乱，淹没主线功能，无法突出痛点，用户体验也会越来越差，用户就越不愿意使用我们的产品，我们也就很难实现用户的增长。因此，我们必须对产品的功能和模块进行分组和归类。

具体应该如何分类，需要遵循如下原则。

（1）同类分组原则：按照共同的特点进行分类，比如可以按照场景、业务类型、用途等进行分类。

（2）相互独立原则：两组之间的任何一个子功能都只能归于一组，最好不要同时归到几个组。比如，Word 文档这个办公软件产品，在归类这方面就做得非常出色。Word 拥有大大小小好几百个功能，但是从来不会让人觉得混乱（如下图所示），就是因为其遵循了归类的上述两个基本原则。

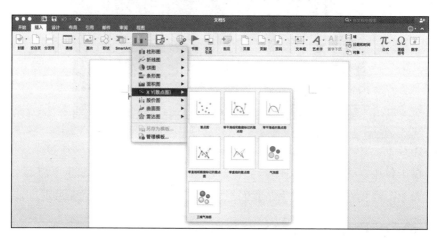

Word 文档分组

我们以"插入"这个功能为例来具体说明。如下图所示，该功能与开始、设计、布局等其他功能属于同一级分组。往下一级，"插入"又可以继续分为封面、空白页、图表、形状等，属于二级分组。二组分组再往下又可以分成三级、四级分组。同一组别相互独立、互不交叉，形成一种结构化的模型。正是因为这种结构化的分组，Word 文档虽然包含了几百个功能，但不会让人觉得混乱。

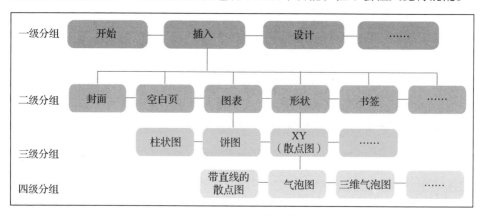

Word 文档分组逻辑图

5. 排序

产品实际上是由不同的子模块构成的,比如,有多少个页面,多少个功能,多少个元素等。这些模块就像是一堆零散的积木,最终要形成一个完整的玩具,就需要各个子模进行合理的排序组合。这里需要思考是将这个模块放前面还是后面,上面还是下面,左面还是右面等。

要想"强化"产品,就要求我们去思考这些模块的组合排序是否合理,是否需要调整。**排序的目的是确定优先级,排序的依据是核心痛点和核心业务。**

7.3 感知——强化用户产品感知

什么是产品感知?为什么要强化产品感知?如何强化产品感知?

在回答这些问题之前,笔者先在此讲一段亲身经历。

之前我的眼镜坏了,就去一家眼镜店配眼镜。镜框和镜片是分开算钱的,我选择好一个自己喜欢的镜框,然后配镜片,销售员给我看了两种镜片,一种是普通的,一种是防辐射的,并向我强烈推荐防辐射的镜片,并说你们上班族经常对着电脑,用防辐射的镜片对眼睛好,但是防辐射镜片的比普通镜片要贵将近一千元钱。

我本来只想配一个普通镜片,一来防辐射的镜片的确太贵,二来从事了这么多年的市场和用户增长工作,我深知商家最喜欢包装概念,两个镜片看起来差不多,谁知道防不防辐射。

销售员为了证明防辐射效果,拿起一个激光笔,分别对着普通镜片和防辐射镜片照射,通过穿透两种镜片的光的对比,我也明显感觉到透过防辐射镜片的光比普通镜片的光点弱很多。

就是这样的一个演示,我改变了最初的决定,多花了一千元钱配了防辐射镜片。

这其实就是"产品感知"。

所谓产品感知,简单地说就是,用户对产品痛点的感受与认知。产品感知是用户通过产品、市场、品牌、运营、客户等形成的对产品的全方位的认知和感受(如下图所示)。

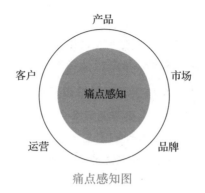

痛点感知图

产品、市场、品牌、运营、客户等都可以用于强化用户的痛点感知，要讲透这些会涉及比较庞大的体系，我们在这里主要讲下产品层面应如何强化感知。

强化产品感知之所以很重要，是因为它能快速形成认知感知和消费决策，尤其是在竞争激励的市场，产品同质化很严重的情况下，也就是说，在大家都解决了痛点的情况下，产品感知会让用户优先选择我们，从而带动用户的增长。

下面来看一下笔者在腾讯工作的时候负责过的腾讯电脑/手机管家的例子。腾讯电脑/手机管家与360电脑/手机管家从产品功能的角度来说差异化并不是很大，怎么样才能让用户感知到你的产品更能解决用户清理内存，提高电脑和手机速度的痛点呢？

当时产品团队设计了一个很有意思的功能：小火箭加速。这个功能可以通过火箭加速的可视化体验，强化用户的痛点，该功能一经推出立即得到了用户的欢迎，如下图所示。

腾讯手机管家"小火箭"

其实，"强化产品感知"不仅存在于互联网产品中，在其他产品中也有运用。比如，我们去超市购买水果的时候，常常会看到桃子、李子之类的水果上会放上一些叶子和树枝，其实就是为了"强化产品感知"，让这些水果看来更加新鲜，像是刚摘下来的一样。很多饮料中有果肉，也是运用了类似的原理，让果肉成为新鲜和健康的代名词，在用户的潜意识里打上新鲜、健康的烙印。

我们的产品不仅要好，要能够解决用户的痛点，还要善于通过一些设计让产品烙上痛点的印记，让用户对产品有所感知，尤其是在竞争激烈的市场环境中，"强化产品感知"更容易抢占用户心智，影响用户的消费决策和判断，从而影响用户增长。

7.4　本章小结

本章我们主要讲解了在产品初期如何从业务方向、产品方向、用户感知方向去强化痛点。在业务方面，我们需要聚焦核心痛点业务；在产品方面，我们需要确定产品的主线功能；在用户感知方面，我们需要让用户对痛点有感知。以上三个方向都是指向痛点，目的都是为了"强化"痛点，抢占用户心智，形成强大的竞争壁垒和增长势能，形成用户增长的"爆点"。

第 8 章中，我们将讲解如何为产品添加自增长基因，让用户实现自我繁殖和增长。

8

第 8 章

为产品添加自增长基因

强化产品是用户增长的基础和根本，可以让获客变得更容易，同时也能增强激活、留存、变现和推荐用户的能力，构建一种无形的用户增长引擎。

除此之外，我们还应该打造一些能让产品自增长的功能和模块，让用户可以实现自我繁殖和增长，即让增长机制产品化。不同的产品化功能在获客、激活、留存、变现等环节会有不同的侧重点。下面我们分别从获客、激活、留存、变现、推荐几个方面来分析如何打造产品的自增长能力。

8.1 获客 / 推荐：产品化的获客 / 推荐的方法

说到获客，大家最容易想到的可能是市场化的获客，比如通过渠道投放、传播等外部流量的获客。现在随着流量红利的逐渐消失，获客成本也越来越高。尤其是对很多创业公司和小公司来说，它们是没有能力大规模地投入资金进行广告和渠道的投放的。

有一种低成本的获客方式，是最容易被忽略的，那就是产品化的获客。其实产品就是最大的媒介和渠道，尤其是当一个产品拥有几百上千万用户的时候，如果能发动这些用户帮助传播，那么这可能会比在外部渠道花费几千万元的费用获得的效果更好。因为产品化的获客经常与推荐同时发生，因此我们在这里将两者放在一起进行分析。

8.1.1　如何通过产品化获客 / 推荐

产品化获客的方法需要根据产品的不同而不同，但一般来说会有如下一些经常用到的方法。

1. 邀请裂变

邀请裂变主要是通过产品化机制的设计，让新用户自愿分享或者邀请其他用户来实现获客 / 推荐。邀请裂变一般会有如下几种操作方法。

1）分享获利

客户向朋友圈分享链接或者二维码，别人购买之后，自己也可以相应地获利，消费的人越多，自己的获利就会越多，其实这算是一种分销模式。很多微商其实没有做一分钱的推广，就是靠这种操作方法做起来的。现在很多知识付费类产品也喜欢采用这种模式去实获客和变现。

2）多方优惠

用户将产品分享出去，自己可以获利，别人也可以获利。

比如，滴滴最初的红包分享模式，分享出去之后不仅自己可以获得红包，而且领取的人也可以获得红包（如右图所示），这个产品化的红包分享功能为滴滴最开始的获客立下了汗马功劳。美团外卖和饿了么外卖采用的也是这种红包分享模式。

还有一种是拼团的模式，将这种玩法发挥到极致的是拼多多，拼多多不仅将拼团当作一种产品获客的功能，甚至还将其做成了自己最核心的商业模式。通过这种拼团模式，为用户在微信上创造一种分享的场景（如下图所示），拼多多几乎在没有做任何外部广告和渠道投放获客的情况下，成立仅仅三年就上市，成为仅次于

滴滴推荐有奖产品功能

阿里和京东的第三大电商平台。

拼多多拼单模式

拼多多的拼团模式不仅让获客具有持续性，还大大降低了获客成本。在 2017 年的时候，拼多多的获客成本仅为 11 元，而当时京东的一个获客成本却高达 200 多元，阿里是 300 多元，它们的获客成本都是拼多多的几十倍，如下图所示。

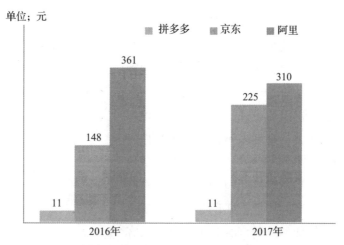

拼多多、京东、阿里获客成本对比

3）协助任务

用户为了实现某个目的，邀请好友帮助完成某项任务，从而影响更多的潜在用户，达到传播和裂变的目的。比如，携程的助力抢票，用户为了抢票成功，会将链接分享给很多朋友，可以让朋友帮忙抢票加速，如下图所示。

携程助力抢票功能

2. 场景化

场景化是指通过打造社交化的场景，引导用户分享传播，从而实现获客和推荐。

这方面做得最经典的案例莫过于微信红包。2014 年之前，微信虽然拥有好几亿用户，但微信作为一款社交工具，没有电商的支持，缺乏支付场景，再加上绑卡比较烦琐，当时微信红包与支付宝还是有非常大的差距的，只有 2000 万的绑卡用户，而支付宝依托淘宝，有天然的支付场景，绑卡用户数量过亿。

微信通过春节送红包的社交化场景，将中国人在春节期间发红包的风俗搬到线上，引发病毒性传播，一战成名，当年仅除夕当天就有将近 500 万人次参与，到 2016 年的春节微信参与发红包的人数已经高达 4.2 亿人次。**微信红包功**

能成为微信支付用户增长的转折点，微信从当时的 10% 的市场份额一跃而成为现在与支付宝不相上下的支付工具。

3. 炫耀因子

在产品功能中加入炫耀因子，通过用户的炫耀心理，引发用户的自传播和分享，从而达到获客 / 推荐的目的。

微信曾经非常火爆的"跳一跳"小游戏和"微信运动"在产品中设计了排行榜功能（如下图所示），通过排行榜去营造"比较感"，让用户直接相互竞争，刺激用户分享传播。

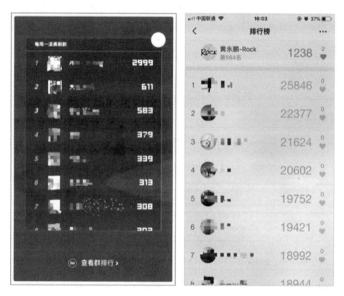

跳一跳游戏、微信运动排行榜

4. 痒点功能

在满足了用户的基本需求之后，即解决了用户的痛点，用户一般希望得到更好的体验和功能。当没有这种功能或者体验时，用户的心理就会产生痒点。所以，简单地说，痒点就是用户期望型的需求，在激烈的竞争市场中，满足用户的痒点对用户增长非常重要。

2013 年的时候，百度推出了一款产品叫百度魔图，虽然该产品的功能与美图秀秀差别不大，但百度魔图与美图秀秀相比，无论是在知名度还是用户数上都不占优势。两款产品都满足了用户最基本的需求，主要的功能都是修图、美颜等。产品高度同质化，美图秀秀由于其先发优势，占据了很大的市场份额，要想从美图秀秀那里抢用户，已是非常困难。而且，这款工具类的产品，不是公司战略级和核心级的产品，在公司层面不可能投入大规模的预算和资源去做推广。在没有大的推广费用，与竞品相比也没有优势的情况下，该如何去实现用户增长的突破呢？

于是，大家想是不是可以从产品层面着手，在满足用户最基本需求的同时，通过痒点来吸引用户使用？

记得当时湖南卫视有一档节目特别火，叫《百变大咖秀》，这档节目是一个明星模仿明星的综艺节目。市场部从中受到了启发，于是与产品部门一起讨论，看是不是可以借助节目的热度，做一个功能，让用户也可以模仿明星？从刚开始的模仿创意，到最后决定做一个看谁和明星长得像的功能。这个功能让用户将自己的照片与海量明星进行比对，并以相似度为指标，让每一个用户都能找到与自己长得很像的明星名人，让每一个用户都拥有一张明星脸。

而且市场部还与湖南卫视的节目组谈了合作事宜，湖南卫视刚好需要更多地对外传播，百度也刚好想借助这个节目推广产品，双方一拍即合。为了借当时《百变大咖秀》的势，最后这个功能的名字定为"PK 大咖"。这个功能一经推出，迅速火爆整个网络。不仅普通用户，连很多明星也自发地玩了起来。

靠这个痒点功能，我们撬动了用户的增长。新版本上线仅 10 天，就获得了爆发式的增长，直接夺得了苹果 App Store 所有免费应用综合排行榜的第一名，一天下来新增用户就达到了上百万，短时间内突破了 8000 万用户。

人人都希望拥有一张明星脸或者与明星有关联，百度魔图的"PK 大咖"功能满足了普通用户与明星们对比的虚荣心，让用户有了炫耀心理，所以乐于分享和传播，这就是用户的痒点。我们现在经常能够看到很多 P 图产品做的模仿秀，或者变脸，这在很大程度上都是借鉴了当时百度魔图的玩法。

8.1.2　产品化的获客 / 推荐注意事项

以上只是列举了一些产品化的获客及推荐方法，要想获得较好的增长效果，在具体通过产品化功能获客 / 推荐的过程中还需注意如下一些事项。

1. 为用户提供利益和价值

以上不管是邀请分享、社交化功能还是痒点功能实际上都需要为用户提供利益和价值，也就是说要为用户提供一个分享的动机和理由，才可能触发产品的自动获客和推荐。因此，我们需要想办法为用户提供利益和价值。

2. 不断创新玩法

有一个法则叫"吸引力极递减法则"，就是指创新事物刚刚出现时会引发用户的疯狂追捧，随着时间的推移，这种吸引力会逐渐降低，因此，再好玩再有趣的产品时间久了，用户也会感到疲劳，久而久之获客的效果就会下降。因此，我们必须不断地创新玩法，如果仅仅生搬硬套以上方法，那么用户增长的效果就会大打折扣。

这里仍以滴滴红包为例进行说明，滴滴红包当时刚出来的时候是一种创新的玩法，但放在现在效果就没有那么好了。外卖红包也是如此，刚出来的时候，作为一种新鲜的事物，大家都愿意分享给别人，渐渐地我们看到用户的分享意愿慢慢变弱了。外卖红包只做了一个微小的创新调整，就是简单地在原来的小红包中加入了一个大红包（如下图所示），其实这个模式与微信的拼手气红包比较类似。这个小创新增加了互动性，同时用户为了抢到这个大红包，更愿意将红包分享到微信群，或者分享给其他朋友，就这么一个小小的改动，分享率就提高了。所以，我们要不断探索创新的玩法。

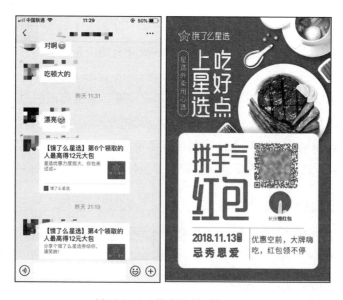

饿了么星选外卖的拼手气红包

3. 测试调整，删除不好的功能

对产品化的用户增长功能，我们需要通过数据的反馈进行测试调整。对于数据不好，用户反馈差的功能，我们要不断进行迭代调整，或者直接砍掉，否则增长没有做好，反而还会造成用户的流失。

8.2　激活：通过产品引导提高用户激活率

我们在做用户增长的时候往往会比较关注用户的获取，而忽略用户的激活，但用户激活非常重要，激活是连接获客与留存的重要环节，只有更多的激活，激活这个环节的漏斗才会大，才有可能更好的留存，从而带来更多的变现，因此我们对激活一定要给予足够的重视。

8.2.1　激活的误区

说到激活，很多人往往简单地以下载、登录或者浏览作为激活标准，这是最大的误区。如果对激活的认知存在错误，则会造成这些花费了大量精力和金钱带来的用户可能对我们的产品毫无价值的问题。

这里我们以微博的用户为例，如果用户仅仅下载了 App 却没有注册，没有发微博，没有浏览行为，那么这样的用户就算再多，也是没有价值的。而同样以饿了么外卖的用户为例，只是下载了 App，或者浏览了 App 页面，而没有产生购买，这样的用户也是没有价值的。

什么样的用户才算是激活用户，对我们来说才算是有价值的用户？判断用户是否有价值的标准是什么？

不同的用户对激活的定义不同，需要具体考虑的产品属性也不同，**激活用户最关键的判断标准与用户增长的北极星指标，即第一关键性指标（OMTM）相关，也就是用户的行为会影响北极星指标。**

比如，我们以电商平台为例，电商平台的北极星指标一般是 GMV，因此我们将用户完成一次购物行为作为激活的判断标准更为合理。而若以下载、注册、浏览等行为作为激活标准，则对 GMV 完全没有影响，如果淘宝获得了 1000 万的用户，这些用户完全不产生消费行为，那么再多这样的用户对于淘宝来说也是等于零。

美图类的工具产品其北极星指标一般是活跃度，所以我们可以将用户进行一次图片的编辑操作视为激活。

社交类产品的北极星指标一般是互动和时长，因此我们可以将用户的一次添加好友，一次聊天行为作为激活标准。

诸如知乎等内容型产品，其北极星指标一般是提问和回答，因此我们可以将一次提问和回答行为作为激活的标准。

因此，用户的激活判断一定要关联产品的北极星指标。

8.2.2　激活用户的关键因素和方法

在定义了什么是激活之后，接下来要做的就是如何去提升用户的激活率。

实际上，激活就是让用户产生与北极星指标相关的行为，要让用户产生这样的行为需要做到三个关键词：价值、引导、刺激。用户激活的关键性动作如下图所示。

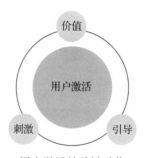

用户激活的关键动作

1. 价值

价值就是我们之前讲到的，这个产品首先要解决用户痛点，能为用户提供价值，而且还要有好的用户体验，可以简单地用两个词概况——"好处"和"好用"，这是用户激活的基础和根本。我们很难想象一个不能解决用户痛点，又难用的产品如何会触发用户使用、注册、购买等激活行为。

2. 引导

在产品已经能解决用户痛点，用户下载我们的产品之后，就需要引导用户对产品进行激活，引导的目的是通过一系列的"指定动作"让用户快速感受到产品的核心价值。切记，引导不是为了展示产品的全部功能，而是为了展示产品解决用户痛点的能力。

比如，我们以 Keep 这个 App 为例，下载完成后，Keep 通过用户的信息注册、运动现状、目标、感兴趣的运动慢慢地了解用户的需求和痛点，然后为用户推荐感兴趣的话题和内容，所以所推荐的内容会非常精准，用户因此也会更愿意去继续下面的行为。Keep 新用户引导页图示如下。

Keep 新用户引导页

假设用户在看完 Keep 推荐的内容之后，其兴趣被激发起来，自己就会去寻找相关的内容，比如课程练习。Keep 通过一步步有目的的引导，招招都击中了用户的痛点，将用户带进了早已设计好的"陷阱"中，用户就这样被激活了。

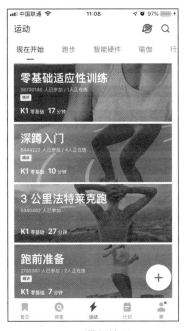

Keep 课程练习

不同的产品，引导的内容也会有所不同，比如，对于一些复杂的产品，还需要引导用户使用。如果没有这些引导页，那么 Keep 推荐的东西未必能解决用户的痛点，可能用户仅仅只是浏览一下就离开了。

3. 刺激

为了提升用户的激活率，在引导用户完成对产品核心价值的感知之后，我们可以再采用如下这些刺激手段，触发用户的激活行为。

（1）利益刺激：比如新客奖励、首单减免等，这种方法比较适合用在电商交易类的产品上。比如饿了么、美团外卖等平台一般对新用户都有比较大额度的减免或者红包发放。

（2）信任背书：信任背书是指通过一些名人、大 V、权威机构或者其他用户的影响力带动并触发用户的行为。这种方法常常用于媒体、内容、知识付费等产品。比如，微博刚刚开始的时候，会推荐你关注明星、名人的微博等。

8.3 留存：让产品为用户提供持续的价值

完成激活之后，并在一段时间内继续进行使用、浏览或者购买等关键行为的用户称为留存用户。我们提升留存的本质是为用户提供持续的价值。

8.3.1 留存曲线

我们在做用户增长时，往往重视了获客，而容易忽略留存。即使我们获取的用户很多，但是如果留存差，那么当流失的用户数大于获取用户数时，我们的用户就会越来越少，用户增长也就无法持续了。这就像一个池子一样，只有当进水口的水大，而出水口的水小，水才会在池子里越蓄越多。用户留存要做的就是想办法堵住池子里的出水口。

如下图所示，我们可以看到坐标中共有三条用户留存曲线，上面的第一、第二条留存曲线经过用户的流失后，慢慢变得平缓，而最下面的一条曲线，用户一直处于下滑状态，直到用户流失趋于 0，也就是用户池子里的水基本上全部漏光了，这样的留存是很差的。

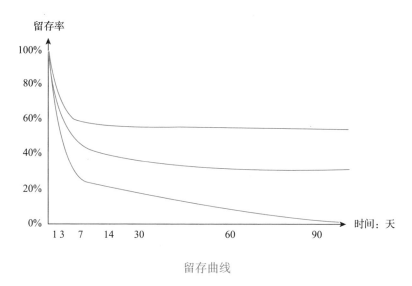

留存曲线

好的留存应该是用户数量在经过一段时间的下滑之后，慢慢变得平缓，而且曲线变平的位置越高，说明我们的留存越好，比如前面两条曲线，第一条曲线大概在 60% 左右的时候变得平缓，而第二条曲线大概是在 40% 时候才变得平缓，我们在做用户留存的时候就是要想办法将变平缓的曲线位置提高。

8.3.2　留存的标准

1. 关注留存率

我们在衡量留存的好坏时一定不要只是关注留存用户数，留存用户数虽有价值，但更有价值的是留存率。如果我们仅仅关注留存用户数，则很容易会造成我们的误区，比如，这次活动带来的用户留存数是 100 万，上一次活动带来的留存用户是 200 万，如果我们只是看绝对留存用户数，那么可能上一次的活动效果更好，但是实际的情况可能是，上次带来了 2000 万用户，最终却只有 200 万留存用户，留存率仅为 10%。而这次虽然只有 100 万的留存用户，但是活动带来的用户只有 200 万，留存率高达 50%。所以第二次活动的效果其实反而更好。

所以我们除了要看留存用户数之外，还要看留存率，留存率的计算公式一般是这样的：留存率 = 留存用户数 / 新增用户数。说到留存一般是按照时间来进行划分，例如次日留存、周留存、月留存等。

次日留存率：（第一天的激活用户中，在第 2 天还登录的用户数）/ 第一天的激活用户数。

7 日留存率：（第一天的激活用户中，在第 8 天还登录的用户数）/ 第一天的激活用户数。

30 日留存率：（第一天的激活用户中，在第 31 天还登录的用户数）/ 第一天的激活用户数。

2. 关注留存成本

这里还需要说明一点的是，其实除了留存率之外，还应该考虑单个用户的留存成本。假如，渠道 A 花了 1000 元钱获得了 100 个用户，一天之后，只留下了 10 个用户，而渠道 B 同样花了 1000 元钱获得了 100 个激活用户，一天之后，留下了 20 个。渠道 A 的次日留存成本为 100 块钱，而渠道 B 只有 50 块钱，因此说明渠道 B 的用户质量更好。

8.3.3　留存的三个阶段及提升留存的方法

用户留存一般会经历三个阶段，即高速流失期、缓慢流失期和平缓稳定期，如下图所示。

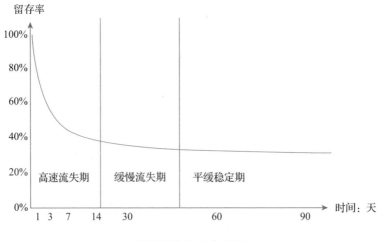

用户流失的三个阶段

（1）高速流失期：这个阶段一般是新增的激活用户流失比较严重的阶段。

（2）缓慢流失期：这个阶段的用户对产品已经有了一定的了解，虽然流失导致的留存用户还在下降，但下降趋势已开始减缓。

（3）平缓稳定期：这个阶段的用户对产品已经比较熟悉了，已养成了使用习惯，用户的流失基本较少。

针对不同的用户流失阶段，提高用户留存率的方法也是不同的，我们根据上面提到的高速流失期、缓慢流失期、平缓稳定期三个阶段来看看，各阶段分别需要采取什么样的方法来提高用户留存率。

1. 高速流失期

这个阶段是三个阶段中最重要的阶段，如果做得不好，则很容易造成大面积的用户流失，再要想获取用户信任，召回用户就难了，而召回一个流失用户的成本往往是维护一个老用户的成本的 5 倍。

在这个阶段用户第一次接触到产品，对产品还没有认知，最主要的留存方法就是要引导用户，让用户感受到产品带给他的核心价值和帮助他解决痛点的能力。

2. 缓慢流失期

这个阶段，用户已经对产品有了初步的认知了，新鲜感正在慢慢消失，如果市场上还有其他竞品，那么仅仅靠我们能够解决用户的痛点，带给用户价值，还不足以留住用户，因为其他产品也能解决他们的问题。

这个阶段需要为用户提供新的留存理由和新的刺激，常用的方法有如下几种。

1）构建用户激励机制

激励机制就是为用户继续使用设置的好处，比如，签到、等级勋章、积分兑换、特权等。大家一定还记得当年为了获得 QQ 的太阳等级，天天挂在 QQ 上，让 QQ 始终在线，这种太阳等级其实就是为了增加用户留存。

饿了么星选，为了提升品质商户的用户留存，会鼓励用户消费三单就可以得到一个 10 元无门槛的商家消费券（如下图所示）。

饿了么星选消费满三单就可以获得 10 元代金券

京东的京豆、淘宝的淘气值、滴滴打车的积分等，都可以兑换成其他商品或礼物，这些都是为了提升用户的留存（如下图所示）。

京东、淘宝、滴滴积分兑换

2）增加用户沉没成本

所谓沉没成本就是已经发生的不可回收的成本，比如金钱、时间、精力等，他会影响人们的当前决策，人在做决策的时候不仅会看当前的利益，也会关注以前的付出成本。增加用户沉没成本的目的就是通过提前的成本支出，让用户持续地使用我们的产品，提升用户留存率。

（1）金钱成本：比如提前充值，理发店经常会让用户办理会员卡，就是为了提前绑定用户。饿了么只要充值十几元钱即可开通会员，就可以获得配送费减免、下单优惠、大额红包等优惠，如下图所示。用户会觉得已经出了钱，不用太浪费，当有需求的时候最先想到的就是这个平台和产品。

饿了么星选会员

比如，笔者就在自家楼下的一家洗车店，以 8 折的价格办了一张 800 元钱的洗车卡，基本就将笔者牢牢绑定了，差不多一年的时间，笔者几乎没在其他地方洗过车，而且偶尔还会在这家店消费其他服务。

（2）其他成本：微信之所以很难被取代，一个很重要的原因就是用户的关系链都已积累在微信上，迁移成本太高。

3）个性化推荐

所谓个性化推荐也就是千人千面，根据不同的用户进行精准化的推荐，推荐越精准，用户越容易产生购买，越容易喜欢我们的产品，用户会觉得我们的产品是真正懂他的。比如网易云音乐，每次向笔者推荐的歌曲笔者都很喜欢。

3. 平缓稳定期

平缓稳定期阶段的用户对产品已经十分熟悉了，也养成了用户习惯，虽然该阶段的用户流失较前两个阶段比较平缓，但是如果长时间没有为用户提供新的刺激，用户也会慢慢地流失。

这个阶段要防止用户流失，提高留存最重要的方法就是进行产品的更新迭代，开发创新的功能和玩法。

比如淘宝上的"有好货"、"淘宝直播"等功能（如下图所示）就是通过创新不断地刺激用户，提升用户留存和转化。

淘宝首页

支付宝的蚂蚁森林（如下图所示）通过社交化的、游戏化的创新，提升了用户留存率。蚂蚁森林与当年腾讯的偷菜游戏有点类似，用户只要每天步行、公交、地铁支付、生活缴费等就能积累能量，当能量达到一定的阈值时就可以种下一棵树，而且用户还可以去偷好友的能量值。该游戏无形中就会促使用户经常性地打开支付宝，提高了支付宝的打开率。同时，用户为了获得更多的能量，也会更多地使用支付宝，从而极大地提高了支付宝的用户活跃度和留存率，截至 2019 年 4 月，支付宝宣布蚂蚁森林用户数已达 5 亿。

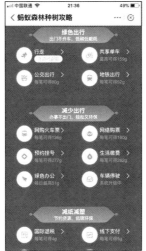

支付宝蚂蚁森林游戏页面

上面提到了很多通过产品提升用户留存率的方法，下面我们用一张图归纳一下，以便大家看起来更清晰明白。

留存阶段	核心策略	具体方法	留存的本质
高速流失期	引导用户，让用户感受到产品带给他的核心价值和帮助他解决痛点的能力	引导页	持续的用户价值
缓慢流失期	为用户提供新的留存的理由和新的刺激	构建用户激励机制增加用户沉没成本个性化推荐	
平缓稳定期	创新的功能和玩法	游戏化等	

不同阶段产品提升用户留存的方法

8.4　变现：通过一些产品的玩法提高变现能力

菲利普·科特勒曾说过："营销就是有利可图地满足用户的需求"，任何一个产品最终都需要变现，不能变现的产品无论其拥有多少用户，多少活跃度都是没有价值的，变现才是用户增长的最终目的落脚地。

接下来我们就从变现模式、变现指标、变现方法三个方面（如下图所示）去分析如何通过产品实现变现。

变现三步骤

8.4.1 变现模式

要谈变现首先需要明确产品的变现模式，也就是产品的盈利模式，通俗地说就是一个产品靠什么赚钱。互联网有各种各样的产品形态，但一般来说互联网产品大体可以分为广告、电商、增值、金融四大商业模式（如下图所示），很多产品的盈利模式往往是以上一种或者多种模式的组合。

四大变现模式

（1）广告：广告变现主要是指一个企业或者产品通过售卖广告的方式实现变现。广告变现模式是互联网产品最常见、最普遍的变现模式，几乎所有的互联网公司都可以将此方式作为变现的方式之一，比如百度搜索、微信、淘宝、微博、今日头条，等等。广告变现模式最大的特点就是产品需要拥有巨大的用户群体和流量才具有价值，也就是说，广告变现模式需要以流量为依托。广告

变现模式从形态上来说可以分图片广告、文字广告、视频广告等，从计费方式上来说，又可以分成 cpc、cpm、cps 等

（2）电商：电商变现主要是指通过线上售卖商品而盈利，比如京东、淘宝、饿了么等实物电商和生活服务电商平台。这种盈利方式一般有两种，一种是靠收取佣金和服务费，第二种是直接获得商品销售盈利，也就是赚取产品销售所得与成本的差价。

（3）增值：所谓增值服务的盈利方式，就是靠为用户提供超出普通服务范围之外的服务来盈利。增值服务做得最好的莫过于腾讯，QQ 的各种钻、QQ 秀、道具等都是增值服务。增值服务在游戏产品中的运用较多，比如各种游戏中的虚拟货币、点卡、装备等。

（4）金融：互联网金融是最近几年兴起的一种互联网商业模式，互联网金融一般包含第三方支付、小额贷款、投资理财等模式，主要靠收取提现费用、手续费、理财收益等方式盈利。

8.4.2 影响变现的重要指标和关键因素

找到产品的盈利模式仅仅是变现的第一步，也就是找到了变现的方法，然而公司要的不仅仅是变现，更重要的是要"盈利"。

一个产品要想做到盈利，有一个衡量公司是否盈利的公式，即 LTV > CAC，这是衡量一个产品变现是否真正健康的重要指标。下面我们来解释下什么是 LTV 和 CAC。

（1）LTV：Life Time Value，用户终生价值。简单地讲，就是一个用户从使用产品开始到离开的整个用户生命周期内，其为公司带来的总价值。

（2）CAC：Customer Acquisiton Cost，单个客户获取成本。CAC 是指我们获取一个用户所需要花费的成本。

也就是说，一个用户从使用到离开，为产品贡献的价值大于获取该用户的成本的时候，公司是处于盈利状态的，如下图所示。假如饿了么外卖获取一个用户的成本是 50 元钱，而这个用户在其生命周期内为平台贡献了 100 元钱的价值，那么 LTV > CAC，表明对于该用户，饿了么是盈利的。

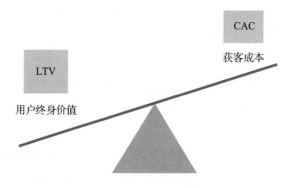

LTV > CAC 的盈利模式

首先，我们来看一下 CAC，有如下几个方面需要注意。

（1）需要涵盖各个渠道：如果我们有三个渠道获客，第一个渠道花了 100 元，获得了 5 个用户，第二个渠道花了 200 元，同样也获得了 5 个客户，第三个渠道花了 100 元，获得了 0 个用户。那么单个用户获客成本的正确算法应该是（100+200+100）/（5+5+0）=40 元，即单个用户的获客成本为 40 元。最容易出错的地方是，很多人都忽略了第三个渠道，变成了（100+200）/（5+5）=30 元。

（2）需要除去自然增长的用户：任何产品都会有自然增长的用户，这部分用户是不用额外花钱来获取的。如果我们不除去这部分用户，那么算出来的数据就会出现问题。同样以上面三个渠道的数据为例，如果上面的 10 个用户中，有 5 个是自然增长的用户，那么我们需要将这 5 个用户剔除出去，因此获客成本就会变成（100+200+100）/5=80 元。

（3）成本还应该包含工资和其他成本：也就是说，这里的获客成本不仅要包含获客渠道所花的费用，还应该包含从事获客的工作人员（比如，市场和销售人员）的工资，而且还应该包含用在获客上的其他成本，比如，如果是线下获客，那么获客成本还应该包含线下场地和活动的费用，如果是线上渠道投放，则还应该包括平面、视频等的制作费用。

所以，最后 CAC 的正确计算方法应该是：CAC= 获客成本 获客数 =（渠道成本 + 销售或市场人员工资成本 + 物料或场地费用 + 其他成本）/ 获客数

将 CAC 分析清楚之后，接下来我们再来看看 LTV。

为了便于大家更好地理解 LTV，我们将 LTV 进行拆解。LTV 的计算公式为：LTV=ARPU × 毛利率 × 留存时长。（ARPU 值是 Average Revenue Per User 的缩

写，即每用户平均收入相关）。

LTV 不能以收入的多少来进行计算，而应该以毛利来计算。同时，LTV 还要考虑到用户的留存时长，用户一天之内就流失了和用户长期留存对 LTV 的影响是不一样的。

仅看这个公式，我们依然很难发现其中的问题，更不用说采取合理的应对措施来提升产品的变现能力。下面我们接着再进一步分解这个公式：

$$LTV = ARPU \times 毛利率 \times 留存时长$$
$$= ARPU \times 毛利率 \times （1/ 流失率）$$
$$= （客单价 \times 消费频次） \times 毛利率 \times （1/ 流失率）$$

以上我们分析了 CAC 和 LTV 的计算方法，CAC 相对来说比较容易算清楚，但是与 LTV 有关的毛利率、客单价、流失率等指标会受到很多因素的影响，比如，用户的流失率会受到产品、促销、获客质量等的影响，因此要算出准确的数据相对比较困难。

需要说明的是，笔者认为以上公式拆解的目的并不一定是要精准地计算出 LTV 和 CAC 的具体数值，更重要的意义还在于上面的公式拆解，可以为我们提高 LTV，降低 CAC 提供方向和依据。

8.4.3　通过产品提升变现能力的方法

要做到 LTV > CAC，我们可以通过上面的拆解公式（如下图所示），有针对性地采取相应的措施和方法。

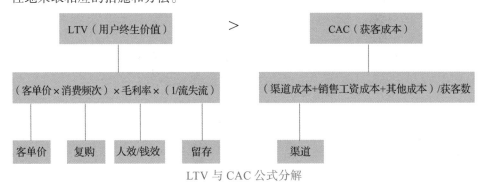

LTV 与 CAC 公式分解

通过上图我们可以看到，要使 LTV > CAC，我们需要在增大 LTV 的同时，降低 CAC。增大 LTV 的方法可以提升客单价、复购和留存率，同时注重钱效和人效；而在降低 CAC 方面，最重要的则是获客渠道的优化。

留存在上文中我们已经讲到过，复购在很大程度上会受到留存率的影响，这里不再具体分析，获客渠道优化的相关内容，后文中会专门讲到。所以，这里主要讲解如何通过产品提升客单价和毛利率。

1. 客单价

客单价在产品层面的提升一般可采用如下这些方法。

1）关联销售

关联销售是指让顾客在购买 A 产品的时候，也购买 B 产品。关联销售切记硬推硬卖，让用户产生不好的体验。关联销售要让用户自愿地买单，最关键的是要让两个物品产生强关联。

比如，之前笔者在百度糯米工作时，我们在销售电影票的时候，就会关联上爆米花和饮品。在京东上，商家经常会将几本相关的图书打包到一起售卖。再比如淘宝上提供的买衣服时候的试搭功能也是一种关联销售（如下图所示）。这些都可以在无形中提高客单价。

比如，京东可能会将与运营相关的几本书打包在一起销售，因为这部分用户群体的需求就是要找到一本运营方面的书，所以捆绑相关类型的图书进行销售，也是最容易成交的。

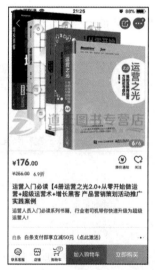

京东图书捆绑销售和淘宝的试搭功能

2）相似推荐

这也是很多电商最常采用的促销方法，就是顾客在购买其中一个物品的时候，平台会向顾客推荐相似的其他物品，如下图所示。

京东的"为你推荐"功能

3）价格优惠

价格的优惠刺激，也可以让用户购买更多的产品，比如第二单五折，买三送一，或者加价购，只需要再加低于原价很多的优惠价格就能够得其他商品。

4）价格锚定

简答地说，价格锚定就是为用户寻找一个价格标杆，即一个可对比的价格，通过对比让用户做出判断，让用户选择他们想要购买的价格。

下面以腾讯视频会员价格为例进行说明，如下图所示，腾讯视频将单月购买的价格作为锚定价格，与三个月、年费的价格进行对比。用户会发现，会员价格单独一个月需要 25 元，一个季度平均每月只要 22.6 元，一年平均每月只要 19.4 元，而如果是连续包月、包季、包年则更便宜。腾讯这样做的目的就是通过对比来引导用户选择更长的服务，从而增加客单价和用户留存。

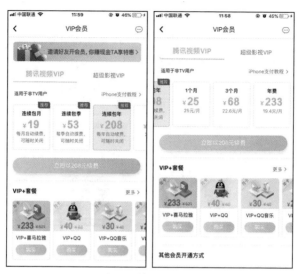

腾讯视频会员价格

5）附加服务

附加服务是指通过为用户提供附加的服务以收取更多费用，比如，我们经常遇到的在购买家电等商品的时候，如果需要增加一年的保修服务，就需要增加额外的费用。饿了么星选外卖开通会员可以获得更多的优惠和更多的权益，但也需要收取额外的会员费，如下图所示。

开通会员可以获得优惠

6）调整品类或商户结构

这里仍以饿了么为例进行说明，饿了么通过优化商户结构，大量签约高品质的商户，同时其产品端在一二线城市主推高品质高价值商户，这些高价值的商户能让平台获得更高的客单价。

2. 毛利率

要想提升毛利率，关键就是降低成本，可以通过提升"人效"和"钱效"两个方面来提高毛利率。

1）提升人效

提升人效是指最大化地发挥人员的效率，通过提升人员效率，降低成本，从而增加毛利率。举个例子，最初外卖刚开始兴起的时候，外卖小哥送餐一般是通过不同区域站点站长的安排来送餐，人效上造成的浪费很大。现在饿了么借助人工智能、大数据等优势，推出了智能调度系统，可以结合当前的商家、顾客位置、骑士习惯、交通状况、天气因素等做出决策，对外卖小哥进行智能调度，从而提高送餐速度和效率，也就是同样一个人在同样的时间内可以派送更多的订单。

2）提升钱效

提升钱效是指提升花钱的效果和效率，让钱发挥更大的作用。

假如公司拨出 1 个亿的市场补贴，很多产品的做法是补贴全量用户和商户，这样容易带来很多"薅羊毛"的用户，造成补贴的巨大浪费。其实可以将这些补贴主要用在重点商户和重点用户上，同时还可以通过补贴撬动商户也出一部分补贴费用，这样做有两个好处，一是商户承担了一部分成本，二是能为用户提供更大的让利空间，反过来还可以带动更多高价值用户的消费。

但具体到这个补贴费用该如何花，不同的产品会有所不同，需要不断地进行测试和调整。

8.5　本章小结

本章分别从获客、推荐、激活、留存、变现几个方面讲解了如何打造一些能让产品自增长的功能和模块，让用户可以自我繁殖和增长，即让增长机制产品化。

第 9 章将讲解如何通过产品矩阵和组合来驱动用户增长。

设计用户增长的产品矩阵和组合

在讲解如何通过产品矩阵和组合来驱动用户增长之前，这里先向大家讲一个真实的故事。

在笔者家的楼下，笔者每天早晚上下班都会遇到一个年轻的小伙子带着其母亲一起卖馅饼，他家的馅饼有两种口味，酸白菜和韭菜鸡蛋的，1.5 元一个，非常好吃。因为笔者经常在他家买馅饼，久而久之就与他们相熟了。有一天，笔者问他馅饼生意如何，他笑笑说，销量还行，但是因为价格比较低，因此不怎么赚钱，太贵了又怕没人买。

于是笔者为他出了一个主意，让他下次卖馅饼的时候试一试。

我让他在现有的酸白菜和韭菜鸡蛋馅的基础上，增加白菜豆腐和西葫芦鸡蛋馅的馅饼，先卖一段时间，看看哪款馅饼好卖，把不好卖的淘汰掉。

同时，可以再推出一款猪肉馅的馅饼，定价为 2.5 元；推出一款牛肉馅的馅饼，定价 3 元钱；以及一款小龙虾馅饼，可以定价为 5~6 元，但是一天限卖 20份。旁边放上一个盆子，放一些鲜活的小龙虾，做一块牌子，上面就写"最鲜活的小龙虾馅饼，每天限卖 20 份"。而且笔者告诉他，小龙虾馅饼无论多少人要买，都不能增加馅饼数量，每天一定不要超过 20 份。

在此基础上，笔者还让他增加了一个胡辣汤和豆浆品类。

半个月后，这个卖馅饼的小伙子非常兴奋地告诉我，他这半个月赚的钱比以前一个月都多，而且来买馅饼的人也比之前增多了。

这个案例中，来买馅饼的人和赚的钱之所以增加了，就是运用了产品矩阵和组合的原理。

下面我们就来看看什么是产品矩阵和组合。怎么通过产品矩阵和产品组合来驱动用户增长。

9.1 产品矩阵的概念

产品矩阵就是通过不同的业务线和产品组合，共同构成的一个产品集群。这些业务与产品在整个产品矩阵中承担着不同的职能和角色，相互协同、互为支撑、相互导流，带动用户增长。

产品矩阵和组合就像打仗时，不同的军种排兵布阵，承担着不同的角色，比如陆军、海军、特种部队、空军等发挥协同优势，才有可能保证战争的最终胜利。

产品矩阵有两个重要的因素，即产品矩阵的宽度和长度，如下图所示。

产品矩阵的宽度是指矩阵是由多少业务线组成的，而长度则是指每条业务线是由多少产品组成的，产品的宽度和长度构成了一个稳定的相互支撑的矩阵。也就是说，不同的产品业务的宽度和长度构成了一个矩阵模型，每条业务线下的产品又可以形成不同的产品组合，从而形成一种多维的、立体的、交叉的增长模型。

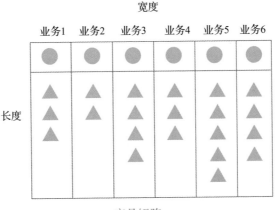

产品矩阵

这样解释可能是还不太好理解，下面我们来列举一个例子，以阿里巴巴为例，如下图所示，商业交易、云计算、大文娱、创兴业务四大业务模块构成了阿里巴巴产品矩阵的宽度，每个业务模块又由不同的产品组成，比如淘宝、天猫、支付宝、口碑、饿了么、银泰百货等构成了商业交易业务线的长度。

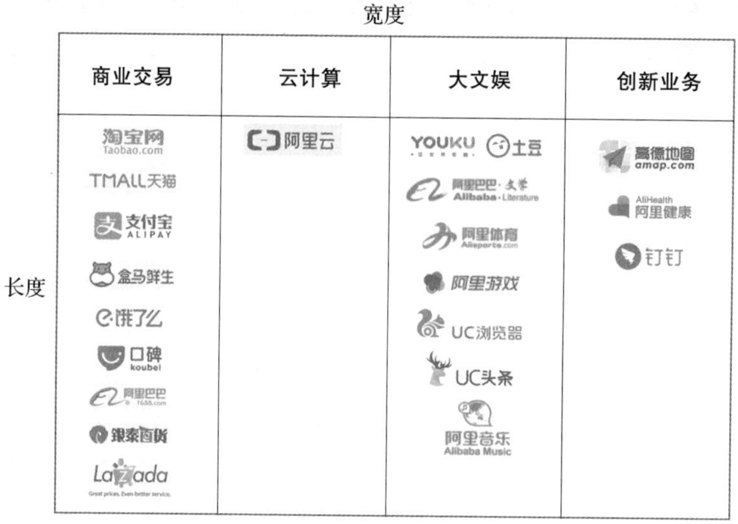

阿里巴巴产品矩阵

我们在本章开始时讲到的卖馅饼的故事，也是一种产品矩阵的思路，馅饼和早餐饮品构成两个业务线，这是产品矩阵的宽度。馅饼业务线又是由不同种类的馅饼构成的，饮品业务线则包含胡辣汤和豆浆，这是产品矩阵的长度。

9.2 产品矩阵与用户增长

9.2.1 产品矩阵帮助实现用户增长的体现

产品矩阵该如何帮助实现用户增长，主要体现在如下几个方面。

1. 各司其职，互为支撑，以及提供增长保障

矩阵中不同的业务线扮演着不同的角色，以我们上面提到的阿里巴巴产品矩阵为例，其核心电商业务是阿里整个矩阵的核心，是流量母舰，电商业务拥有好几亿用户，占据了阿里总营收的86%，不仅可以为其他产品导流，而且还

承担了其他产品矩阵正常运营的资金保障。其他很多业务，比如阿里云、口碑、饿了么、高德、大文娱等都不赚钱，甚至处于亏损状况，仅大文娱业务每年亏损就达 158 亿元，但这丝毫不影响其他业务的增长，就是因为有核心业务的流量和资金的支撑。

口碑、饿了么、盒马鲜生等目前不赚钱的业务，实际上承担了未来公司在本地生活服务电商方面成长性的职能。大文娱虽然目前也不赚钱，但却是一个巨大的流量池，可以为其他产品提供流量支持。

2. 相互导流，相互带动用户增长

产品矩阵还有一个最重要的作用就是可以互为导流，饿了么并入阿里巴巴才一年时间，阿里巴巴的流量就为饿了么带来了用户和业务的快速增长，目前，饿了么平台大约 30% 的订单均来自于支付宝和淘宝。

支付宝当年主要是依托淘宝做起来的，随着支付宝的成长，现在支付宝反过来又可以帮淘宝导流。

3. 串联用户触网场景，大数据实现精准增长

除了简单地相互导流之外，产品矩阵对用户增长最重要的作用还是可以串联各个产品的用户触网场景，通过大数据实现精准的增长。

比如，饿了么除了接入支付宝和淘宝之外，其正在进行与阿里系的大数据和账号体系的打通，一旦完成全面的接入阿里体系，阿里的产品矩阵将为饿了么带来更大的用户增长。

比如，通过大数据，可以进行用户画像的精准匹配，发现淘宝上热爱运动的用户，高德地图上喜欢骑行的用户，优酷上爱看健身视频和体育节目的用户，可以向这类用户推荐饿了么健身餐，同样在饿了么上喜欢点健身餐的用户，可以赠送淘宝和天猫运动类商品的红包和券码等，通过大数据和用户的场景化，真正实现流量的精准导入，形成"多维打一维，六楼打二楼"的立体打法，从而带动用户的增长。

9.2.2　产品矩阵帮助实现用户增长的注意事项

不过，产品矩阵和组合要想更好地发挥作用，实现产品的协同效应和增长，还需要注意以下几点。

1.产品并非越多越好

并非所有的公司都需要经营多条业务线，产品也并非越多越好。在原有业务和产品没有做好之前，不要轻易进行产品矩阵的构建和产品线的延伸。否则，不仅不会带来用户的增长，还可能会因此耗费巨大的资源和人力，影响原有产品的用户增长。

是否进行产品矩阵的构建和业务的延伸，则要根据公司的战略、业务情况、竞争环境等进行综合判断。产品矩阵的构建并不是一蹴而就的，而应是循序渐进的，比如我们之前就讲到过，滴滴从做出租车业务到专车业务花了两年时间，而从出租车到快车业务推出，则花了三年时间。阿里形成今天的产品矩阵也是从中国黄页、B2B电子商务平台、支付平台、阿里妈妈、淘宝、天猫等一步步走过来的。

2.产品之间忌相互"残杀"

产品矩阵的构建需要避免产品之间的相互残杀，要避免相互残杀就要遵循产品矩阵的一个构建原则："最大化覆盖，最小化交叉"。也就是说，不同产品之间要覆盖不同的用户需求和场景，以避免产品之间用户需求的重度重合，产品组合是以用户细分和分层为基础的。

比如，阿里的电商业务中，Lazada主要是针对东南亚国家的用户，天猫则更多的是针对对品质有较高要求的用户，而淘宝则主要是针对对价格更为敏感的用户，阿里巴巴1688则主要是做B2B批发业务。

9.3　产品矩阵驱动用户增长的方法

阿里的产品矩阵是一种由多业务线、立体化的产品构成的产品矩阵，是一种生态化的思维和打法，这种打法对产品矩阵内的产品用户增长非常有效。

阿里巴巴的CEO逍遥子就曾经说过："我们的打法是大生态的打法，或者从内部的角度来讲，是集团军的打法。阿里的任何一条战线，任何一个纵队，任何一个兵团，在市场上都能找到非常强劲的竞争对手，但最关键的是，我们是一家人，我们所有人加起来，能产生什么样的化学反应，如何才能建立一个体系的优势，这个是很重要的。"

像腾讯、阿里、百度这样生态化的公司，产品矩阵是由许多条业务线和上百个产品构成的，但是这样生态化的产品矩阵的玩法，一般也只有 BAT 这类的大公司才能玩得起。大多数公司既没有那么多业务线，也没有那么多产品，对于这些公司，又该如何构建产品矩阵来驱动用户增长呢？

9.3.1　产品矩阵构建

其实不管是大公司还是小公司，是一条业务线还是多条业务线，只需要记住一点，产品矩阵的核心和本质是让不同的业务和产品承担不同的职能和角色，通过协同效应来驱动用户增长。所以产品矩阵构建最重要的就是如何对产品角色进行规划和划分。

一般来说，根据不同的产品角色，我们可以将产品矩阵分成流量 / 引流产品、利润产品和形象产品三大类。三者各司其职，引流产品主要带来流量，利润产品则用来盈利，形象产品用于建立信任，带来溢价。

一般来说，引流产品所覆盖的用户群体最大，利润产品次之，形象产品最小，如下图所示。

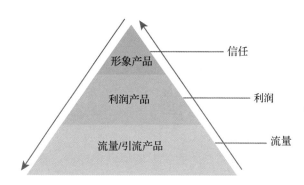

构建产品矩阵的三种不同的产品角色

（1）形象产品：形象产品一般代表产品的形象，目的是提升产品的档次感和价值感，塑造品牌的形象和调性。这种产品一般价格和利润都很高，但相对于利润产品和流量产品，形象产品的用户和销量未必大。比如，华为 Mate 20 RS 保时捷设计售价 12999 元，奔驰 S 级车系，大众点评推出的"黑珍珠"餐厅榜都是属于他们各自单业务线中的形象产品，都是为了突出其高品质的形象，用于提升产品矩阵的溢价能力。

（2）利润产品：利润产品从名字就可以看出其是为公司贡献利润的产品。

在产品矩阵中的销量一般占比较大，利润也非常可观，是产品矩阵中利润的主要来源。

（3）流量产品：流量产品又可以称为引流产品，这类产品一般是产品矩阵中销量最大的产品，能为产品矩阵中的其他产品带来巨大的流量和市场覆盖。比如说，饿了么外卖中的餐饮品类，对于鲜花、水果、药品等其他品类来说就是一种引流产品，餐饮外卖作为一种刚需高频的品类，订单和用户数量是外卖中最大的，通过餐饮来带动其他品类的用户增长相对来说就更容易了。

上面讲解了构建产品矩阵的理论和方法，为了便于大家更直观地理解，我们再回到本章开始所讲的故事，看看通过产品矩阵如何帮助驱动用户增长，如下图所示。

宽度

	业务1	业务2
	馅饼	饮品
长度	引流产品：韭菜鸡蛋馅饼、酸白菜馅饼 胡萝卜鸡蛋馅饼、豆腐白菜 馅饼 利润产品：猪肉馅饼、牛肉馅饼 形象产品：小龙虾馅饼	胡辣汤 豆浆

早餐产品矩阵

早餐产品矩阵主要包含了两条业务线：馅饼和饮品。馅饼相对于饮品来说，是引流产品，可以带动早餐饮品的增长。

下面我们重点来看下馅饼这条线的矩阵设计。

（1）引流产品：四款蔬菜馅的馅饼，之所以重新开发两款新的素馅产品，其目的是测试用户的需求。因为之前的两款产品馅都偏小众，很多人并不是很喜欢酸白菜和韭菜的味道，这样的产品会影响用户的增长。最终测试的结果是新开发的馅饼的确比原来的两款馅饼卖得更好，验证了笔者的判断。素菜馅价格便宜，而且馅饼口味还小众，这就是为什么之前的产品不赚钱的原因。新开发的产品虽然价格也与原来的一样，但是买的人更多了，相应地赚的钱就更多了，同时又能对其他产品起到引流的目的。

（2）利润产品：猪肉馅和牛肉馅的产品设计是为了让引流产品带来的用户有更多的选择，而且这两款产品相对来说比素馅的卖得更贵，能带来更高的利润。

（3）形象产品：之所以开发小龙虾馅饼，设定很高的价格，而且每天还限量供应，并在旁边摆放鲜活的小龙虾，就是为了营造一种稀缺感和品质感，让大家觉得这里的馅饼食材都很新鲜，让人放心。

这里需要说明的是，产品矩阵中的流量产品、利润产品、形象产品三种产品角色并不是一成不变的，可能会相互转化和重叠。比如阿里的电商业务，实际上既承担了流量产品的角色，又是最赚钱的利润产品。随着时间的变化，虽然阿里产品矩阵中的优酷、高德地图等产品现在不赚钱，只是在为产品矩阵贡献流量，但未来很可能会变成利润产品。

9.3.2　如何设计流量产品

形象产品、利润产品、流量产品的矩阵如果设计得好，能对用户增长起到非常好的效果。尤其是在流量红利消失的今天，流量产品对于用户的增长就显得尤为重要，而且很多时候流量产品还兼具了利润产品的职能，既能带来流量，又能为公司贡献利润。

所以，接下来我们就重点谈一下如何才能设计出一个好的流量产品。一般来说，流量产品的设计有这样几种方式：低价/免费、噱头、高频。

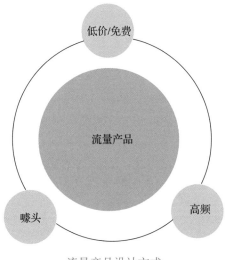

流量产品设计方式

1. 低价 / 免费产品

低价或免费是流量产品设计最常用的方法，下面我们来分析一些具体的案例，看它们是如何通过低价 / 免费产品进行引流的。

很多教育类产品都会有一些低价或者免费的引流课程（如下图所示），知识付费不同于一般的实物电商，在用户没有体验到产品的价值时，让用户直接付费将是很难的。所以，知识付费类产品往往通过一些免费 / 低价的课程来引流。一是免费可以引来巨大的流量，其次，看完免费课程后更容易让用户购买课程。

VIPKID 和得到的免费试听课引流产品

再比如，笔者家楼下的水果店，就提供免费帮忙代收快递的服务，因为好多人平时上班不在家，没办法签收快递，水果店刚好解决了用户的刚需和痛点。这个免费收快递的服务对水果店来说就是一个流量产品，能为水果店额外带来很多顾客流量。而这些来取快递的人，很有可能就会转化为水果店的购买者。我观察了一下，基本上 10 个取快递的人中，大概有一到两个会在这里买水果。

在饿了么外卖上，很多餐厅都会提供特价菜，特价菜对这家餐厅来说就是引流产品。

有些酒吧为了吸引更多的人进入，对女生免入场费，而男生则需要收费，对酒吧来说女生其实就是一种引流方式。

低价 / 免费的引流产品是最简单也最容易吸引用户的，但有两点需要注意，具体如下。

1）需要有与之配套的利润产品设计

低价 / 免费引流基本上是以不盈利甚至亏损的方式来吸引大量用户的，需要有后续的利润产品承接来为企业盈利。比如上面提到的水果就是利润产品，如果仅仅以低价或者免费代收快递，那么这家店也赚不了钱。同样，如果一家餐厅点外卖的用户都只点特价餐，而不点其他菜品，那么这家餐厅也会无法维持。因此，在设计引流产品之前必须要思考我们的利润产品是什么，并进行成本和利润的核算，同时还要注意转化率。仅仅靠低价而没有盈利空间的产品是不持久的。

我们以小米为例，小米除了手机业务盈利之外，还有互联网、新零售等，它们被称为小米的"铁人三项"，"铁人三项"清晰地阐释了小米的盈利路径（如下图所示）。虽然手机销量很大，但实际上小米真正赚钱的利润最高的并不是手机业务，而是互联网业务。实际上，手机是小米的"引流"产品，通过小米手机"低价"的痛点，吸引更多的用户，而将这些用户的价值扩展至其他产品和业务，从单线的增长到立体结构性的增长。

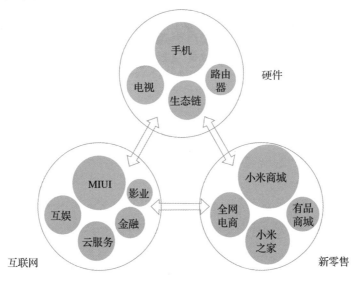

小米"铁人三项"模式

小米 2017 年收入 1146 亿元，经营利润 122.16 亿元。智能手机业务毛利率只有 8.8%，而互联网服务业务的毛利率则高达 60.2%，IOT 与生活消费产品的毛利率为 8.3%，其他业务的毛利率则为 19.7%，具体如下图所示。

截至 12 月 31 日止年度

	2015 年		2016 年		2017 年	
	人民币	%	人民币	%	人民币	%
			（千元·百分比除外）			
智能手机	（170 899）	（0.3）	1 681 762	3.4	7 101 339	8.8
IoT 与生活消费产品	34 877	0.4	1 012 873	8.2	1 950 865	8.3
互联网服务	2 078 677	64.2	4 208 475	64.4	5 960 751	60.2
其他	757 278	65.0	346 245	48.3	141 250	19.3
总计	2 699 933	4.0	7 249 355	10.6	15 154 205	13.2

小米招股书毛利情况图

2）注重低价/免费产品的用户价值

并非低价和免费就能带来流量和增长，低价和免费的基础是对用户有价值，如果没有价值，哪怕用户被低价和免费吸引来了，用户也不会产生后续的行为，对用户的增长是没有价值的。比如，上面提到的知识付费的课程，如果用户免费体验之后，觉得课程不好，那么用户也不会再继续使用付费产品，这种情况下，再多的流量也没用。

2. 噱头产品

"噱头"产品也可以成为流量产品，所谓"噱头"产品是指，这个产品本身自带流量，能吸引更多的用户关注、使用和购买。

当年《舌尖上的中国》一经播出带火了很多美食，比如张爷爷空心面，西贝借机买断张爷爷空心面，将其打造成自己的流量产品，西贝推出张爷爷空心面之后，人流量立即提升了 40%。

高德地图当年的市场份额与百度地图不相上下，两个产品高度同质化。高德地图放弃了常规的签收代言人的做法，而是将代言人"产品化"，推出林志玲和郭德纲导航语音包，将其打造成高德地图的流量产品，林志玲导航语音包一经推出，高德地图新增用户超过平时的 6 倍，而郭德纲的语音包则拉动了用户 200% 多的增长，日活增加了近 40%，还冲上了 App Store 的第二位。

要使"噱头"产品成为流量产品，需要做到如下两点。

（1）噱头产品要产品化才能带来持续流量。噱头产品不要为一时噱头而噱头，如果仅仅是作为一次活动创意或者借势热点，虽然也能为产品带来流量，但是这种流量是不能长久持续的。因而，噱头产品最好能够产品化，这样才是真正的流量产品，才能带来持续不断的流量。

（2）噱头产品必须是基于用户痛点的。噱头必须是基于解决用户痛点的噱头，如果噱头产品光有噱头，并不能解决用户痛点，那么引流也是不能长久的。比如，上面提到的高德地图明星语音导航，如果导航结果不准确，解决不了用户导航的痛点，哪怕用户被一时吸引过来，最终也会流失，留存率也会很差。这样的噱头产品也成不了真正的流量产品。

3. 高频产品

高频产品由于用户的使用频次或者购买频次高，往往被设计成引流产品，通过高频产品为其他产品引流，从而形成高频带低频的流量打法。

这里再以滴滴打车为例，滴滴的出租车、快车业务与代驾相比就是一种高频的产品和服务，滴滴通过打车业务快速地培养了一大批用户，实际上滴滴打车已经成为滴滴的流量产品。通过高频的打车业务，滴滴带动了代驾业务的用户增长。滴滴虽然晚于 e 代驾做代驾业务，但是通过高频带低频的流量产品的打法，市场份额是 e 代驾的将近 2 倍。

同样，美团点评通过餐饮到家和外卖的高频服务，带动了电影、生鲜、旅行、酒店其他品类和业务的增长，高频服务就是美团增长飞轮的发动机，如下图所示。

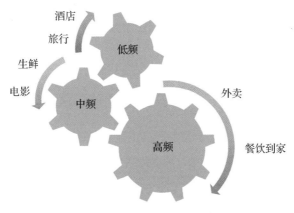

美团高频带低频的增长飞轮

高频切入低频产品和业务，利用巨大的流量和现有用户的优势，更容易带来低频次产品的用户增长，但并非拥有庞大的用户基数和流量就能让低频产品获得预期的增长和成功。高频带低频需要满足如下几个条件。

（1）产品组合的相关性。也就是说，高频流量产品与被导流产品具有相关性，相关性越大，导流和转化效果就越好，越容易带来用户增长。比如，作为高频的滴滴快车、出租车产品，为相对低频的专车和豪华车服务导流就相对容易，但假如快车产品，为一个教育培训产品或者云计算产品引流，那么效果相对来说就会差很多，因为快车、出租车和豪车都是属于打车这一同属性的产品，而与教育培训和云计算的相关性不大。

（2）目标用户的重合性。高频产品与低频产品的用户重合性越高，那么高频为低频产品带来的效果就会越好。比如高频的餐饮产品为低频的电影产品导流就会好一些，当时笔者团队通过百度糯米的到店消费，为糯米电影导流，效果就非常好，尤其是我们选择了商场中的晚餐时段去推荐电影，就是利用了晚餐前后最容易触发用户购买电影票的场景。但是如果高频的餐饮产品为一个二次元的产品引流，可能也会有一些效果，但转化效果就会差很多。

9.4　本章小结

本章主要讲解了产品矩阵的概念，以及产品矩阵对用户增长的好处，最后讲解了如何通过形象产品、利润产品、流量产品搭建矩阵驱动用户增长，并重点讲解了低价 / 免费、噱头、高频三种设计引流产品的方法。

第 10 章我们将讲解如何通过渠道和圈层驱动用户增长。

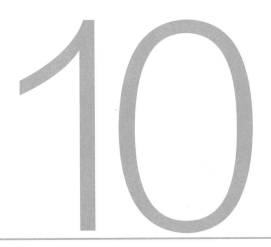

通过渠道和圈层驱动用户增长

用户增长除了会受到产品本身、传播的创意影响之外，还与渠道的选择密切相关，渠道可以为用户增长带来巨大的流量。渠道选择的好坏，直接决定了获客的质量，而获客的质量则会影响到后续用户的激活、留存、变现等各个环节。

我们该如何选择好的渠道来驱动用户增长呢?

10.1 信息流动的变化

10.1.1 从中心化到去中心化

不管是在大众媒体时代，还是移动互联网时代，信息流动的先后方式是这样的（如下图所示）：信息（产品）——→渠道（媒介）——→受众。渠道的本质是将信息高效地传达给受众的载体。

信息流动方式

但在大众媒体时代，渠道（媒介）是受中心化和权力主导的，也就是信息的发出和传播主要集中在固定的几个平台上，当时大众想要获取信息基本上只能通过央视、卫视和一些权威报纸杂志等媒体。一个品牌只需要在这些平台上进行营销和传播信息，就能影响到几乎所有的用户，如下图所示。

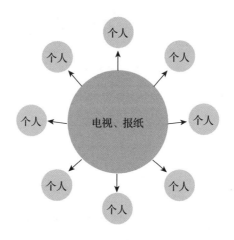

大众媒体时代信息呈中心化辐射

因此，大众媒体时代，只需要通过中心化的节点和平台（央视、几大卫视和报纸）将信息传递出去，就能覆盖几乎所有的用户，击穿所有用户，产品销量和用户数量就会疯狂地上涨。正如当年央视的标王秦池的老板所说的："我们每天向中央电视台开进一辆桑塔纳，开出的则是一辆豪华奥迪。"

但是，到了移动互联网时代，信息传递的渠道和载体正变得越来越多，越来越分散。信息的传递也由中心化变为去中心化，由自上而下的层级结构，变成点对点的网状模型。

需要说明的是，去中心化，并不是没有中心，而是多中心化。在移动互联网时代，除了报纸、电视台等传统渠道之外，一个网站、一个 App、一个公众号，甚至一个人都有可能会成为一个信息的传播渠道，比如，应用商店、抖音、知乎、小红书、微博、微信、今日头条、豆瓣、蔡徐坤、Papi 酱、黎贝卡、王思聪等，如下图所示。

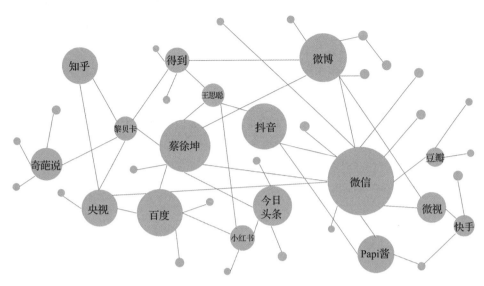

移动互联网时代信息流动呈去中心化的网状模式

10.1.2 移动互联网时代渠道对用户增长的影响

移动互联网导致的多中心化，对用户增长最大的影响就是用户变得更加难以触达，流量获取用户的效率也随之下降。

1. 用户触达困难

中心化的大众媒体时代，只需要覆盖一两个中心渠道，就能覆盖我们所有的目标用户。而多中心化的移动互联网时代，用户正变得分散化和碎片化。

要么是我们找不到我们的用户，就算是找到了我们的用户，我们可能也没办法仅通过覆盖几个渠道，就能覆盖到我们所有的用户。

2. 流量的错位

如果说大众传播是流量为王的时代，流量 = 用户 = 销量，那么进入移动互联网时代，流量就变得不再像大众媒体时那么有效了。

我经常听到很多公司和做营销的朋友抱怨，投了几千万的线下地铁广告、公交广告，销量几乎并没有太大的变化。做了一个刷屏的 H5，产生了几百万的 UV，用户却没有增长。

流量之所以无用有一个非常重要的原因，就是流量的错位。

所谓流量错位是指渠道带来的流量人群与我们的目标用户没有重合或者重

合度低。有可能每天带来 1000 万的流量，重合度却可能只有 10%，甚至更低，剩下的都成了无效流量，用户的增长和留存率可想而知。所以导致看起来流量很大，但实际对用户增长无用。

3. 流量圈层化

用户触达困难，流量无用。那么我们又该如何找到我们的用户呢？如何才能让流量变得有效？这就需要我们具有圈层思维。

因为，移动互联网时代用户是以多中心节点为载体进行聚集的，并形成圈层。流量从大众化变成圈层化，如果仅采用大众媒体时代渠道的覆盖方式，则将很难影响到我们的目标受众。

假如有一款新开发的饼干产品，面向的是上班族的年轻白领。在大众媒体时代，一个中央电视台或者湖南卫视，可能就会覆盖所有这些用户。但现在，这些目标用户以圈层的形式分散到了各个渠道，他们可能是金融从业者、广告人、产品经理、设计师、游戏开发者等圈层，有可能看抖音、用微博、上优酷等。

但也正是因为流量的圈层化，让圈层形成了强大的互动性和影响力，从而也让圈层更容易形成有效流量。

圈层在大众媒体时代，主要特点是小规模的、零散的、弱影响力的。

我们以母婴圈为例，在大众媒体时代，虽有母婴圈这个圈层，但是其规模小，分布零散，基本上就是同事、朋友、同学、熟人之间有小孩的这么一部分母亲才可能进行交流，再大一点的圈层可能是某个区域，比如同一个小区、同一个城市。因此，这部分圈层很难相互影响，比如，北京的母婴群就很难影响到深圳的母婴圈。

但是移动互联网时代打破了这种时间、空间的障碍，这些圈层聚集在不同的中心节点之上，所以更容易产生协作互动，更容易产生巨大的影响力，从而带来流量。比如，母婴圈主要聚集在宝宝树、一些微信公众号、小程序等上面。你在这些平台上发出的信息可能会影响到更多且更远距离的母婴群体。

因此，移动互联网时代，在用户增长越来越难，销量提升越来越不容易的今天，我们要抛弃狂轰滥炸的流量思维，建立圈层思维，重视圈层，通过圈层去裂变痛点，引爆用户和销量的增长。

10.2 通过圈层实现用户增长

既然我们知道了圈层在移动互联网时代对于用户增长的重要性，接下来我们就来看看如何利用圈层实现用户增长。

通过圈层实现用户裂变主要包含三个步骤，具体如下。

（1）找到圈层。

（2）引爆圈层。

（3）从圈层到跨圈层。

10.2.1 找到圈层

要找到圈层，我们首先要确定我们的目标用户，然后对目标用户进行圈层的细分，最后进行圈层的分级。

1. 确定目标用户

首先要确定我们的目标用户是一群什么样的人、年龄分布是怎样的、男女比例是多少、拥有什么样的行为和心理等。

2. 目标用户的圈层细分

目标用户的圈层细分必须满足三个条件，具体说明如下。

（1）必须是目标人群的子集。

假如我们产品的目标用户是 20～35 岁的白领一族，那么我们分出一个大学生圈层或者年薪 200 万的高管圈层就会出现问题，因为他们不是我们目标人群的子集。

（2）要有相同的兴趣、爱好、经历、职业、价值观等。

只要有相同的兴趣、爱好、经历等，这部分群体才有可能形成趋同的心理行为和购买动机，他们也更容易关注相同的东西，拥有共同的语言，从而聚集在相同的支点和平台上。

比如，以马拉松圈层为例，这部分人出于对马拉松、跑步的共同爱好和兴趣，形成了这个圈层。他们会经常关注各地的马拉松赛事、跑步的经验和技巧、核心力量的练习，等等。他们会购买跑鞋、压缩衣、护膝、运动手表等。追求性价比的可能更喜欢去迪卡龙，有更高消费能力的可能会购买 ASICS 的

KAYANO 系列跑鞋、SKINS 的压缩衣，等等。他们也会常常聚集在各种跑步、马拉松的公众号等平台。

（3）必须是可执行的、可用的，而不是笼统的、宽泛的。

圈层划分的意义是为了我们在营销和传播中，可以找到圈层，并去影响圈层。

因而，目标人群细分出来的圈层必须要是可用的。这里列举一个例子，以便大家更容易明白。例如，20~30 岁这个圈层，就会比较宽泛和笼统，不够精准，我们在对我们的产品进行痛点裂变的时候，就会比较难以触达和影响到这部分圈层。

3.圈层的分级

目标用户是由不同的圈层构成的，假如我们的目标用户是由 10 个圈层构成的，但这些圈层对产品的价值，痛点的裂变，以及用户增长的重要性是不一样的。因此，对目标人群的圈层细分仅仅是第一步，我们还需要按照这些不同圈层的重要程度进行排序分级。根据圈层的重要程度，我们可以将用户圈层分为核心圈层、次核心圈层、其他相关圈层，如下图所示。

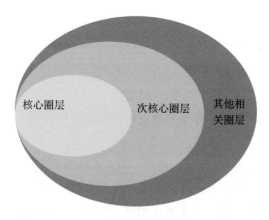

圈层的层级

（1）核心圈层：核心圈层是目标用户圈层中的中坚力量。简单地说就是，哪个圈层最"痛"，哪个圈层就是核心圈层，核心圈层是能"发芽"的圈层，能让产品成长成参天大树，实现痛点裂变，以及用户的快速增长。核心圈层具有几个显著特点，具体如下。

- 对痛点迫切性最高：即核心圈层对痛点的解决方案（也就是我们的产品）的迫切性需求程度最高，是最可能使用和购买产品的这一部分圈层。

- 对产品最忠诚：核心圈层的用户不一定是数量最多的圈层，但是他们最可能会成为产品最忠实的拥趸，对产品的忠诚度也最高。

- 能自带口碑：这部分核心圈层更愿意分享和传播产品和品牌，能为品牌带来口碑。

因此，如果能够维护好这些核心圈层，那么他们就能对痛点的裂变，用户的增长释放出持续的价值。

（2）次核心圈层：即目标用户中重要的圈层，只是其相对于核心圈层，在对痛点解决的迫切性和对产品的忠诚度方面会稍弱一些。

（3）其他相关圈层：其他相关圈层是我们的目标用户中对痛点的解决没那么迫切的圈层，他们只是偶尔使用或者购买我们的产品。

4. 案例分析

为了让大家能够更好地理解并在工作中运用圈层的相关知识，我们以"一款新出的专业跑鞋的用户增长"为例来讲解该如何找到圈层。

要想找到圈层，需要经过如下几个步骤，即：确定目标用户——目标用户的圈层细分——圈层的分级。具体说明如下。

（1）确定目标用户：专业跑鞋与普通的运动鞋不同，普通运动鞋目标人群更大众，而专业跑鞋的目标人群则更多的是**热爱跑步的人**。根据虎扑跑步＆爱燃烧《2015 中国跑者调查报告》内容，我们可以看到这部分人群主要集中在一二线城市，年龄在 20～40 岁之间的人群占比超过了 70%。

（2）目标用户的圈层细分：通过以上分析，我们对跑鞋的目标人群有了一个初步的了解。接下来我们再对目标用户进行圈层的细分。目标圈层用户可以初步分成马拉松圈、休闲跑步爱好者圈、健身跑步者圈等圈层。

（3）圈层的分级：根据圈层的重要程度，我们将马拉松圈、休闲跑步爱好者圈、健身跑步者圈分别归入核心圈层、次核心圈层、其他相关圈层。

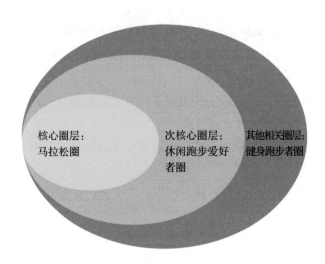

跑步圈圈层分级

- **核心圈层——马拉松圈**：之所以将马拉松圈定为核心圈层，是因为他们是更为资深和专业的跑步圈层，对跑步也最为热爱和执着。这部分圈层一般都参加过马拉松，是规律的跑步者。他们对跑步的知识和理论等更为了解，知道装备对跑步的重要性，因而，他们是最容易产生购买行为的人群。据尼尔森的调查显示，中国的跑步者一年的人均消费在3000多元，而马拉松圈的跑步者人均达到了4000多元。他们与普通的跑步者相比，更愿意购买更专业、更高端的装备，比如，专业跑鞋、运动手表、紧身衣、运动手环等。

- **次核心圈层——休闲跑步爱好者圈**：休闲跑步者主要是指对跑步有兴趣的这么一群初级跑步热爱者，与马拉松圈层相比，该圈层虽然也热爱跑步，但他们的跑步更随意，缺少规律性。他们中的人并不像马拉松圈层那样对运动装备那么重视，有的人甚至穿着普通的运动鞋跑步。因此，该圈层对于专业跑鞋的需求程度相比于马拉松圈层会弱一些。但是这部分圈层，随着跑步经验和时间的增加，是最有可能成为核心圈层的人群，我们将这部分圈层归为次核心圈层。

- **其他相关圈层——健身跑步者圈**：其他相关圈层主要是一些为了健身而进行跑步锻炼的圈层，他们最主要的目的是减肥塑形，跑步仅仅是他们减肥塑形的其中手段之一，跑步对他们来说仅仅是阶段性的运动。因此，他们对跑步的了解更少，热爱程度更低，对跑鞋等专业装备的需求也是最弱的，可能只有很少一部分人购买专业跑鞋等装备。

10.2.2　引爆圈层

找到目标圈层之后，接下来就需要考虑如何去影响和引爆圈层。

很多人认为，既然已经明确了圈层，那就去覆盖这些圈层好了。很多人都是这样做的，但结果很少有能引爆圈层的，所以，我们看见能刷屏，能使用户裂变的创意和传播少之又少。

其实，找到圈层，仅仅是裂变痛点最基本的工作，要想引爆圈层，还需要注意这样三点：打法、引爆点和内容。引爆圈层三要素图示如下。

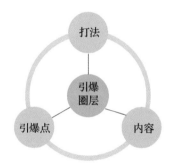

引爆圈层三要素

- 打法：打法是指通过什么样的策略和方法去引爆圈层。
- 引爆点：是指要找到圈层中的超级节点。
- 内容：在内容方面应该注意什么，需要什么样的内容。

1. 打法：聚焦核心圈层

我们知道目标用户圈层按重要性可以分为核心圈层、次核心圈层和非核心圈层。

对圈层进行分级的目的是我们在影响用户，圈层裂变的实现，要有重轻和主次之分。针对不同的圈层，不同的阶段应采取不同的痛点裂变策略。

一个产品要想在一段时期之内，或者通过某个活动和创意去触达所有的圈层，那将是非常困难的，更不要说去打透圈层了。

因此，一个产品应集中资源聚焦核心圈层，而不要试图贪大贪多去影响所有的圈层。正如凯文·凯利所说的："一个艺人只要有1000名铁杆粉丝，就可以衣食无忧。"集中资源和精力，服务好核心圈层，尽可能从核心圈层进行突破，打入这个圈层，穿透这个圈层，才能在短时间内形成爆发势能，将效果发挥大最大，最终引爆圈层。如果什么人群都想覆盖，什么圈层都不愿意放弃，那么结果可能会是什么圈层都打不透。

关于聚焦核心圈层，有两个方面的含义，具体如下

（1）在一段时间之内，只聚焦核心痛点的核心圈层。

尤其是在产品初期和成长期，要聚焦核心痛点的核心圈层。比如，小米在早期将业务聚焦在对配置要求较高，又追求性价比的手机发烧友核心圈层。与饿了么和美团外卖早期将业务聚焦于学生圈层不同的是，百度外卖刚进入外卖市场时是聚焦于白领圈层的，因此百度外卖才能在白领中占据市场份额的领先地位。

如果不聚焦核心痛点的核心圈层，就容易导致痛点不痛，用户留存度很低。花费了大量的资源和精力，效果却不好，因此就很难打透圈层，引爆圈层。

（2）具体到某个运营活动、创意和传播等，也要聚焦核心圈层。

每家公司的资源和预算都是有限的，除了像BTA这样的大公司，才有能力为重点产品和业务线每年提供几千万甚至上亿的市场费用，大部分的公司每年的市场费用可能就只有几百万，甚至更少，分摊到每次活动和创意中的费用就更少了。

然而，每家公司在推广自己产品的时候，都希望能够利用更少的预算，来获得更好的曝光，更高的转化率，这已经成为每家公司市场运营部门最为头痛的事。

要利用较少的预算撬动更多的传播，就要利用圈层思维。在活动和创意开始之前，我们要想清楚我们所针对的是什么圈层用户，并将有限的资源聚焦到核心的圈层用户，去打透他们。

比如，曾经有一篇《北京，有2000万人假装在生活》的文章在朋友圈刷屏，短时间内，阅读数超过500万。这篇文章之所以会形成这么大影响力，就是因为文章聚焦在北漂这个圈层，引发了大家的共鸣，引爆了这个圈层。

新世相的"逃离北上广"活动，30分钟文章阅读量就超过了10万，最终阅读数将近200万，2小时上热搜，#4小时逃离北上广#话题阅读量1322万，一下子就引爆了圈层。其实，造成如此大影响力的本质原理与《北京，有2000万

人假装在生活》一样，都是聚焦于在北上广打拼的这样一类人，聚焦的是核心圈层。

还有一篇曾经刷屏的文章《月入五万的西二旗人教你如何活得像月薪五千》，同样运用了聚焦核心圈层的方法，这篇文章聚焦于西二旗互联网圈层。西二旗几乎聚集了中国 80% 最一线的 IT 互联网公司，百度、腾讯、网易、新浪、滴滴、小米、华为、联想等公司就在西二旗方圆五公里之内。这篇文章针对的就是西二旗的互联网圈层，所以这样的文章一出来就很容易在他们的圈层中引爆。

2. 引爆点：找到圈层的超级节点

移动互联网最大的特点就是多中心化。

每个中心其实就是一个节点。这些中心化的节点与单个人的节点形成了一个网状的结构模型，而信息就是在这些网状的节点上流动和传递的。

不过，这些节点对信息的流动和传递的影响力是不一样的。

比如，微信这个超过 10 亿用户数的平台，影响的人群和只有百万级的 App 影响的人群完全不一样。同是微信这个平台上的公众号，每一个大 V 都是一个中心节点，但他们在不同圈层的影响力也不一样。具体到个人也是一样的，比如，马云，马化腾他们的言行（信息）影响的人远远大于我们普通的个人的言行。

我们将信息流动链条中，在圈层中具有强大影响力的节点称为超级节点。

去中心化的移动互联网时代，要想引爆圈层，最重要的是要找到圈层信息流动关系链条中的"超级节点"。通过这些超级节点的影响力去影响更多的人。

那么，究竟应该如何找到圈层中的超级节点呢？这些超级节点又需要满足什么样的条件呢？

（1）超级节点本身是一个中心，在圈层用户中具有较强的影响力，能影响到圈层中的很多其他节点，受到该圈层其他节点的关注和信任。

（2）被超级节点所影响的节点中，如果拥有的中心化的节点越多，那么这个超级节点的影响力也就越大。

举个例子，假设 A 是一个超级节点，它能影响到 B、C、D、E 等很多支点，其中，B 和 C 又是一个中心化的节点，能影响到很多其他节点，如下图所示。如果类似 B 与 C 这样的中心化的节点越多，那么 A 这个超级节点的影响力也就越大。

简单地说，超级节点就是本身能够影响到更多节点的节点，而且被影响到的这些节点均有较长的流动长度。

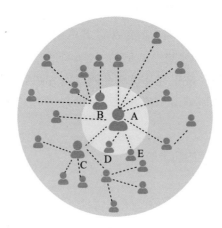

超级节点

引爆圈层除了要聚焦到核心圈层之外，最重要的事情就是找到圈层中这样的超级节点，比如新世相"逃离北上广"的活动之所以会引爆圈层，除了活动本身之外，最重要的就是新世相公众号就是一个超级节点，其拥有人数超过200万的粉丝圈层。发布《北京，有2000万人假装在生活》文章的公众号"张先生说"也是一个超级节点，《月入五万的西二旗人教你如何活得像月薪五千》文章的首发账号"西二旗生活指北"也是一个超级节点，他们都拥有几百万的粉丝。如果这些文章刚开始传播时，仅仅只是发布到一个普通节点上，而非超级节点的账号，那么结果可能是很难引爆圈层的。

宝马MINI曾经通过超级节点来推广自己的新产品，取得了非常好的效果。MINI通过超级节点，时尚自媒体大号"黎贝卡的异想世界"发售了"MINI YOURS加勒比蓝限量版"，4分钟内100台售价28.5万的MINI全部被抢购一空，而且在50分钟之后，所有订单都完成了付款，创造了近3000万的销售额。

不过，在寻找圈层中的超级节点时有一点是我们最容易忽略的，那就是找到了超级节点，却忘记了圈层。这也是我们很多人在做营销推广和活动运营时最容易犯的错误，只是看哪个账号有影响力就选择哪个账号，而忽略所选的账号与我们圈层的契合度。

超级节点是KOL，是大号，是有影响力的平台，但大号、KOL、平台未必是超级节点。超级节点必须是符合圈层调性的节点，其在我们要传递的圈层中具有较强的影响力。比如宝马 MINI 选择与"黎贝卡的异想世界"合作，是因为黎贝卡的粉丝中百分之九十是女性，而且他们大多数是具有较高消费能力的中产阶层，对生活的品质有自己的要求，喜欢美好的事物，有想法、有个性，与宝马 MINI 的品牌调性和圈层用户都是高度吻合的。

在宝马 MINI 与"黎贝卡的异想世界"合作的案例中，如果我们将"黎贝卡的异想世界"换成类似于"张先生说"、"吃喝玩乐在北京"、"西二旗指北生活"等超级节点，效果就未必好，虽然这些也是有影响力的自媒体 KOL，但是它们与产品的目标圈层吻合度就不如"黎贝卡的异想世界"那么高了。

这就是为什么我们经常看到很多产品通过传播带来了很大的曝光度，效果却不好的原因。

正如黎贝卡本人所说的："现在各种渠道很多，环境趋于碎片化，合作双方最重要的，是更精准地找到彼此。所以我可能没法说哪些自媒体一定适合或不合适，这个还是要看渠道本身与品牌之间的契合度。"

因此，要想引爆圈层，选择超级节点时并不是仅考虑谁的粉丝多，谁的影响力大就行了，而是要考虑在目标圈层中谁的影响力最大。

我们需要记住一点，超级节点是圈层的超级节点。

3. 内容：圈层的千层千面

产品的目标用户往往是由一个或者多个目标圈层构成的，而每个圈层由于用户兴趣、爱好、经历、职业背景等的不同，造成了每个圈层都有自己的特点（比如二次元圈层、程序员圈层、金融圈层等），他们谈论的话题、语言、喜欢的东西、价值观等都是不一样的。

因此，我们要让圈层认同、分享和传播我们的信息，要引爆圈层，就需要我们发布的内容符合圈层的特点，做到千层千面。

千层千面具体到执行层面应包含两个方面，具体说明如下。

1）根据不同圈层设计不同内容

这里以"跑鞋"为例，我们之前提到过跑鞋的目标圈层主要有三类：马拉松圈、休闲跑步者圈、减肥跑步者圈。

这三个圈层虽然对跑鞋都有需求，但由于圈层的不同，他们对跑鞋的关注点是不一样的，或者说他们对跑鞋的痛点是不一样的。如果我们以同样的内容去覆盖三个群体圈层，就会出现问题。

马拉松圈一般是多年的资深跑步者，他们对跑步的要求很专业，对跑鞋也很了解。我们向他们推荐一款新鞋时，重点是要告诉他们这个跑鞋与其他的跑鞋相比具有什么样的优势？有哪些不一样的地方。

对于休闲跑步者圈层，作为初级的跑步者，他们有可能不太了解跑鞋，甚至很大一部分人并不穿跑鞋。针对这部分圈层，我们要传递的信息重点应该是，穿跑鞋跑步的重要性，比如不穿跑鞋可能会伤害膝盖等，以及这款新出的跑鞋会如何解决你跑步的问题，满足你跑步的需求。

而对于减肥跑步者，他们更关注的是减肥。我们发布内容的重点就需要结合减肥与跑鞋的关系去展开。

现在我们再来想一想，在营销活动和传播行为中，我们是不是经常利用同一个内容，去影响所有的圈层用户。

2）根据不同内容选择不同节点

根据不同的圈层设计好不同的内容之后，还需要通过一些传播节点将我们的内容传递给目标圈层用户。

而这些节点的选择，也就是与我们合作的媒介、账号、平台等，也要千层千面。比如有的是情感类的，有的是搞笑类的，有的是严肃哲理类的，有的是故事类的等，我们要根据不同的内容去选择不同类型的节点，只有这样才能获得较好的效果。

笔者在负责百度外卖和饿了么星选市场时，做过两支视频：《人生不过76000多顿饭》和《人生赢家吃出来》。两支视频的目标用户都是职场上班族，但是风格却迥然不同。

扫二维码观看

《人生不过 76000 多顿饭》视频

《人生不过 76000 多顿饭》是通过人生一些重要的饭去阐释人生的道理，传递我们要认真对待每一顿饭，认真对待生活的态度，与百度外卖品牌要传递的"品质"的品牌理念是一致的。

扫二维码观看

《人生赢家吃出来》

《人生赢家吃出来》则是通过一本正经地胡说八道去讲解一个职场人，通过吃外卖吃出了薪资翻倍、职场得意、颜值暴增、桃花朵朵、人生赢家，目的是推广好运餐。整个视频是一种荒诞、幽默的搞笑风格，既有趣又好玩。

两支视频虽然面向的是同一个圈层的用户，但由于其内容风格和调性的不同，因此我们在选择传播节点的时候采取了不同的策略。《人生不过 76000 多顿饭》选择了白领关注的一些情感、人生、生活类账号，而《人生赢家吃出来》则选取了一些幽默、搞笑、无厘头和日系广告类账号。在我们没有花费太多传播费用的情况下，两支视频引发了大量的自传播，几乎都引爆了圈层，刷屏了朋友圈。自传播的账号数量是我们付费用账号的几十倍，两支视频，一支播放量超过 8000 万，一支超过 2000 万。

假设《人生赢家吃出来》选取的是一些情感、人生、生活类、美食圈等账号，虽然这些账号的粉丝也是我们的目标圈层用户，但是由于内容的调性并不是这些账号人群所喜欢的，哪怕触达到了他们，也很难引发他们的分享和传播，自传播效果自然就会很差。

10.2.3　圈层破壁：从圈层到跨圈层

打透一个圈层能让影响覆盖的用户更精准，转化率更高，传播更高效。不过虽然聚焦到某个圈层能让效果更精准有效，但影响到目标用户的广度和范围却相对较小。因此，仅仅打透一个圈层是不够的，我们还需要跨圈层传播。

要实现跨圈层，一般来说有两种方式，具体如下。

1.同时覆盖更多的圈层

这种是最简单最直接的方法，即利用更多的资源、更多的费用去覆盖更多的圈层（如下图所示），打透更多的圈层。但是该方法最大的问题是，需要公司拥有强大的经济实力，需要投入更多的资源和费用。要打透一个圈层本已经十分不易，要同时打透多个圈层就更难了。

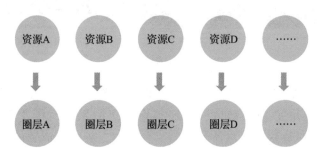

覆盖更多圈层

以阿里巴巴为例，每年双 11，淘宝和天猫的交易额都屡创新高。大家可能只看到了阿里双 11 的活动效果，却没有看到阿里为了在双 11 期间覆盖更多的圈层，投入了巨大的成本。除去阿里系的优酷、高德地图、微博、淘票票等为活动导流之外，阿里还投入了一二十个亿的市场费，用于打透双 11 活动的更多圈层，几乎覆盖了我们能看到的线上线下大部分传播渠道。

不过这种为某次活动一掷千金的做法，除了阿里巴巴这种级别的公司，其他很多公司基本不可能实现全圈层或者多个圈层的打透。因此，这种打透多圈层、全圈层的方法并不适合大多数公司。

2.通过一个圈层影响另一个圈层

除了上述方法之外，还有一种跨圈层的做法就是先打透一个圈层，然后通过这个圈层的影响力去辐射另一个圈层，但是这种方法存在一个最大的难题，就是两个圈层之间的连接和打通，如下图所示。

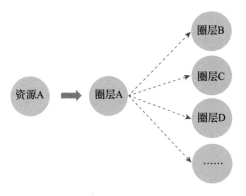

通过圈层影响圈层模型

两个圈层之间的连接与打通会遇到什么样的障碍？应该如何打通？

1）圈层的"茧房"壁垒

因为圈层是由一群拥有相同兴趣、爱好、经历等的人群组成的圈子，每个圈子都有自己的个性和特点，圈层与圈层之间很容易形成一层坚硬的壁垒（如下图所示），大多数的传播往往只在一个圈层内流动，而很难在其他圈层流行开来。

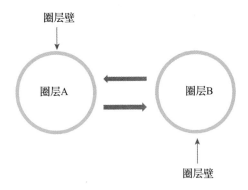

圈层之间形成了圈层壁垒

以二次元圈层为例，该圈层拥有自己独特的兴趣、爱好等，这个圈层中的用户群体形成自己独特的文化和语言，他们的语言出了这个圈层，很多人根本不知道是什么意思，比如乙女、抖 M、正太、ACG、捏它、FFF 团、颜文字、杀必死、KUSO、空耳、病娇、女王三段笑，等等。二次元的聚集地 B 站，要成为其会员还必须完成 100 道测试题，而且成绩要达到 60 分以上（如下图所示）。

B 站会员考试

再以我们之前提到过的马拉松圈为例，他们也有自己的独特语言，比如 PB、配速、关门、兔子，等等。这些都在无形之中形成了圈层之间的壁垒。

移动互联网是开放的，但圈层却是相对封闭的。

所以，常常会出现这样的情况，某件事情在这个圈层已经非常火爆，但圈外的人可能还根本不知道这件事。我们将圈层与圈层之间的信息壁垒称为"**圈层的茧房化**"。

信息要在圈层之间相互传递和影响，就需要进行"圈层破壁"。

2）找到跨圈层超级节点，实现圈层破壁

要实现"圈层破壁"就需要有跨圈层的中心节点去影响和穿透其他圈层。

对于这句话，大家可能会觉得不太好理解。简单地说，就是找到一个中心化的节点，这个节点既属于 A 圈层，又属于 B 圈层，在圈层 A 中有影响力，在其他圈层中也有影响力（如下图所示）。这个节点可以打破圈层，使信息在圈层之间传递。比如，刘翔和姚明分别属于田径圈和篮球圈，但同时他们在其他圈层也有很大的影响力，在营销活动和传播中如果能找到这样的中心化节点，跨圈层就能很容易实现了。

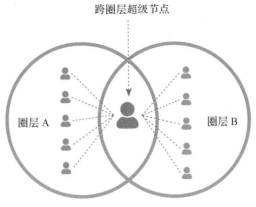

跨圈层超级节点

我们以 2018 年的一档综艺节目《这就是灌篮》为例,这档垂直类的篮球竞技类节目,相比其他综艺来说会更小众一些。但就是这样一个看似小众的节目,播放量却超过了 12 亿,微博话题 # 这就是灌篮 # 主话题阅读量突破 45 亿,火爆程度远远超过大多数热门综艺节目。《这就是灌篮》之所以这么成功,有一个很重要的原因就是运用了跨圈层的方法。

我们来看看优酷是怎么做的?怎么从圈层做到跨圈层。

首先,优酷在这档节目中邀请了中国大学生 3V3 篮球联赛的 100 多所高校球员和非专业选手,但他们仅仅是素人球员,如果将他们放在信息流动的链条上来看,他们仅仅是一些小的传播节点,远远没有达到中心化节点的程度。

因此,为了吸引核心圈层的关注,也就是篮球爱好者的关注,节目组请来了在篮球爱好者心目中影响力很大的专业球员林书豪和郭艾伦作为领队。一个是 NBA 中的知名华裔球员,一个是 CBA 中的当红顶级后卫。林书豪和郭艾伦虽然可以算着是核心圈层中的中心化节点,能影响到核心的篮球爱好者,但出了篮球圈这个圈层,认识他们的人很少。如果仅仅是这些人,这个节目最多不过在篮球圈比较火爆。但优酷实际想要的不仅仅是要吸引篮球圈层,其更希望通过这个节目能吸引到更多其他的年轻用户圈层,也就是优酷的目标群体,从而带动会员付费用户的增长。因而,优酷更希望能够跨圈层推广。

于是,《这就是灌篮》节目组还让周杰伦和李易峰加入到了领队的队伍中。李易峰是当红的最有流量的明星之一,拥有众多的"少女粉",而周杰伦更是整个华语圈的偶像巨星，在年轻男女中都拥有较高的口碑和影响力。而且他们两人都特别热爱篮球运动，周杰伦还拍过电影《大灌篮》。周杰伦和李易峰在篮球圈外都有很大的影响力，他们实际上在节目中担当了破圈层和引流的作用，如下图所示。

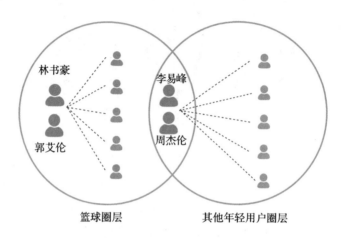

篮球圈层　　　　　　　　　　其他年轻用户圈层

《这就是灌篮》跨圈层图示

《这就是灌篮》正是通过核心圈层的中心化节点，和跨圈层的中心化节点，不仅影响了篮球圈层的用户，又实现了跨圈层。这正是这档节目成功的关键因素所在。

3）跨圈层注意事项

通过上文所讲的内容，我们知道了从圈层到跨圈层的方法，但跨圈层还有几点需要注意的地方，具体如下。

（1）可以跨圈层，但不要随便跨圈层。

首先，还是要聚焦于核心圈层，如果核心圈层你都不能影响到，就想去跨圈层，那就很容易造成两个圈层都打不透，都影响不到。

其次，跨圈层虽然不像同时打透所有圈层那样要花费巨大的资源和费用，但是也不是不用花资源就可以随便跨越圈层的，要根据公司的实际情况，找到合适的圈层跨越超级节点。

第三，跨圈层要考虑对象，要跨越的是目标人群圈层，如果跨越的圈层与我们的目标人群圈层毫无关系，那么这样的跨圈层就是毫无意义的。

举个例子，一个奢侈品品牌如果通过营销跨越到了一个比较低端的圈层，那么以他们的消费能力而言，这个低端的圈层对品牌的销量的贡献并不会太大。

而且，这个圈层不仅对品牌的价值和形象并无提升作用，还有可能拉低整个品牌的圈层认同，造成原本高端圈层的逃离和用户的流失。

（2）找到跨圈层的超级节点固然重要，但好创意也不可或缺。

如果没有好的创意，仅仅是找到了跨圈层的超级节点，那么用户是不会再往下传播的，传播链条会就此中断，效果也会大打折扣。在传播中，只有当好创意和跨圈层的超级节点相互配合，才能引发更多的自传播，带来更多的流量和用户增长，延长信息流动的链条。

（3）跨圈层能带来流量，但产品本身才是根本。

跨圈层能引发大规模的流量，但是如果产品还没有准备好，则效果会适得其反，带给用户更差的体验，消耗用户的信任，对产品的销量也不会带来有利的影响。

比如，2019 年春节前，《小猪佩奇过大年》的宣传片《啥是佩奇》几乎打透了所有圈层，短短几天的时间之内，多次上了微博热搜榜和话题榜，抖音热搜第一，知乎热搜第一，同时进入百度搜索风云榜，刷爆微信朋友圈，今日头条、网易新闻、梨视频等新闻媒体大面积报道。《啥是佩奇》最终的播放量达到 2 个多亿，在微博上的阅读达到 16 亿。然而《小猪佩奇过大年》的电影仅仅只有一亿出头的票房，最主要的原因就是产品本身的问题，该电影在豆瓣上只有 4.0 的评分。

所以说，虽然跨圈层能够带来流量，但并不能影响转化和用户留存。如果仅仅只有流量，没有转化，那么痛点裂变、用户增长也就无从谈起。因此，跨圈层虽重要，但产品本身才是根本。

10.3　本章小结

本章主要讲解了如何通过渠道和圈层去实现用户增长。在移动互联网时代，信息流动的方式是从中心化到去中心化，用户以圈层的形式围绕多中心的节点进行聚集，要影响用户必须通过圈层，圈层在移动互联网时代尤为重要。

要影响圈层首先就必须找到圈层，并通过圈层中的超级节点去引爆圈层。但仅仅引爆一个圈层还不足以引发裂变增长，要引爆增长就需要信息从一个圈层跨越并穿透另一个圈层，实现圈层突破，但因为圈层与圈层之间存在信息的茧房壁垒，因此要突破圈层就要找到跨圈层的超级节点。

除了产品和渠道会带来用户增长之外，创意对用户的增长也很大，接下来的第 11 章，我们将讲解如何通过好的创意和内容去驱动用户增长。

第 11 章

创意驱动用户增长的原动力

我们在之前的章节中主要讲解了如何通过产品和渠道驱动用户增长，接下来本章将讲解如何通过好的创意和内容驱动用户增长。

11.1 创意驱动用户增长的三大原动力

这里所说的创意和内容主要包含产品端内和端外的创意形式，比如运营活动、促销、海报、事件、视频、H5、文章、线下活动等。随着流量红利的消失，用户的获取越来越难，成本也越来越高。这个时候有影响力和传播力的创意和内容就变得十分重要了。

（1）好的创意和内容能让用户愿意分享、传播，从而扩大用户获取的漏斗口。

（2）好的创意能够触发用户的使用和购买行为，带来用户和变现。

（3）好的创意能够增加用户对产品的好感度和美誉度，让用户愿意推荐。

（4）好的创意能够提升用户的忠诚度，从而增加留存。

总之，好的创意和内容能够有效驱动用户增长。

那么到底是什么样的创意和内容才能影响到用户，触发用户使用、购买、传播和分享呢？

为什么用户愿意去分享传播？用户为什么会喜欢一篇文章、一组海报或者一段视频？

我们通常是今天看到这个 H5 刷屏了，学习一下；明天看到那个运营活动带来了用户的裂变增长，再学习一下。但是学来学去仍然没有做出好的内容和创意，也没能带来用户的增长。

我们之所以学不会，是因为我们只看到了表象，而没有看到这里面最根本的、不变的东西。

周易里面有三易：变易、不易、简易。

（1）变易：也就是万事万物都是在不断变化的，没有一样东西是不变的。据说，人每隔七年身体的细胞就会全部更换一遍，也就是现在的你与七年前的你其实不是一个人了。

（2）简易：世间万物虽然不断变化，很复杂，但是这些复杂变化的背后却是一些简单的道理，我们懂了以后就会觉得它其实很简单了。

（3）不易：虽然万事万物都在变化，但在这变化之中又有一些亘古不变的东西，比如一些规律、一些真理和原理。我们常说的"万变不离其宗""以不变应万变"就是这个道理。

我们要做的就是从不间断的变化中找到这些简单的、不变的原理。

所以，本章我们将主要讲解这些有影响力、有用户增长力的内容和创意背后不变的原理到底是什么。这背后最根本的东西，我们将其称为好创意驱动用户增长的原动力。

总体来看，创意要改变用户行为（关注、传播、分享等），驱动用户增长，主要会受到如下三大原动力的影响。

- 动物本能。
- 社交驱动。
- 情感刺激。

三大原动力图示如下。

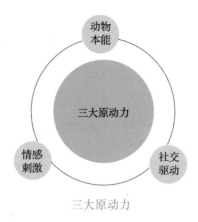

三大原动力

这三种原动力主要是从动物的人、社会的人、情感的人三个维度去定义的。

第一种力量是来自于人类作为动物最原始、本能的力量。

第二种力量是来自于社会环境。

第三种是来自于对人类情感的刺激。

动物本能、社交驱动及情感刺激三者相互作用。用户的行为是由三者中的一种或者多种力量刺激而产生的。

11.2　动物本能

人是由动物进化而来，因此人身上具有动物的本能属性，而生存是动物最基本的本能。

人类在远古时代，环境和生存条件都极其恶劣，面对洪水猛兽泛滥、物资匮乏的局面，每个人都会为了生存而开始自私利己，他们必须趋利避害，经过漫长地进化，人类基因中继承了自私利己的基因。

现在社会"利己"依然在影响着人类的行为。尤其是在创意中，如果对"利己"运用得好，就能为我们带来意想不到的效果，带来用户增长。

亚当·斯密认为，所有经济活动的出发点都是人的自利性和自身的需求。

营销中的"利"主要是指要为用户提供利益、收益、好处、价值等。我们的创意和内容要为用户提供创造利己的机会，让他们"有利可图"。

"利己"不是简单的价格便宜，"利己"的核心是要让用户觉得自己占了便宜或者不这样做就会造成很大的损失。下面我们就来看看几种巧妙利用"利己"的方法。

11.2.1 锚定原理：触发用户"贪"的心理

锚定是一个心理学和经济学的概念，指人们对某事某人某物做判断的时候，会将某些特定的信息和物品作为参照对象进行对比，而这个特定的物体就是"锚"，也就是做判断的标准和依据。

我们在进行创意和营销的时候，可以通过设置"锚"来达到用户增长的目的。

锚定原理应用得比较多的是价格锚定。锚定价格就是用户在判断商品价值时候的起点价格。简答地说就是，消费者会为自己寻找一个价格标杆，也就是一个可对比的价格，通过对比做出判断，避免自己受到"伤害"，保证自己能占到便宜，这个时候"利己"的作用就产生了。

比如，我们在做很多促销活动的时候，原价 239 元，3.7 折，现在 88 元，一定要将原价标出来，再划掉（如下图所示），这样做的目的就是通过与原价的对比，触发用户占便宜的心理，从而带动销售。

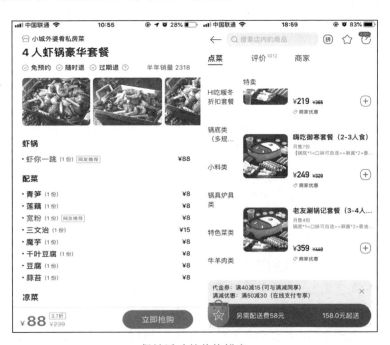

促销活动的价格锚定

阿里巴巴推出的 88 会员活动，其实也是运用了价格锚定的原理，用户只需要 88 元钱就可以获得天猫、饿了么、优酷、虾米、淘票票等产品的权益（如下图所示），而单独购买这些会员，则需要 626 元，626 元就是一个锚定价格，而且这个会员对于淘气值低于 1000 的用户，要 888 元才能购买，888 元又是一个锚定价格。

阿里推出的 88 会员的创意对用户增长有如下几个好处。

（1）提升复购率：根据规则，88 会员必须是淘气值攒到 1000 分才有资格购买，淘宝只有 25% 的用户有这样资格，有资格的用户一通过锚定价格对比，就会发现 88 元太优惠了，赶紧购买。其他没有资格的用户为了购买会员就会增加在淘宝上的下单频次，从而提高用户的复购率和流水量。

（2）提升留存率：会员对很多商品都可以享受 95 折的权益，当用户成为 88 会员之后，在购物的时候，比如，京东上也有卖的，但一想到自己是淘宝会员，而且还是 95 折，就会先想到在淘宝上购买，从而增加了淘宝的留存率，将用户牢牢地留在了自己的产品上。

（3）会员整合与打通：对整个阿里来说，88 会员还可以打通天猫、饿了么、优酷、虾米、淘票票等产品的用户，实现用户共享。

88 会员"透明"账单

除了价格锚定之外，还有形象锚定，比如，例如 Coach 在很多城市都喜欢紧挨着 LV 开店，就是想通过 LV 的形象来锚定自己的形象，塑造其在消费者心中的高端形象，带动高端用户的消费。

最后再整体归纳下，锚定效应简单地说就是要找到一个参照物，通过这个参照物的对比，来触发用户的行为。

11.2.2 损失厌恶：失去比得到更痛苦

损失厌恶是由诺贝尔经济学奖获得者卡尼曼和特沃斯基提出的。

损失厌恶是指人们面对同样数量的收益和损失时，会认为损失更加令他们难以忍受。也就是说，我们失去某样东西的痛苦程度会远远高于我们得到这样东西的开心程度，人们对损失更加敏感。行为经济学家还计算出了一个准确的数值，同量的损失带来的负效用是同量的收益带来的正效用的2.5 倍。

在营销和运营活动中，常常会用到如下一些"损失厌恶"效应的方法以带来用户增长。

1. 买多送多

我们在做活动时经常会做一些促销，八折、五折，等等，当然也会起到一些效果，毕竟用户都喜欢便宜。但如果每家都采取这样的促销手段，那么活动做久了用户也会产生免疫了。这时我们就需要换一种促销的玩法。

笔者在百度外卖工作的时候，我们联合商家"旺顺阁鱼头泡饼"做了一次"吃多少送多少"的活动，效果非常好，就是利用了损失厌恶的原理。

我们当时是这样做的：用户第一次购买没有折扣，但可以领到相应的返券，比如，你吃了 200 元，就送你一个 200 元的券，但这个 200 元只有下次才能使用，但并不是可以全部都用完，比如你下次购满 150 元时可以抵用 50 元，购满 300 元时可以抵用 100 元，你要将 200 全部花掉，需要购满600 元，实际上我们是将折扣的优惠换了一种玩法。这样的一个策略有什么好处呢？

（1）减少平台成本：因为旺顺阁鱼头泡饼客单价比较高，最便宜的也要将近 200 元，如果由商家和平台来补贴，补贴太低达不到好的效果，如果补贴太高，例如做到五折或者更低，那么补贴费用会非常高，商家和平台都难以承受。

（2）触发用户购买：近 200 元的客单价，对于平时每顿消费只有几十元钱的外卖用户来说，价格的确比较高。在没办法做到五折或者更低折扣的情况下。通过吃多少送多少，唤起了用户损失厌恶的心理，用户一看送 200 元代金券，觉得这么大额的现金券如果不"贪"那损失就太大了，于是就不由自主地下单了。

（3）提升二次复购率和客单价：用户领到 200 元的代金券之后，总觉得不花更浪费，损失更大，为了不浪费，用户又会产生第二次购买。看上去用户领取了一个 200 元的代金券，但是商家和平台实际上只补贴了 30%，也就是只做到了 7 折，但如果我们直接为用户打 7 折，他们的感知就不如获得200 元的券好。这就是损失厌恶中提到的，得到的开心程度要低于失去的痛苦程度，更何况如果 7 折优惠，用户只少几十块钱，而要付出 200 元。但是如果变成送 200 元，用户不买，就是变相地损失 200 元。这个痛苦程度可想而知。

当时我们有很多同事，为了将这 200 元代金券花掉，还号召身边的同事一起定购鱼头泡饼，都说我这边有 200 元代金券，要不一起定个鱼头泡饼吧，再不用明天就过期，太可惜了。这实际上就是"损失厌恶"的心理起作用了。

为了将 200 元代金券花掉，必须要买够 600 元。这样不仅提高了二次复购，又提高了商户的客单价，可谓一举两得。

2.低价超值

"低价超值"就是用户只需要付出很低的价格就能得到超出预期的价值，因为价值高，所以用户会舍不得"扔掉"，利用好用户的这种规避损失的心理可以带动用户的持续消费。

井格火锅就曾经做过一个为用户提供超过预期价值的活动。

夏季一般都是火锅的淡季，当时井格火锅为了提升自己产品在夏季的销量，发起了一个"38 元畅饮节"的活动。用户只需要花 38 元就可以获得 400 瓶饮品（300 瓶啤酒＋100 瓶酸梅汁，如下图所示），如果以一瓶饮料 5 元钱计算，那么 400 瓶相当于 2000 元钱，38 元得到了价值 2000 元的东西，大多数人都愿意参加。

井格火锅"38 元畅饮节"海报

当用户通过 38 元获得 400 瓶饮品之后，因为规避损失的心理，这次消费完后，下次再吃火锅或者朋友聚餐时，为了不浪费，就会出现去井格火锅吃的心理暗示，井格火锅通过这个活动增加了用户的到店率。

而这次活动仅通过自身的官方微信公众号和线下单页、店内物料进行宣传，只花了几千元的营销费用，就撬动了 600 万的营业额。

大家可能会觉得虽然营销费用很低，但是井格饮品费用投入这么大，会不会亏本？

这里就来为大家算一笔账，一般来说每桌消耗的啤酒数量平均不到 10 瓶，实际成本只有几十元钱，而每桌平均客单价至少几百元。通过几十元钱撬动的是消费者源源不断地来消费。这比直接为消费者打 8 折更博眼球，更吸引用户，最终效果也会好很多。而且这次活动井格还和雪花啤酒达成战略合作，通过异业合作，让雪花啤酒平摊了部分成本。

3. 限定范围

限定范围可以是限定时间、限定数量、限定物品等，主要是给用户一个心理暗示，千万别错过，让用户感觉如果错过了就会吃亏，这也是利用了用户规避损失的心理。

每年淘宝的双 11 实际上就是利用了"限时折扣"的策略，营造了一种错过了又要等一年的营销氛围。更厉害的是，淘宝还要求让消费者提前加入购物车，甚至预付定金，然后到双 11 这一天再支付尾款，如果到时候不付尾款，则定金不退。

这样就更能触发消费者的购买欲了，消费者会觉得"我都已经放入购物车了，算下来可以省 ×× 元，而且还预交了定金，如果不买的话就太亏了，太可惜了"，这样规避"损失"的心理就出现了。再加上各个商家的各种满多少减多少的抵用券，更是将消费者的"贪婪"心理进一步推向了高峰。

除了限时折扣之外，还有一种情况是"限量"销售。我们经常会看到很多商家的"饥饿营销"，虽然套路很俗，但却很有效果。实际上也是通过营造"稀缺感"来刺激消费者"规避损失"的心理，让消费者害怕抢不到商品而迅速下单。

4. 价格递增

通过价格递增来营造紧迫感，让用户产生再不买价格会越来越高，损失会越来越大的"损失厌恶"心理。

比如，今年刷频的新世相营销课，除了二级分销的模式之外（实际上分销模式也是一种贪婪和利己的行为），最重要的就是运用了"损失厌恶"的原则。

新世相营销课采取了这样一种营销策略：原价 199 元的课程，现在只要 9.9 元，但是价格会随着购买人数的增加而上涨，每超过一万人购买就上涨 5 元。而且用户可以看到实时涨价，刚看到还是 9.9 元，再点进去就涨到了 19.9 元，为了刺激用户"厌恶损失"的心理，新世相的报名人数还一直在滚动更新（如下图所示）。

新世相营销课

新世相营销课正是通过价格递增的"损失厌恶"效应，让用户不知不觉地跳进了这个原本设计好的"圈套"。短短几个小时，超过10万用户参与，朋友圈曝光过千万，公众号增加粉丝100万多。

11.2.3 彩票效应：迷恋小概率

相信很多人都买过彩票，据统计，我国的彩民人数超过3亿，但实际中头奖的概率仅为1.75亿分之一。为什么中奖率如此低的事情，还有那么多人乐此不疲呢？

这其实就是"利己、贪婪"的人性和心理在作祟。很多人会有"才付出2元钱的成本，万一中了就是几百万"的想法。我们将这种现象称为"彩票效应"，心理学上称为"迷恋小概率事件"。

笔者在负责百度团购市场的时候，我们就做了一个"一元钱环游全世界"梦想团的活动，就是利用了用户"迷恋小概率事件"的心理。

用户只需要付出1元钱的小成本，就有可能获得一张环游全世界的机票。当时我们的目的是想通过这个活动进行拉新和绑定百度支付，在短时间内参与和绑卡的人数大大超过我们的预期，效果好过我们平时做的很多抽奖活动。

　　而实际上我们这个活动几乎没有花钱，因为我们与星空联盟达成了一个合作项目，获得了几张"环球套票"，我们基本上是以 0 成本的方式带来了几十万的绑卡用户。

　　支付宝在 2018 年 9 月推出的抽锦鲤活动，王思聪为了庆祝 iG 夺冠推出的抽 113 万（如下图所示），华帝电器的"法国队夺冠，华帝退全款"等营销活动都是利用了"迷恋小概率事件"的心理效应。

王思聪抽奖微博界面

　　不过，我们在策划"小概率事件"时还需要注意一些事项才有可能带来用户增长，具体见下文。

1. 无风险与大收益

　　无风险与大收益是指我们一定要让用户感知到没有风险，愿意付出。我们之前讲过"规避损失"的原则，一旦用户觉得会造成损失，用户的参与性就会减少，用户会放弃"赌一把"的心理转而"规避风险"。

　　比如，我们之前的"一元钱环游全世界"的活动，只要 1 元钱的付出，这对用户来说基本上是没风险的，如果我们将费用提高到 10 元钱甚至 50 元钱，那么用户会觉得我花了 50 元钱，这是一笔不小的数目，但收益却是不确定的，所以用户参与的意愿就会大大下降。

还有就是提供给用户的收益一定要大到足以让用户感到惊喜，从而刺激用户积极参与，比如百度团购的"一元钱环游全世界"，王思聪的"113 个人瓜分 113 万"，支付宝的"锦鲤大礼包"都是很大的收益。如果用户收益不是足够大，用户参与的积极性就会低很多，更不会形成口碑和自传播。

2. 大概率与控制感

"迷恋小概率事件"是利用了用户的"赌徒"心理，但毕竟中奖的概率很小，而且具有随机性，用户不可掌控，因此，虽然用户付出很小，但还是会有很大一部分用户因觉得中奖概率低而不会参与。

我们可以通过"小概率"+"大概率"+"控制感"的组合（如下图所示），让更多的用户参与进来，以达到更好的效果。

"小概率"+"大概率"+"控制感"组合

（1）小概率：比如我们在做一个活动时，可以通过"超级大奖"来引发"迷恋小概率事件"，比如之前提到的价值百万的"支付宝锦鲤"、"一元钱环游全世界"、"113 人瓜分 113 万"。

（2）大概率：在小概率的基础上再设置一些"大概率事件"，比如，只要购买就能享受 8 折优惠，或者获得红包，等等，目的就是要让大多数人都得到利益，从而触发更多的人参与活动。

（3）控制感："小概率事件"最好能让用户产生控制感，所谓控制感就是用户相信通过自己的行为能够影响事件的进行从而获得期望的结果。比如之前笔者提到的"一元钱环游全世界"活动，除了支付 1 元钱可以抽奖之外，只要在我们平台上每多下一单，中奖概率就会增加，分享出去还会再增加一次抽奖机会。这些都会让用户产生"我采取行动，我就离大奖更靠近一步"的控制感。

3. 成本与效果

毕竟大多数公司没办法与阿里或者百度相比，为了一个大奖去投入高额的成本，就算有资本投入，我们也要想想怎样才能少花钱或者不花钱。比如笔者之前策划的"一元钱环游全世界"的活动是与航空公司合作的，一分钱没有花。支付宝价值一百万的"支付宝锦鲤"实际上是众多商家共同支出的资源或者产品，也没花钱。

因此，我们不能光看效果，不计成本的投入，尤其是很多创业型的小公司，而是应该想办法如何通过小成本撬动大的效果与收益。

4. 公平与真诚

"迷恋小概率事件"因为是让用户通过小概率获取大收益，因此用户对最终的收益抱有极大的期待和向往。我们在做活动的时候必须保证公正和真诚，比如抽奖的流程与机制，奖品的真实性，等等。而且要让用户可以体验到活动的公平性才会增加用户的参与度，切不要为了制造噱头而采用假的奖品和收益，或者奖品内定，等等。

用户都不是傻瓜，欺骗用户，不公平、不诚实的行为不仅不会产生好的效果，而且还可能会带来负面效应和公关危机。

11.3 社交驱动

人类除了是作为动物的人之外，我们还是社会的人。

亚里士多德就曾说过："人是天生的社会性动物"。从原始社会开始，个人很难单独活下来，为了生存和繁衍，共同抵御外在的危险，人类的祖先三三两两地聚集在一起，到后来部落的形成，国家的出现，一直到现在的文明社会，人一出生就受到了家庭、学校、社会文化、规范和环境的影响。

因此，人一直都不是单独存在的个体，每个人身上都烙上了"社会"的印记。人类一些共同的东西深深地嵌入了人类的身体和基因中，影响着人类的思想和行为。因而，人的商业行为，比如传播、分享等都会受到社会的影响，人类成了一种社交驱动的动物。人创造信息，分享传播信息，在很大程度上是为了与他人进行交流，获得认可和心理的满足。

我们一起来看看几种影响人类行为的社会驱动因素：阿希效应、利他行为、标榜自我、寻找归属、炫耀心理。不过需要说明的是大多数的行为并非单一因素在起作用，而是数种因素共同作用的结果。社交驱动的五大因素如下图所示。

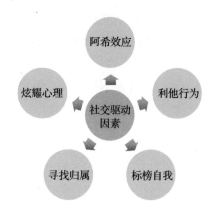

社交驱动五大因素

11.3.1 阿希效应：通过从众带动用户增长

首先，我们看看下图所示的这个图形，大家觉得左边的 X 竖线与右边的 A、B、C 哪条线的长度是一样的？

估计 100% 的人几乎都能做出正确的选择，X 和 A 两条线的长度是一样的。

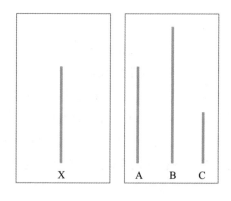

两组对比线段

但真是这样的吗？同样是这三条线，著名的心理学家阿希做了这样一个实验，结果却出乎很多人的意料之外。

他将实验者分成很多个测试组，而且每 7 个人为一组，其中 6 个人是他自己安排的，也就是我们所说的"托儿"，每个测试组中只有 1 个是真实的被测试者。前三次试验，他让 6 个他安排的实验者做出正确的选择，这个真的被测试者也都做出了正确的选择。从第四次开始他让 6 个被安排者故意说错，并且将真的测试者放在最后一个测试。同样的实验他做了很多次，最后结果如下。

在没有干扰的情况下，正确率达到了 99%。当有其他 6 个"托儿"故意说错的情况下，正确率只有 25%～30%。也就是说，有 70%～75% 的人会受到影响。这个著名的实验就是阿希实验。

也就是说，我们作为社会中的人，当我们处在个人价值与社会价值取向的冲突之中时，个体特别容易受到群体的影响，改变自己的观点、判断和行为，以保持与群体的一致性，我们将这种行为称为阿希效应，也称从众心理。

艾略特·阿伦森的《社会性动物》一书中就曾提到过这样一个例子：一个人在大街上因为某个原因开始奔跑，可能是为了回家，也可能是为了赶上前面那趟公交车，然后第二个开始跑起来，第三个也跟着跑起来……结果整个城市都跑起来了。

在我们的日常生活中，也经常会遇到这样的从众现象，比如，到了一个陌生的地方，不知道去哪家饭店吃饭的时候，一般会选择店内人多的，因为人多说明味道好。淘宝上为什么会有这么多刷单行为？也是利用了用户的从众效应，这就是从众的力量。

要产生从众效应最重要的就是要营造从众氛围。

我们的创意和内容主要可以通过如下两种形式来营造从众氛围。

（1）利用群体影响力营造从众氛围：当群体规模大，人数多的时候，个体更容易因受到压力而从众。也就是在营销中要营造一种人气感，这种人气感既可以是强大的数字，众多的人，也可以是与竞品对比，目的就是营造庞大群体带来的压力感。

（2）利用权威影响力营造从众氛围：当用户对一件事情犹豫不决的时候，权威更容易影响用户的决定。这里的权威可以是个人，也可以是机构，或者是一些影响力较大的，容易让大家产生信任的符号或者事物等。

为了便于大家更好地理解从众心理，下面我们通过几个具体的案例来分析这两种形式的从众。

1. 利用群体影响力营造从众

1）滴滴："四个小伙伴，三个用滴滴"

滴滴当年与 Uber、快的网约车进行市场份额抢夺战的时候，做了一个很有意思的创意活动，叫"四个小伙伴，三个用滴滴"（如下图所示）。这个活动想要营造和传递的信息就是，目前滴滴用户份额第一，大多数人都在用滴滴了，潜在的意思就是，没有用的赶紧用，要不你就"不合众"了。其实就是运用了用户的从众心理。

"四个小伙伴，三个用滴滴"

此外，滴滴还引发了其他一些品牌的自传播（如下图所示），让传播和从众的氛围扩大化，滴滴通过与几个品牌的联合，带动了更多其他品牌的参与，进一步强化了份额第一的诉求。

其他品牌自传播海报

2）其他案例

（1）近年比较火的喜茶，线上大家的谈论，线下门店长到需要保安专门维护秩序的排队队伍。

（2）加多宝的"中国每卖 10 罐凉茶 7 罐是加多宝"。

（3）香飘飘奶茶的广告"一年卖出七亿多杯，杯子连起来可绕地球十圈"。

（4）全中国人都在看的 XX 视频。

2. 利用权威影响力营造从众

1）百度外卖：名人影响力

笔者在百度外卖做内容营销的时候，也经常会运营到用户的从众心理，而且我们发现运用了从众心理之后，我们文章的阅读数量通常都会有很大的提高。下图所示的是我们当时的一些文章，阅读数明显高于其他文章。

"一碗十元钱的馄饨，胡歌鹿晗都为它排队。"

"窦唯离不开的小面馆，没有菜单只有面。"

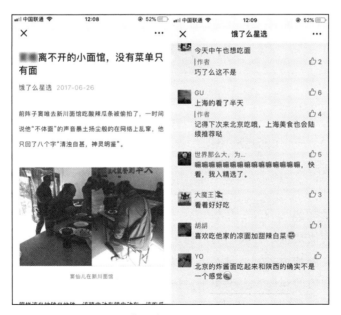

文章内容及用户评论

这实际上是运用了名人的影响力来引发用户的从众行为，大家会觉得连明星都去，这到底是一家什么样的餐厅，我也想去试试看。

2）其他案例

比如我们经常会看到很多这样的内容，"爸爸妈妈的首选"、"XX 的最爱"、"××机构推荐"等，也是利用了权威的影响力。

11.3.2 利他行为：通过利他心理触发用户分享

利他其实是一种亲社会的行为，利他的本质是利己。通过为他人提供有利的东西来获取自我心理的满足和外界的反馈。

利他行为能够引发更大的传播和裂变，其核心在于要让用户知道分享后能为其他用户带来什么好处。也就是我们要创造利他的条件，带给用户一种"利他感"，实现利他唤醒。

我们可以通过如下两个方面（如下图所示）去唤醒用户的利他心理，触发用户的分享动机。

（1）知识性利他：带给别人有用且有价值的知识或者解决方案。

（2）利益性利他：带给别人利益。

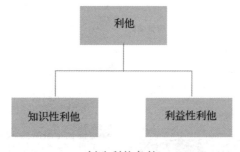

创造利他条件

1. 知识性利他

知识性利他是指结合我们的产品，为用户提供有价值的知识和信息。翻一翻我们的朋友圈和很多阅读量在十万以上的文章，我们可以发现，很多文章都是在利用"知识性利他"去引导用户传播。下图是笔者随便找到朋友圈好友经常分享的一些文章和网上阅读量在十万以上的一些文章，列举如下。

- 为什么我们越睡越晚？
- 北京最美的 33 个景点（值得收藏）。
- 一年中何时买车最便宜？听听专家怎么扯？

- 不懂买保险就是浪费钱，买保险必看的文章。

- ……

以上这些文章要么是为我们提供有用的信息，要么是告诉一个我们不知道的道理或知识。用户看到这样的内容往往都会忍住不点进去想看，并分享给更多的人。

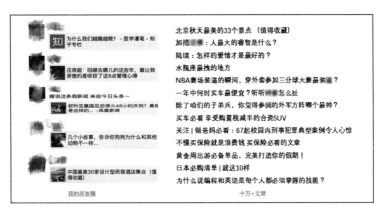

知识性利他文章

笔者在负责百度糯米的时候，就利用了知识性利他去做活动，取得了非常好的效果。

我们当时策划了一个 517 吃货节，核心创意是通过"吃货级"有用的美食信息，引发爱好美食的人们进行自传播。

我们挑选了百度糯米最核心的 5 个城市，然后与美食达人一起将每个城市最地道、口味最好、口碑最佳的美食筛选出来，做了一个地道美食大攻略，比如卤煮、老妈蹄花、肉夹馍、螺蛳粉、生煎馒头、钵钵鸡等，然后对这些美食进行包装，列举如下。

- 北京最好吃的卤煮是什么？
- 成都排名前十的老妈蹄花。
- 西安不能错过的肉夹馍。
- ……

然后，我们所有的传播都围绕"吃货级"美食展开，包括微博、微信的线上投放，请华少通过报菜名的方式将各种地道美食报出来的视频创意，文章内容传播（如下图所示）等，然后再配合上促销活动。

三天时间，该活动为平台带来了将近一个亿的销售流水，与竞品的相对市场份额提升了 5 个点，日均新客增长近 300%，微信文章的点击转化率高达 23%。

> 骨灰级吃货吐血推荐：深圳猪肚鸡十佳，作为深圳人别说你没吃过.docx
> 广东之魂！深圳最心水十家砂锅粥诚意推荐.docx
> 火锅界的刘德华！京城 10 家经典川味火锅推荐.docx
> 面馆中的爱马仕——最奢侈的南京面馆搜集.docx
> 无肉不欢！济南人最爱的特色烧烤店.docx
> 西安的"美食名片"——十家私藏不露的肉夹馍小店.docx
> 以肠为王——广州人心中最完美喝肠粉地图.docx
> 在上海吃出乡愁——十家会做地道剁椒鱼头的饭馆推荐.docx
> 在这里邂逅清凉美女——沪上美味小龙虾地图.docx

百度糯米 517 吃货节部分美食文章

2. 利益性利他

利益性利他比较好理解，就是通过一些利益去吸引用户，他们在愿意参与的同时，也愿意去分享给别人，不仅自利还利他。

利益性利他主要是指一些金钱优惠、折扣、促销等实际的利益，比如，最初的滴滴红包，以及现在的外卖红包，很多人都愿意分享到朋友圈或者微信群。

如果在这些可以利他的利益中再设计一些机制，则更容易让用户分享和传播，以实现用户的裂变。比如，如果我们在让用户分享的同时，自己也可以获得额外的利益，那么用户会更愿意分享。多人拼团就是这样一种模式，多个人一起购买价格会更便宜，混沌大学在卖课程的时候就使用了这样的模式（如右图所示）。笔者当时在购买混沌大学课程的时候，就主动分享给了好几个同事。

11.3.3　标榜自我：为用户提供展示自我的载体

标榜自我简单地说就是为自己打标签，人为什么需要为自己打标签？

因为社会中的人有两个我（如下图所示），一个是

混沌大学三人组团

本来的我或者可以说是现实自我，一个是社会自我。社会自我就是，我们作为

社会人，希望别人，希望这个社会看到的那个我。

现实自我与社会自我

这种自我表现的人性从古至今都没有发生改变，古人的借物抒情，就是一种标榜自我。"梅兰竹菊"被称为花中四君子，古人都喜欢通过"梅兰竹菊"来吟诗作画，也就是想对外标榜：看，我就是这样有高洁品质的人。

在现代社会，这种标榜自我的本能得到了更多的展现机会，由吟诗作画变成了发抖音、朋友圈、微博等。我们通过朋友圈、微博、抖音等分享的内容，也是为了标榜自我，与古人通过"梅兰竹菊"来吟诗作画并无二致。

用户传播、分享的内容和创意都是他们表现自我的一种方式，用户通过分享一张图片、一篇文章、一段视频、一个 H5 创意等告诉别人："我是这样的人"。

因此，要想让用户愿意分享并传播我们的创意和内容，就要为他们提供展示自我，标榜自我的机会，比如，我们的内容应该让用户可以展现自己的努力、用心、品位、爱心、专业、责任等好的方面（如下图所示）。

标榜自我的标签要素

例如，腾讯公司推出过一个 H5，用户可以通过这个 H5 实现"一元购画"助力自闭症患者。H5 上线几分钟，就在朋友圈刷屏，5 小时募集到 1500 万，半天时间微博已有 2 亿阅读量（如下图所示）。

"一元购画" H5 朋友圈刷屏

这个 H5 之所以能在短时间内形成这么大的传播和影响力，最重要的就是为用户提供了标榜自我的机会。用户通过传播 H5 可以展示自己的爱心，向外界传递自己关注这部分特殊群体，并捐献了钱。除了展示爱心之外，因为这些孩子的画都非常具有艺术感（如下图所示），用户可以通过选择和展示不同的画来显示自己不同的艺术品位。

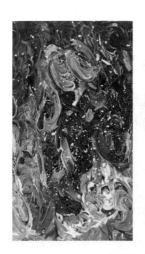 

小朋友们的画

科比退役的时候，关于科比的一篇文章《你看过凌晨四点洛杉矶的样子吗？》

在朋友圈刷屏，许多可能连科比一场球赛都没看过的人也在转发科比退役的消息。除了从众效应的因素之外，最重要的一点就是大家都想向别人展示我也想成为科比那样的人，我也是一个努力向上的人。

大家可以再研究下近年几个在朋友圈刷屏的 H5 案例：网易云音乐的"你的使用说明书"、"荣格心理测试"，Kindle 的"每个人都是一本奇书，你是哪一本？"，知乎的"平行世界的你，会活成怎样？"这些案例无不都是利用了标榜自我的心理来引发用户的自传播和裂变的。

所以，以上所列举的用户分享行为，其本质上都是一次社交行为，是用户希望通过这种行为塑造自我有爱心、有艺术品位、积极上进等个人形象。

11.3.4　寻找归属：通过归属感让用户与群体发生关系

人既是社会的人，更是某个群体的人，比如，我们都是四川人，是老乡。我们都毕业于清华大学，是校友。我们都来自互联网公司，是同行，等等。

人会不自觉地将自己归入到某个群体之中，从而对该群体产生归属感和认同感，因此也希望自己能与该群体发生关系，从而让该群体接纳与认可自己。

这里的群体主要包含如下几个方面。

（1）地域：是哪个地方的人或者生活在哪里，比如四川，还是重庆。

（2）领域：互联网圈、广告群、餐饮圈等。

（3）职业：学生、老师、程序员、产品经理等。

我们在策划内容和创意的时候，可以向"归属"方面去思考，比如，上面提到的地域、领域、职业等，这些内容很容易让用户找到归属感，从而产生传播和分享。

比如，笔者当时在策划"百度糯米的双 12 火锅节"时，发起的"四川火锅与重庆火锅到底谁最正宗"的话题（如下图所示），就是为了通过地域的"归属感"，引发川渝火锅的争论，从而达到扩大传播的效果和影响力的目的，最后用户和订单都获得了不错的增长。

成渝火锅海报

11.3.5 炫耀心理：为用户提供"炫"的机会

炫耀心理与标榜自己类似，都是向别人展示自己，但炫耀心理与标榜自我的不同之处在于，炫是向别人展示优越感，展示别人所没有的，或者强过别人的地方。炫耀心理可以简单地归纳成八个字"人无我有，人有我优"。

用户通过炫耀一是可以获得心理的满足，二是希望得到别人的认可，这也是一种社交驱动的行为。

炫耀心理一般分为两种，物质性炫耀和精神性炫耀，如下图所示。

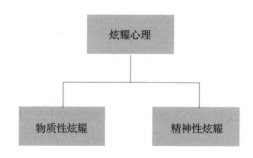

炫耀心理分类

1. 物质性炫耀

物质性炫耀主要为了彰显财富，比如资产、高工资、贵重的物品等。

我们在朋友圈经常可以看到很多人炫豪车、LV 包、爱马仕、iPhone 新产品等，这些就是一种物质性炫耀。支付宝每年年底都会推出一次晒支付宝账单的活动，几乎每次都会在朋友圈刷屏，就是利用了用户通过晒账单炫耀自我的心理，激发了大家的分享行为。

支付宝将各种购物、生活缴费、手机充值，甚至转账等都算在年度账单里，目的就是让数字看起来更多（如下图所示），所以很多人看到这么大的数字都不相信自己一年花了这么多钱。不过不管真假，用户看到这样的数字都忍不住去朋友圈炫耀一番。

2016 年、2017 年支付宝年度账单页面

支付宝不仅在总账单页面通过高额的账单数据诱发用户分享和传播，支付宝在账单的详情分析中也预埋了"炫耀因子"，比如花钱最多的一次网购，花钱最多的一顿饭等，如下图所示。

2018 年年底支付宝还因为没有及时推出支付宝账单而上了热搜（如下图所示），可见用户多么希望能有这种可以炫耀的机会。

支付宝因没有年账单而上热搜

2.精神性炫耀

精神财富主要是指精神上拥有优越感，主要涉及荣誉、身份、地位、能力等，比如名次、名校、名企、技术、成绩等。

百度糯米当时为了推广机票和酒店，推出了一个"晒机票"的 H5，在 0 传播成本的情况下，72 小时 480W+PV、177W+UV。

这个 H5 就是利用了用户喜欢在朋友圈"炫晒秀"的心理，机票上选取都是一些可以让用户在朋友圈"炫"的地点，比如南极等。

机票生成页面

11.4　情感刺激

电影《附属美丽》中，威尔·史密斯扮演的广告人曾经说过，一个好的广告是通过"Time、Love and Death"（时间、情感和死亡）去连接我们的产品。哲学家罗素有段名言也说："三种单纯然而极其强烈的激情支配着我的一生。那就是对于爱情的渴望，对于知识的追求，以及对于人类苦难痛彻肺腑的怜悯。"

情感对我们的产品来说非常重要，其会影响用户的消费决策，在品牌和传播上形成"情感感染力"，让用户在情感中不自觉地谈论、分享、传播和购买我们的产品和服务。

这里要说的情感，是一种大概念，是更宽泛意义上的情感，主要包含了如下三种情况。

（1）情绪：也就是我们常说的喜、怒、哀、乐、厌恶、恐惧，等等。

（2）情感：在这部分内容里主要是指亲情、友情、爱情等。

（3）情怀：也就是我们通常所说的"精神"，是一种更高层次的情感，比如梦想、理想、责任、善良、独立，等等。情怀更多的是与人的价值观和信仰等有关。

情感模型图示如下。

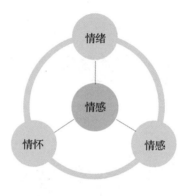

情感模型

11.4.1　情绪：通过喜怒哀乐激发用户增长行为

人是一种情绪化的物种，喜怒哀乐是我们生活的日常，我们既会金刚怒目、义愤填膺，也会怦然心动、眉开眼笑，情绪影响着我们的工作和生活中的各种行为，当然也影响着我们的消费行为。

因此，如果在营销和广告中对"情绪"运用得好，就能调动用户为我们的产品服务，去购买和传播我们的产品。

要利用"情绪"去影响用户，我们必须先了解人具有哪些情绪？这些不同的情绪是如何对用户的行为产生作用的？

说到情绪，我们常常想到的就是喜怒哀乐等。著名的心理学家罗伯特·普拉切克（Robert Plutchik）提出了"情绪轮盘模型"（如下图所示），他认为人有 8 种基本的情绪：快乐、信任、恐惧、惊讶、悲伤、厌恶、生气、期待。

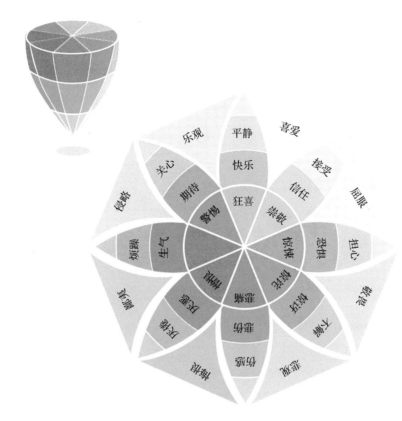

普拉切克情绪轮盘

这 8 种基本情绪又有强弱的不同，比如，快乐强度弱一点则是平静，强一点则是狂喜。轮盘上两两相对的是互相对立的情绪，比如快乐对悲伤、厌恶对信任等。而其他情绪则是由相邻的两种基本情绪组合而来，如快乐 + 信任 = 喜爱。

虽然这些情绪都能影响人的行为，但它们的作用是不一样的。我们在营销和传播中，需要利用情绪的感染力去影响用户行为，因而我们需要找到最能触发用户行为的情绪，让他们购买并传播我们的产品。

罗素通过愉快度和唤醒强度两个维度，将情绪分成了不同的类型，如下图所示。越靠近横坐标上方对用户的唤醒度就越高，越往下则唤醒度越低。而越往右情绪的愉悦度就越高，越往左则愉悦度越低。

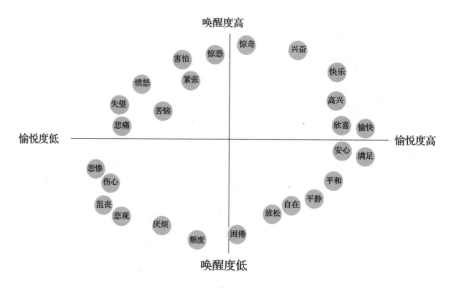

情绪分类环状模式

要想用户评论、转发、购买、传播我们的产品，就要通过情绪去唤醒用户。

通过上图我们可以看到，不同的情绪唤醒度是不同的，唤醒度越高的情绪越会唤起我们的生理反应，比如，让我们心跳加快、面红耳赤，也能更容易触发用户行为。而唤醒度低的情绪，则会让我们生理放松、血压下降、心跳放慢，不仅不能触发行为，反而会抑制行为。比如，放松、困倦、颓废的时候是很难有心情和精力去做其他事情的。

因此，我们在做创意的时候，要多利用唤醒度高的情绪，这些情绪更容易触发用户的评论、转发、购买、推荐行为。

接下来，我们重点分析下如何利用几种唤醒度较高的情绪去触发用户的行为。

1. 快乐

"快乐"作为一种唤醒度高的情绪，会经常运用到我们的营销和传播中。微信的一份用户研究报告中就提了促使用户原意分享微信的三要素是：价值、趣味、感动。

其中，趣味就与"快乐"的情绪有关。我们可以通过三个方面（如下图所示）在营销中去引发用户的"快乐"情绪。

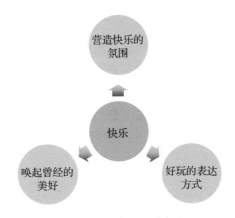

引爆快乐情绪的三种方法

1）营造快乐的氛围

营造快乐氛围能够降低用户的卷入度，在这样的氛围和情绪下，减少用户的思考时间，让用户快速做出决策，使用和购买我们的产品。

我们通常可以通过视频、海报、文章、活动等方式来营造快乐的氛围，但不同的方式具体采用的形式也会有所不同。

（1）视频：主要通过画面、声音、情节等来营造快乐的氛围。

（2）海报：通过色彩、构图、调性等营造快乐的氛围。

（3）文章：通过文案的调性和描述等营造快乐的氛围。

（4）活动：通过线下活动的装潢、物品的摆放陈列等营造快乐的氛围。

这里以可口可乐为例，其广告一以贯之地表达它们对快乐的追求，无论在线上线下，还是海报、视频中都力图塑造一种快乐积极的氛围。尤其是在过年的时候，可口可乐常常用一家人或者很多人在一起开心畅饮的场景，线下超市的堆头摆放也是营造一种快乐的氛围。

营造快乐的氛围，可以建立产品和品牌的情感连接，增强用户品牌的信任感，通过这种氛围不断对用户进行刺激，对用户心理创建一种"快乐映射"，当有用户现在或者以后处于这样的场景中时，就会触发和调起用户的"映射反应"，从而最快速地选择、购买我们的产品。

2）好玩的表达方式

大卫·奥格威曾经说过："最好的创意来自于玩笑，尽量让你的思维生动有趣。"

有趣好玩的表达方式总是能触发用户的情绪。幽默有趣的广告经常通过夸张、拟人、怪诞、诙谐、戏剧性的表达方式去渲染快乐的情绪，引发消费者和用户的注意，增强购买欲望，让用户在开心快乐中不自觉地购买和传播我们的产品。

比如，比较火的综艺节目《吐槽大会》，这档"现象级"戏剧脱口秀产品，在成百上千的娱乐节目中，脱颖而出，几乎每期节目其播放量都能上亿，它的成功除了明星的参与之外，更多的是其节目有趣的表达方式。爆笑的段子，简单直接的幽默，总能戳到观众的笑点，激发观众的快乐情绪。

我们做活动时经常会用到促销手段，为用户提供折扣优惠，比如五折、满减等。这种活动各种商品和各个平台都在采用，用户已经对促销产生了审美疲劳，在各大品牌促销广告满天飞的信息巨流中，怎样才能让我们的促销利益点，刺激用户原本"沉睡"的情绪，加深用户的印象和记忆在这里就显得尤为重要了。

笔者在百度外卖工作的时候做过一个"满减"活动，通过有趣好玩的形式去进行促销（如下图所示），带来了不错的传播效果，并带动了流水的增长。

优惠太小了？你看这优惠大不大！　　　　以前吃饭要花好多钱，现在只要一半钱

外卖打折？半价就够？那我要快快快点餐啊

通过字体设计传达文字本身的含义，不仅强调了我们的促销利益点，而且还能让用户眼前一亮，"愉悦"而不反感。

此外，我们将《山海经》中"精卫填海""吴刚伐桂""夸父逐日"三个大家耳熟能详的神话故事进行了改编，制作了一个病毒视频（如下图所示）。视频前面讲了一个"精卫怎么都填不满海，吴刚怎么也砍不完桂，夸父怎么也追不上日"的故事，当你沉浸在一个正经的故事中时，突然来了一个无厘头却有趣的翻转，再猛地一下子把人扯回现实，原来都是因为"满减"啊，自然而然地将促销信息嫁接至已有 IP，大大减少了受众的认知成本，信息传达更加自然顺畅，而且还会让你会心一笑。

百度外卖《山海经》故事改编视频（扫码可观看）

很多品牌都会通过幽默有趣的方式去做创意，抖音上几个刷屏的 H5："世界名人抖抖抖抖起来""第一届文物戏精大会"（如下图所示）等都是用好玩的方式发现生活，将严肃的历史轻松化和娱乐化，更符合抖音用户的年轻群体的特点和口味，也更容易受到他们的喜爱和传播。

抖音"第一届文物戏精大会"H5 页面（扫码可体验 H5）

幽默有趣的广告能让用户迅速做出反应，为产品带来意想不到的传播效果，但是必须指出的是不能为幽默而幽默，为搞笑而搞笑。好玩有趣的广告必须要遵循如下几个原则。

（1）必须与产品之间有巧妙的结合点和联系。也就是我们的诉求点与"幽默点"之间的连接一定要巧妙而不生硬。

（2）要与品牌的定位和调性一致。并非所有的产品都适合搞笑，尤其是一些奢侈品品牌，可以通过轻松有趣的方式去吸引用户，但不适合用特别恶搞、无厘头的方式来传递品牌的价值。

（3）有趣好玩要把握好"度"。有趣好玩能刺激用户的神经，但是必须要把握好一定的尺度，过犹不及，尤其是不能为了追求幽默效果，而出现一些低俗、粗鄙的语言和画面，引发用户的不适和反感。

3）唤起曾经的美好

人们都喜欢怀旧，英国一家大学曾经做过一个研究，发现将近 80% 的人每周都会产生怀旧之情，而有 20% 的人几乎每天都会回忆过去。人们之所以这么喜欢怀旧，是因为怀旧能让人产生一种亲切、舒服、快乐的情绪。

马丁·林斯特龙在他的著作《品牌洗脑》中将这种回忆带给大脑美好、快乐的体验称为"玫瑰色的回忆"。当我们将这种怀旧情感运用到营销中时，快乐的情绪就容易被唤醒，从而产生强大的销售和传播推动力。

"唤起曾经的美好"三要素

唤起用户曾经的美好，需要重视三个要素：对象、时间、符号。"唤起曾经的美好"三要素如下图所示。

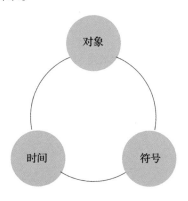

"唤起曾经的美好"三要素

- 确定怀旧对象：人人都会怀旧，但不同的人所怀旧的内容也不相同，所以我们做怀旧营销的第一步就是要确定我们的产品和此次创意或者活动的目标群体是谁？不同年代的人，比如70后、80后、90后他们的集体记忆是不一样的。70后可能是粮票、喇叭裤、迪斯科、缝纫机……80后是黑猫警长、永久自行车、绿皮火车、小虎队……90后则是名侦探柯南、还珠格格、小霸王游戏机……

- 定义怀旧年代：所谓年代就是要思考我们是通过童年、少年还是青春期去引发目标群体的怀旧情绪。我们可以借助一些时间节点的势去做创意，效果会更好。比如，六一儿童节、大学开学季、高考、考研、五四青年节等，这些都是适合怀旧做怀旧营销的时间节点。

- 找到怀旧符号：挖掘怀旧"符号"，寻找共同的情感记忆，这是怀旧营销最核心的关键所在，怀旧符号是营销的引爆点。不同的目标群体在不同的年代其怀旧元素是不同的，这些符号可以是电影、电视、歌曲、食物、物件、人物等，比如还珠格格、机器猫、花仙子、黑白电视机、老冰棍、小虎队等。

怀旧营销案例

我们用具体的品牌案例来分析，看看他们是如何运用对象、时间、符号三要素进行怀旧营销的。

网易曾经做过一个《滑向童年》，在24小时内，H5页面浏览量超过1700万。这个H5的成功就是利用了对象、时间、符号三要素进行的怀旧营销。

这个H5选取了80后、90后为传播的对象，借势六一儿童节这个节点、策划了一个童心未泯的大朋友的童年回忆杀。

- 确定对象：80后、90后。

- 怀旧年代：童年，并借势六一儿童节。

- 怀旧符号：选取了《灌篮高手》、《名侦探柯南》、《哆啦A梦》、《火影忍者》、《美少女战士》这些80后、90后群体最熟悉的几部动画作为怀旧元素，唤起了我们一段永远不会结束的童年回忆，迅速刷爆朋友圈。

网易《滑向童年》H5（扫码可看 H5 视频）

2. 恐惧

如果说"快乐"的情绪是用户趋利的本能，那么"恐惧"则是人们逃避风险，避开恐惧的本能。人对安全和危险最为敏感，恐惧的情绪也最容易触发用户的自我保护心理，引发用户行为的改变。

很多年前笔者看过一部高圆圆主演的电影《搜索》，对里面一句台词印象深刻："如果想让她爱上你，就和她去蹦极"。我相信在现实生活中大部分男生更多的是带女孩子去看电影，但实际上如果你要让一个女孩很快地爱上你，那么最好的办法是带她去蹦极。

为什么呢？

其实就是因为"恐惧"，在蹦极的时候，面对危险，人会本能地心跳加快，甚至手脚发软，这个时候女生最需要一种受保护的感觉，而和她抱得紧紧的这个男人正好给了他这样的感觉，这种恐惧的情绪这个时候更容易转化成爱情和行动。

恐惧营销的目的和效果与蹦极类似，它会让用户为心中的那份不安和恐惧买单，唤起用户心理，让用户行为发生改变，通过购买使用产品去满足自我的"保护欲"。

记得 2017 年北京的雾霾有段时间非常严重，差不多连续一周空气质量都爆表了，口罩和空气净化器的销量前所未有的暴涨，笔者想在网上购买某个品牌的空气净化器，竟然已经没货了，其实就是雾霾激发了用户的恐惧情绪。

我们害怕失业、死亡、不健康、孤独、不漂亮。等等，这些都能对人带来恐惧的情绪，这也就是为什么我们愿意花钱健身、看病、买化妆品、买健康的事物的重要原因。

既然恐惧情绪具有如此强大的作用，但为什么很多品牌的恐怖营销并不奏效？用户并没有增长，销量也没得到提升？

因为他们仅仅认为恐惧营销就是通过恐怖的画面、声音、形象或者描述等去恐吓用户，用户就会使用我们的产品，为我们的产品买单。其实不然，要做好恐惧营销远不止如此，需要三个步骤：找到问题点——激活恐惧感——提供解决方案。

除了以上三个步骤之外，还必须坚持两个原则：可信性原则和适度性原则。恐惧营销的三个步骤和两个原则如下图所示。

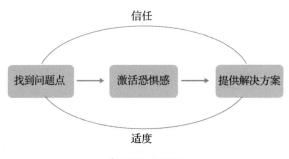

恐惧激活模型

（1）找到问题点：第一步就是我们要找到用户遇到的问题，也就是之前所说的痛点。这个比较好找，比如我们在前面的章节中提到过的不安全、效率低，等等。

（2）激活恐惧感：在上一步很多品牌都能找到问题点，但在这一步很多品牌就没做好，没有营造出恐惧感，用户的恐惧心理没有被激活。

比如我们有一款产品，能够解决用户脱发的问题。常见的创意诉求经常这样说：不正确地使用洗发水，容易导致脱发。

或者说，我们有一款能对碗筷进行杀菌消毒的消毒柜。通常我们可能会说：

其实我们看上去干净的碗筷并不干净，上面沾满了我们看不见的细菌。

是不是看完上面的内容，我们会没有太大的感觉，它们并没有激发出我们的恐惧感。原因就在于我们没有掌握激发恐惧感的正确方法。

那么，究竟如何才能激发恐惧感？有两个重要的条件：将问题置于场景中，以及描述事情的严重性。也就是说通过用户可感知的场景，向用户传递这个问题可能带来的不好结果，而且这个结果是严重的，让用户能够感知到受害的风险。

下面我们仍以上面的两种产品为例，如果换种说法，效果就会大大不一样。

防脱洗发水：不正确地使用洗发水，容易导致脱发。你可能才 20 多岁就成了秃头，走在路上，被同龄人称作大叔。去相亲时，被相亲对象嫌年龄大，长相太着急。工作上还缺乏自信，不受老板喜欢，导致升职加薪受到影响。

- 场景：生活、爱情、工作。
- 严重性：被误认为是大叔、相亲失败、工作受影响。

碗筷消毒柜：其实我们看上去干净的碗筷并不干净，上面沾满了我们看不见的细菌，比如大肠杆菌金黄葡萄球菌，我们用这样看起来似乎干净的碗筷吃饭时，细菌就会侵入我们的身体，对我们的身体带来伤害。尤其是有小孩的家庭，小孩的抗病毒能力比较弱，更容易被细菌感染，从而影响他们的生长发育，甚至还会对未来造成不可逆的影响。

- 场景：家庭。
- 严重性：全家生病，尤其是小孩，影响生长。

以上只是介绍了激发恐惧感的方向，具体的表达方式还要根据具体的产品和创意方式而定，比如视频怎么表达、海报怎么体现等。

通过以上的变换，在防脱发的洗发水案例中，我们将问题置于生活、爱情、工作之中，然后传递这个问题带来的严重性，比如被误认为是大叔、爱情和工作都受到影响、爱情没了、薪资没加成等。而消毒柜加入了小孩的因素，对于大多数将孩子视为至宝的父母来说，这个时候恐惧感就被激活了，用户想控制不再脱发和立马就想要一个消毒柜的心理就会非常强烈了。

要激发用户的恐惧感，简单地说就是场景化 + 严重性。

（3）提供解决方案：激发用户和消费者的恐惧感之后，并不意味着事情就此结束。

接下来就是要告诉用户和消费者：我们可以帮助你，我们能帮你解决你遇到的问题，帮你消除恐惧。

比如上面提到的消毒柜，我们可以告诉用户，我们的消毒柜采用了某种技术，比如臭氧、负离子、紫外线杀毒等技术，杀菌率高达99%，能彻底杀灭比较难以杀死的大肠杆菌，脊髓灰质炎病毒，国家唯一一个获得一级认证的杀菌技术等，专业保护您和您的家人的健康。

（4）可信性原则：可信性原则主要包含两个方面，具体如下。

一是问题严重性的可信性。不要为了刻意制造恐惧情绪，而过分夸大事情和后果的严重性，从而让用户觉得我们是在恶意制造恐惧感，我们制造的"假恐惧"只是为了赚钱。比如上面提到的如果洗发水使用不当则可能带来脱发，从而给生活、工作、爱情带来严重后果就很合乎常理，但如果我们说不合理地使用洗发水会损伤大脑，导致记忆力衰退等，就很难让人相信和信服。

二是解决方案的可信性。经常会出现这样一个问题，即我们提供的解决方案并不能让用户相信我们能够解决他们的问题，消除他们的恐惧感。不相信的原因可能是，我们故意夸大了我们产品解决问题的能力，比如，我们通过正常的中医按摩能够缓解疲劳，减少在工作中长期伏案对肩椎和颈椎带来的伤害，用户是相信的。但如果我们说通过中医按摩可以治疗肿瘤、癌症，就是故意夸大了我们解决问题的能力。

还有一种情况也会让可信性降低，那就是虽然我们有解决能力，但是我们在向用户传递信息的时候，没有表达清楚，用户对我们产品的功能没有直接的感受。

我们以"人人都是产品经理"这个平台为例。如果我们针对的主要初级的产品经理，而他们可能还不知道有这样一个平台，但又想快速提升自己在这方面的技能，那么我们该如何向用户传递解决方案呢？

如果我们以如下的方式向用户传递我们平台的价值：

想成为一个优秀的产品经理，就上"人人都是产品经理"。

那么用户的感知其实是比较笼统的，信任感很难被激发，用户的"行动效应"也就很难被唤起。如果换一种说法，效果就会大不一样：

"BAT一线产品经理实战经验，90天让你从入门到高薪"——想成为一个优秀的产品经理，就上人人都是产品经理。

我们用 BAT 作为背书，让用户相信有这么多产品经理大牛存在的平台，我们肯定能学到不少东西，能成为优秀的产品经理。再通过时间和高薪利益的刺激，用户的"行动效应"一下就被唤醒了，这才是有效的恐惧营销的解决方案。

（5）适度性原则：太低则唤不起恐惧感，太过则会引发恶心甚至反感。恐惧营销虽然能带来良好的效果，但不科学的恐惧营销会适得其反，恐惧创意要避免让用户陷入恶心或者不舒服的感觉，否则用户会拒绝和远离我们的产品，不仅不会带来用户的增长，还会让用户产生抗拒心理。恐惧营销不太容易控制好，如果没有十足的把握，建议别轻易尝试恐惧营销。

11.4.2　情感：创意驱动增长的情感震动模型

前面我们讲了情绪，接下来就来分析下情感。情绪和情感既不同又相互联系。情绪更多的是一种与个人的生理反应相联系而产生的体验，相对来说比较短暂。而情感则更多的是与其他人相关联的体验，相对来说更长期和稳定。比如，与家人之间的亲情，与爱人之间的爱情，与朋友之前的友情等。

自古以来，亲情、爱情、友情等情感都是一个永恒的话题，很多打动人心的广告和营销，都是传递了这样的情感。情感广告被越来越多的品牌所运用，但是很多人说，我们也在我们的创意和内容中加入了亲情、爱情、友情的元素啊，为什么我们还是没能打动人，我们的创意还是没能引发广泛的关注和传播呢？

究竟是为什么呢？那如何才能做出成功的情感营销呢，如何才能带动用户增长呢？

1. 情感"震动"模型

物理学上有一个有意思的现象，就是当 A 物体发声时，如果 B 物体的频率与发声的 A 物体的频率一致或者相合，那么 B 物体也会发出声音，这种现象称为共鸣。

情感营销其实也一样，要想策划出成功有效的情感营销，就要让我们的创意内容与用户产生情感上的共鸣。

因此，情感营销的核心是"共鸣"，而共鸣的关键点是找到引发共鸣的"震动点"。

如果我们将情感（亲情、爱情、友情）看成振动 A 物，将用户看成振动 B 物的话，那么 A 仅仅是振动的引发器，A 的振动要想带动 B 的振动（共鸣），就要找到情感的"震动点"，如下图所示。

这也是为什么我们常常会看到很多品牌虽然在创意中去捕捉这些情感，表达这些情感（比如母亲节做个母爱的视频或者海报，情人节做人与爱情有关的创意），却依然打动不了用户，因为我们仅仅找到了引发器，却没有找到"震动点"。

情感与用户连接图

震动点既然是"点"，那么其相对于情感（亲情、爱情、友情）的"面"一定是较小的，我们需要以"小"见大，也就是要在这些"面"的情感中，再进一步挖掘出引发用户共鸣的那个"点"，通过这个小的点去放大情感的价值。

这个点是创意中想要向用户传递的一个概念，一种理念、一种主张，通过这个点的振动引发与用户相一致的振动频率，从而产生共鸣。我们以爱情这种情感为例，爱情的"震动点"可能是"陪伴""无私""牺牲""占有""有我在""习惯""成长""锅碗瓢盆"等。我们要找到这样的小点，然后去放大它。

然而，仅仅通过"震动点"与用户产生共鸣是不够的，再走心，再感人的广告毕竟只是广告，具有商业属性，需要为品牌服务。因此，"震动点"除了让用户产生情感共鸣之外，还需要体现品牌的价值和主张，通过"震动点"将情感、用户、品牌连接起来，形成一个牢固的"情感振动模型"（如下图所示）。

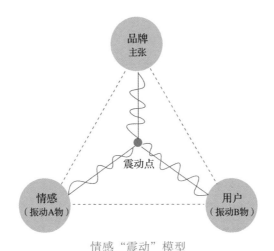

情感"震动"模型

2. 案例解读

为了让大家能够更好地理解情感震动模型，接下来我们将通过一些案例来看看如何运用"情感震动模型"去做情感营销，引发共鸣，以带动用户增长。

笔者在负责百度外卖市场和用户增长的时候，我们当时做了一个《人生不过 76000 多顿饭》的视频创意，在没怎么投入传播费用的情况下，引发了几百个 KOL 大号的自传播，累计播放量超过 8000 多万，还上了热搜，就是利用"情感震动模型"的原理。当时在这几百个 KOL 大号的传播下，很多用户纷纷留言表示百度外卖太走心，要下载百度外卖，甚至有的用户说，要把之前卸载的百度外卖装回来。一个视频不仅带来了新用户的增长，还召回了一部分流失的用户。

如下图所示的就是这支视频，扫二维码即可观看完整视频。

《人生不过 76000 多顿饭》视频

视频文案：

如果活到 70 岁，

你可能与 200 多万人擦肩而过，

迎接过 25000 多次清晨和黄昏，

当然，也吃过 76000 多顿饭。

有的饭，

是一辈子最不想散的宴席，

赌你会哭的人，先哭了。

有的饭，分不清是早餐还是晚餐，

我用它喂饱疲惫的身体，

用疲惫的身体喂饱生长的梦想。

有的饭，吞下许多"被喝"的酒，

我们推杯换盏，却没有推心置腹。

胃里的酒，淌不进心里。

有的饭，

是我们关于未来的一万种设想，

唯独没想到，故事的结局各自收场。

有的饭，

习惯了一个人吃，

除了咀嚼，不需要向任何人开口。

有的饭，

赶了上千公里的路，

才让脚步迎上他们的目光。

有的饭一天三次，有的饭一年一次，

有的饭一生一次。

有的饭做不出，有的饭忘不掉，

有的饭你吃的匆忙，也有人怕你饭凉。

人生不过 76000 多顿饭，

酸甜苦辣都是滋味，

每顿饭都值得被用心对待。

这支视频中，在动物本能、社交驱动、情感刺激三大本能中，我们决定通过情感刺激本能去向用户传达我们的主张，在情感刺激中我们又选取了友情、亲情、爱情三种情感，并且我们找到了"用心"这个震动点，"用心对待每一顿饭"其实就是对待人生的每一段经历，而"用心"这个点恰好将品牌、用户、情感连接在了一起（如下图所示）。

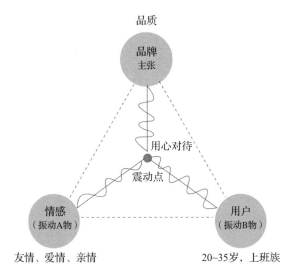

《人生不过 76000 多顿饭》的"情感震动模型"

1）情感

不管是友情、爱情还是亲情，都是我们生活的一部分，都值得我们去"用心"对待。

毕业餐"赌你会哭的人先哭了"是对大学友情的一种用心。

路边摊"我们关于未来的一万种设想"是对爱情的一种用心。虽然"唯独没想到，故事的结局各自收场。"但当我们爱的时候就爱得那么用心。

年夜饭"赶了上千公里的路"是对亲情的一种用心。

除了友情、爱情、亲情之外，我们还增加了工作、应酬、孤独等场景去表达"用心"的震动点，让整个片子更具整体感和立体感。

2）用户

在整个片子中，我们选取了主人公最重要的生活阶段（从毕业到参加工作）来展现这几种情感，这段时间也是与我们品牌的目标人群（20～35 岁的上班族）

的年龄阶段相吻合的，因此更容易触动他们。

用心对待每一顿饭，与同学的毕业餐、与恋人的路边摊、与家人的年夜饭，甚至应酬的酒、孤独的一人餐都是我们人生的一部分，都值得我们用心去对待。这些宏大的情感通过"用心"这个小小的震动点，一下子就与我们的目标群体产生了联系和共振。

3）品牌

"用心"不仅是我们对待"友情"、"爱情"、"亲情"的态度，对待生活和人生的态度，也是百度外卖对待"餐饮"这件事情的态度，更是百度外卖注重"品质"的品牌主张的体现。

需要说明的是，虽然情感广告最重要的是找到"震动点"，但是还是需要在执行的细节上下功夫，比如画面、配音、剧情、文案、表现手法，等等，这里就不展开去细讲了。

3. 练习思考

结合"情感震动模型"，可以试着结合自己公司的品牌和产品，看是否能运用这个模型去思考。

同时，下面还会为大家筛选几个情感营销的优秀创意（如下图所示），大家可以运用我们刚才讲的方法去分析以下问题。

- 它们运用了什么样的情感，是否引发了你的共鸣？这些创意具有哪些共同点？
- 是否存在问题？如果有？是哪些问题？你如何来改进？

（1）公益广告：《奶奶的灯笼》。

（2）红星美凯龙：《爱下去，才是家》。

（3）招商银行：《世界再大，大不过番茄炒蛋》。

（4）I Do：《梦想篇》。

（5）卡罗拉：《牵手》。

11.4.3 情怀：唤起用户的希望和渴望

情怀也许在这个社会是一个被用滥的词，大家现在好像都有些羞于谈情怀。

但我想说不管大家是否羞于谈情怀，情怀确实能瞬间引爆大家的情绪，触发用户的行为。我们在营销中如果对情怀运用得好，就能对产品产生意想不到的效果。

那么到底什么是情怀呢？为什么情怀如此有用？如何才能做好情怀营销？

1. 情怀是对无能的包装

关于情怀，不同的人有不同的说法和认知。

百科上说情怀是一种高尚的心境、情趣和胸怀；

也有人认为，情怀就是一场说走就走的旅行；

对高晓松来说，情怀可能是"生活不止眼前的苟且，还有诗和远方的田野"；

还有人认为情怀是自己穷得吃不上饭，却仍在寒冷的冬夜，将身上仅有的20元钱给了路边的乞丐……。

如果非得对情怀做一个定义，我认为"情怀是对无能的包装"。

这里的"无能"并不是一个贬义词，是指人们向往、追求某个东西，或者想做某件事(这种东西和这个事情一般是正能量的)，但这个东西或者这件事情由于种种原因，大部分人不愿意做，不敢去做，或者很难办到（无能），当有人敢去做，或者有人做到了，情怀就产生了。

情怀往往与价值观、态度、信仰、梦想等有关。

曾经的烟草大王褚时健，被判刑12年，75岁高龄种植"褚橙"（褚橙宣传海报如下图所示），成为一代橙王，在经历人生低谷后，75岁高龄时还能重新出发，完成了大多数人不可能完成的事情，这就是情怀。

"褚橙"宣传海报

很多人都想纵情山水、环游世界，去看看这个世界的繁华，但由于受生活、工作、家庭等所束缚，真正能抛弃束缚去看看的人毕竟很少。河南一位女老师的一封"世界那么大，我想去看看"的辞职信（如下图所示）才能刷爆网络，因为她触动了很多人的"情怀"这根神经，女老师的行为就成了大家眼中的"情怀"。

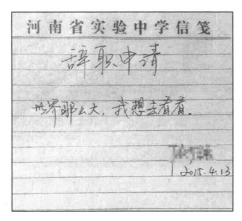

"世界那么大，我想去看看"辞职信

2. 情怀方法论

情怀营销之所以有用是因为，情怀可以唤起原本就存在于受众心里的希望或渴望，进而激发受众对于某种特定产品的诉求。

要做好情怀营销需要做到三个关键：向往、无能、打破情怀营销三步法如下图所示。

情怀营销三步法

第一步，向往：找到人们心中的向往（比如勇气、梦想、选择，等等）。

第二步，无能：这种向往要有难度，要让人有"无能"感。

第三步，打破：打破这种"无能"感，形成冲击的美好。

支付宝曾经做过一个知托付的微电影叫《郑棒棒的故事》（如下图所示），这支微电影讲述了重庆的一位叫郑定祥的棒棒，与客户走散，在没有收入，妻子和自己都生病的情况下，寻找客户14天，最后把货物归还给客户的故事。我们一起来看看，这个微电影是如何运营情怀三步法来引发受众共鸣的。

第一步，向往：找到"值得托付""缺钱不缺德"的点。

第二步，无能：在自己很贫穷，没有收入，妻子住院，自己生病，而且找了很多天都找不到失主的情况下，大部分棒棒是很难做到继续坚持寻找失主的（电影中很多棒棒也劝他卖掉货物），更多的人可能会自己将货物处理掉。这就是大部分人的"无能"。

第三步，打破：而这个片子中的郑棒棒则一直坚持直到找到失主，打破了这种"无能"，形成了一种打动人的力量，这种力量就是"坚持善良""缺钱不缺德"值得托付的情怀，知托付的品牌诉求也就很自然地传递了出来。

不过，情怀广告真诚最重要，最忌说教和空洞，假大空，不能为情怀而情怀。尤其是平面广告，运用情怀广告时更需要注意。因为平面广告相对于视频广告，很难去展开我们想传递的东西。比如下图所示的公交广告和海报。

公交广告运用了看起来似乎很高大上，很具情怀的文案；"看新浪新闻的人，认为女人没有必须温柔的义务，无需在此浪费时间。"实际上这样的文案会让观者不知所云，完全看不懂作者想要表达什么。

第二张海报想表达对咖啡的喜爱，但上升到了生命的高度，在没有故事和其他情节的衬托下，光靠一张图来表达这种高度，总让人感觉怪怪的。

为情怀而情怀的广告

3. 情怀营销案例

下面将列举一些情怀营销的案例，大家可以试着分析一下。

（1）中国南方航空：《梦想，从心出发》。

扫二维码观看

（2）京东：《你不必成功》。

扫二维码观看

（3）台湾大众银行：《梦骑士》。

扫二维码观看

11.5 本章小结

本章主要讲解了什么样的创意和内容才能影响到用户，触发用户使用、购买、传播和分享，从而驱动用户增长。

好的创意和内容能够有效地驱动用户增长背后最根本的三个原动力：动物本能、社交驱动、情感刺激。

动物本能这一部分，主要讲解了如何通过人类自私利己的基因去促使用户使用、购买我们的产品。

社交驱动这一部分，主要讲解了阿希效应、利他行为、标榜自我、寻找归属、炫耀心理几种社交驱动的方法和行为。

情感刺激这一部分，主要讲解了情绪、情感、情怀三种宽泛意义上的情感是如何驱动用户的行为，带动用户增长的。

动物本能、社交驱动及情感刺激三者相互之间作用。用户的行为是由三者中的一种或者多种力量刺激而产生的。

本章更多的是站在第一性原理的思考角度去谈好创意如何驱动用户增长，但具体到创意和内容的执行层面，我们还需要注意一些原则，第12章将主要讲解创意驱动用户增长的三个最重要的原则。

第 12 章

创意驱动用户增长的三个原则

我们在第 11 章中讲解了如何通过动物本能、社交驱动、情感刺激三个原动力驱动用户增长。但很多人可能会说："我在我的创意内容中也用到了这些原动力，比如亲情、友情等，为什么还是没有人关注？还是传播不起来？用户还是不会使用、购买、推荐我们的产品呢？"

其实，除了受到三大原动力的影响之外，我们的创意和内容还应该注意三个原则，即照见自己原则、熟悉的陌生化原则、效应叠加原则，如下图所示。

释放痛点三大原则

12.1 照见自己原则：与用户无关就没有增长

创意内容本身应该是满载生活信息的沟通载体，如果我们的内容远离目标用户的生活和经验意识，与用户的生活完全没有关系和交集，或者是用户意识中所没有的，内容与用户之间就会形成一道天然的鸿沟。如果不填补这条鸿沟，那么无论我们内容多有创意、多感人，都很难激发用户的行为，用户的增长也就无从谈起。

比如，百度曾经在世界地球日的时候做过一个"守护濒危植物"的创意 H5（如下图所示），用户可以选择一种濒危植物，然后成为该植物的守护大使。创意本身是不错的，视觉呈现也挺好，也契合了我们在第 11 章讲到的"社交驱动"原动力中的"标榜自我"，用户可以通过晒图向别人传递他是爱护环境、关注地球生态的人。

但这个创意 H5 并没有引发大面积的传播，最重要的原因就是创意内容与用户之间产生了一道鸿沟，这些守护植物的场景离我们太远了，而且 H5 里面提到的很多植物，如苏铁、蒡翅藤、厚朴、狭叶坡垒、银缕梅等相信大多数人都没听说过。

守护濒危植物 H5 页面

我们要做的就是拉近内容与用户的距离，填补两者之间的鸿沟，创意内容与用户的交集越多，则越容易引发用户的关注和传播，也越可能让用户使用和购买我们的产品，从而带动用户增长。

好的内容是用户生活与创意的交集。

填补创意与用户之间的鸿沟图示如下。

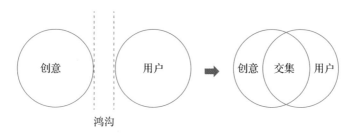

填补创意和用户之间的鸿沟

12.1.1　填补沟通鸿沟

那么如何才能填补这条鸿沟呢？如何才能让创意与用户产生交集呢？

Facebook 创始人扎克伯格说："人们对自己家门口一只濒死松鼠的关心，更甚于非洲难民。"

人们对与自己有关的东西，以及熟悉的事物更为关注，社会心理学上将这种偏好自己熟悉的事物和感受的效应称为"多看效应"。比如，大家一定有过这样的经历，如果你正在养狗或者养猫，那么你更容易关注到微信朋友圈有关猫和狗的信息，去评论互动的可能性也更大。如果你是一个孩子的母亲，那么关于小孩的信息也容易引发你的关注。

"多看效应"同样适用于我们做内容和创意，我们的创意内容与用户生活和熟悉的事物越相关就越容易引发用户的关注、互动和分享。

创意就像一面镜子，让用户能从中照见自己。

因此，我们要想让用户关注我们的产品，填补创意与用户之间的鸿沟，就要让用户关注自己，让痛点融入用户生活，让用户能从创意中看到真实生活和自我的投射。

比如，新世相"逃离北上广"的事件营销（如下图所示）之所以刷爆了朋友圈和微博圈有很多原因，但其中有一个特别重要的原因就是这种场景和生活是目标用户所熟悉的感受。

"逃离北上广"简简单单的 5 个字反映了在大城市打拼的这一类人群的生活状态。在北上广这种大城市，大家都很焦虑，工作生活买房买车，压力都很大。所以这样的话题一出来，很容易就引发了大众的关注和共鸣。

逃离北上广活动页面

那么，应如何让用户感觉到"与我相关"，如何"让用户照见自己"？具体来说，可以从如下两个方面来进行。

（1）内容的标题：不管是一个活动、一支视频、一个 H5 页面，还是一篇文章，标题是用户会不会继续看下去的第一个关键所在。标题就像是一个内容的阀门，只有用户打开了这道阀门，里面的内容才可能被看到，才能增大后续传播的可能性。因此，有吸引力的标题在很大程度上决定了内容的阅读率，对内容创意的传播尤为重要。标题要想吸引用户点开继续阅读下去，除了有趣好玩、情感诉求、为用户提供价值、冲突性、意想不到等技巧之外，最重要的就是要与用户相关。在写标题的时候，根据不同的产品，找到与他们相关的生活场景。

（2）内容本身：如果用户因受标题吸引而点进来继续观看，却发现内容不是自己想要看的，那么他也不会转发、评论、传播。所以第二步要做的就是如何将内容与用户熟悉的事物结合起来。

我们可以通过寻找与目标用户关联度更高的切入点，比如熟悉的场景、熟悉的符号、熟悉的感受等来让用户通过内容"照见自己"。

2018 年刷爆朋友圈的视频《这个世界，总有人偷偷爱着你》（如下图所示），播放量超过 2 亿。之所以这么火，是因为它通过一些熟悉的场景，让我们照见了自我，看到了这个世界的温暖与善。视频里轻生的女孩、卖杂志的大叔、被交警在路上拦下的职员、送餐的外卖小哥、高峰期的电梯、三轮车大叔剐蹭到奔驰车，这些场景几乎都是我们日常生活中经常遇到的，或者新闻里看到的，代入感很强。

正如该视频的总制片人吴瑾旻所说的："我们所有的项目几乎都是真实故事改编的，在真实故事中寻找情感点，将情感点在广告诉求中展开，这样才能深度感染观众。"正因为熟悉，而不是随意捏造的，才容易让用户感同身受，引发共鸣和关注。

《这个世界，总有人偷偷爱着你》视频

比如，曾经有一篇阅读量十万以上的刷屏文章《互联网公司时尚穿搭指南》（如下图所示），也是通过互联网公司目标用户熟悉的穿衣搭配来引发大家的共鸣的。里面提到了很多大家熟悉的场景：程序员的格子衫、上班穿拖鞋、两件连帽衫混搭、夏天常年穿 T 恤、文化衫，等等。很多互联网圈的朋友看完后都觉得过于真实了，自然也就忍不住想要转发。

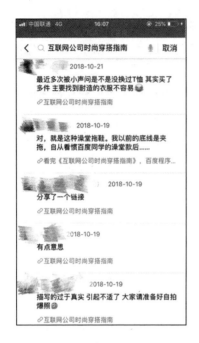

《互联网公司时尚穿搭指南》刷屏朋友圈

12.1.2 将用户没有认知的事物熟悉化

需要说明的是，对于用户熟悉的产品和功能，用户没有认知和接受成本，这种产品和功能在进行内容创意的时候，比较好找到与用户关联性较强的结合点。但是有些产品或者功能离用户比较远，这就需要我们将陌生的事物转化成用户熟悉的场景、符号和感受，将陌生的事物熟悉化，才可能让用户增长产生较好的效果。

华与华的《超级符号就是超级创意》一书中就提到过一个案例，他们有一个项目需要将位于北京南部河北省的固安工业园传播出去，但是固安工业园对很多企业家来说是一个陌生的地方，那么如何吸引更多的企业家关注固安工业园，并入驻这里呢？这是首先要解决的问题。

该书作者通过"我爱北京天安门正南 50 公里"这句广告语，将大家熟悉的"天安门"注入到了陌生的固安工业园，让企业家们与陌生的、没有联系的固安工业园产生了密切联系。

因为如果入驻这里，则企业离北京只有 50 公里的距离，能享受到北京的科技、人才、教育、医疗、生活、商务等资源，固安工业园的商业价值一下子就体现出来了。企业家通过"天安门"这个熟悉的符号，将陌生的事物熟悉化了，让企业家们关照到了自己的利益和需求，于是很多企业家纷纷前来咨询，从而带动了企业的入驻。

我们拿百度地图来说，用户对于百度地图普通的功能，比如地点查询、路线导航等比较熟悉，而对于一些新功能比如 AR 实景导航、智能语音控制、历史大数据等功能则相对没那么熟悉，或者说没有感知。对于这些高科技功能背后的人工智能算法就更是不熟悉和不懂了。

如何向用户传递百度地图的这些陌生功能，体现百度地图"人工智能地图"的定位和大数据算法的能力？让用户理解这些新功能并对它们感兴趣，从而使用他们的产品？

百度地图做了一支视频（如下图所示），选取了**"路痴迷路""失恋想找个地方发泄""赶飞机遇到堵车"**三个场景，这些都是用户生活中最常遇到的场景，看似是虚拟的，实际上是真实的。然后将 AR 实景导航、智能语音控制、历史大数据三个陌生的功能融入用户熟悉的场景中，一下子拉近了这些功能与用户的距离感，降低了用户的理解和认知成本。

同时，为了体现 AI "算法"能力，百度地图将难懂的"算法"拟人化，虚拟了一个算法官，而且将场景设置在类似于太空飞船的空间中，这些算法官变成了大家所熟知的科幻片中掌握高科技的"宇航员"。拟人化将冰冷的、难以理解的技术变得有温度、好理解，让用户没有了陌生感。模拟飞船的场景设置还体现了高科技感，将"更聪明的人工智能地图"这个定位和形象植入到了用户心智之中，这几个功能的使用频次也因此变高了。

百度地图"更聪明的人工智能地图"视频

创意内容是对人类现实生活的映射，创意若脱离了目标用户的生活，对用户行为的"触发力"就会减弱。好的内容要与用户具有相关性，让用户首先关注自己，照见自己。通过让用户"照见自己"，吸引用户，改变用户行为，建立产品与用户的信任感。

12.2 熟悉的陌生化原则：打破用户"自动忽略机制"

人的大脑是一个矛盾体，对熟悉的事物容易产生信任和喜欢，也更容易接受它们，但太熟悉时大脑也会启动自动忽略机制，用户的情绪感知就会降低。这就如同是看一部喜剧，即使它再好笑，让我们连看 10 遍，还能笑出来吗？一个创意就算它再有意思，如果出现了 10 次，那么它也很容易让人产生审美疲劳。

正因为人脑的这种"自动忽略机制"，人们往往会对身边的、眼前的事物习以为常，故而视而不见、充耳不闻。在传播中，这种"自动忽略机制"会让传播的效果大打折扣，让用户对我们的传播内容熟视无睹。

因此，要想提升用户对熟悉事物的感知力，唤起人们对熟悉事物的关注和独特感受，我们需要将用户熟悉的事物陌生化。

熟悉的事物是我们表达的是什么，而陌生化则是我们应该如何表达。因此，要想让熟悉陌生化，则需要我们从如何表达内容入手，具体来说可以从以下几个方面进行：语言、叙事、形式。陌生化的三种方式图示如下。

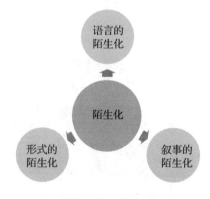

陌生化的三种方式

12.2.1　语言的陌生化

每天我们从早到晚，一直都被广告包围着。早上刷牙，牙膏上面有文案广告。走进电梯，电梯壁四面都是广告，想躲也躲不开。小区里、地铁上、公交站台，广告无处不在。点个外卖、刷个微博、看看微信，广告与我们如影随形。据统计，一个都市里的人，一天下来平均接触到的广告信息至少有 300 条。

在如此密集的信息爆炸的生活中，无论是视频、平面还是 H5，要想引起用户的注意，甚至让用户记住并传播，语言的陌生化就变得尤为重要了。

语言的陌生化就是要让我们的语言有张力，变平淡为张力。让习以为常的事物，产生一种陌生的冲击力。

要想让语言变得有张力，产生陌生的冲击力，就需要对语言进行重新组合。具体来说，有两种情况，一种是概念的重组，另一种是语言本身的重组。

1. 概念重组

所谓概念重组就是重新定义语言概念，也就是对熟悉的内容，用颠覆性、陌生化的观点来塑造它。

这个概念是一种主张，一种态度，是在对用户进行深刻洞察的基础上，对传播内容（活动、视频、海报、文章、H5 等）的提炼，最终通过语言的形式进行表达和传递。

比如，笔者在负责饿了么星选外卖市场的时候，我们准备在冬天外卖的高峰期，打造一个属于吃货的节日。我们主推品类是火锅、麻辣烫、川湘菜、热粥等品类，思考方向是要打造一个适合冬天的美食节，但是现在造节比较泛滥了，几乎能想到的都已被用了，比如"吃货节""美食节""火锅节"等，用户已经对这些节日概念产生了免疫力。

如何打造一个概念，既体现冬天的元素，又与我们要推广的品类相吻合，同时还要让用户眼前一亮，营造一种熟悉的陌生化？

我们最先想到的是"火锅节"，但一到冬天，各大本地生活服务平台都在提这个概念。然后还想到了"辣嘴节""热辣节""暖冬节"等，都不十分满意。

直到想到了"烫嘴节"这个概念，感觉一下子就形成了一种熟悉语言的陌生化。这个概念不仅体现了我们的主推品类，还与寒冷的冬天非常契合，给人一种暖暖的感觉，很有画面感（如下图所示），就像用户对我们的评价那样："这个是我见过的美食类概念第一佳了！看到后就莫名地有了食欲，读出来就仿佛真被口中的食物烫了嘴，只能回敬以咽下口水。"

星选外卖"烫嘴节"海报

概念的陌生化并不是要我们猎奇，对于概念的陌生化来说，洞察和立意相对语言最终的呈现更为重要，概念是基于洞察的集中提炼。比如，京东金融《你不必成功》的视频（如下图所示），当大家都在灌鸡汤，"成功"成为这个社会的通行证和普世目标时，这支视频却反其道而行之，提出了一个反鸡汤的概念"你不必成功"。"你不必成功"看似简单平常的语言概念，因为准确的洞察和立意，一下子就戳中了目标人群的内心。

《你不必成功》视频截图

2. 语言本身的重组

如果说概念的重组主要是从策略的层面去洞察用户，实现熟悉语言的陌生化，那么语言本身的重组则更多的是从"技巧"和"术"的层面去实现陌生化。

语言本身的重组，通常会用到夸张、双关、比喻、拟人、排比、强化等手法。

（1）杜蕾斯：今夜最"长"情（双关）。

杜蕾斯在写这样的一条文案时，就用了一语双关的方法。（冬至那天是全年白昼最短、黑夜最长的日子）。

（2）下厨房：美食从来不说谎（拟人）。

下厨房这句文案，通过拟人化的表现手法，将美食的好味道表达得十分确切，很有高级感，如果换成"尝过后你就知道什么是好味道"，就会感觉很平常。

（3）百度外卖：有的饭，吞下许多"被喝"的酒。我们推杯换盏，却没有推心置腹，胃里的酒，淌不进心里。（排比、组合）。

这是笔者在百度外卖时做的《人生不过 76000 多顿饭》视频里的文案，通过"推杯换盏"和"推心置腹"两个成语的押字对仗和对比，加上"被喝"等字斟句酌的文案，将应酬场上那种不情愿但又不得不做的场景和心理描绘得淋漓尽致。

"被喝的酒""推杯换盏""推心置腹"这些词都是我们所熟悉的，但通过不同的组合，就产生了一种陌生感。

整个视频的文案我们改了不下 20 个版本，在这里我们可以看一下"应酬"这个场景文案的其他版本："有的饭，是觥筹交错下被灌下的许多苦酒"，这样的文案就是太熟悉，太正常了，少了陌生化，对用户情绪的触发也会较弱。

除了上面提到的案例之外，语言的陌生化还有很多其他的表达形式，这里就不一一展开了。

总的来说，层出不穷的广告和营销方式，让消费者变得更加聪明，这也增强了他们的免疫力，提高了他们的"抗体"，而语言和文字上的陌生感和新鲜感则可以引起用户的注意、影响用户、感染用户、唤醒用户。

12.2.2　叙事的陌生化

叙事，简单地说就是讲故事。叙事的陌生化在营销中最常出现在视频和文章中。叙事的陌生化就是打破叙事逻辑，又使之合乎情理，从而营造出一种戏剧的张力和冲突感。叙事的陌生化有很多方法，下面我们重点来看看几种叙事的陌生化。

1. 转换视角

同样的故事和内容从不同的角度去观察和讲述，就会呈现出不同的感受，比如，倒叙、以不同的人称，或者"改变位置"去讲故事。

网易曾经做过的一个H5《她挣扎48小时后死去，无人知晓……》（如下图所示）就是通过几种叙述视角的转换和组合，营造了一种熟悉的陌生化。

《她挣扎48小时后死去，无人知晓……》H5

1）第一人称

H5用第一人称视角讲了一个小女孩和她的家乡被恶魔追杀的故事。恶魔降临，家园被侵占，食物被抢，他们被迫在垃圾堆里寻找食物，最后全村和全家被恶魔杀死，这个小女孩成为唯一的幸存者。加上音效和画面的渲染，第一人称视角更容易让观看者有亲身体验之感，受众的情绪和情感更容易被带入，我们也因此能对视频中的痛苦感同身受。

2）倒叙

这个H5采用了倒叙的手法，一开始一个女孩大喊救命（如下图所示），一开场就吸引了用户的关注。然后再回到两天前，开始讲故事。让受众一开始就想继续看下去一探究竟，看看到底发生了什么事情。

如果用顺叙的正常手法，就不会有这种冲击力和悬念。

3）站在"人"的视角讲"动物"的故事

除了前面提到的两点，这个H5最大的叙事特点其实是站在"人"的视角讲"动物"的故事。

H5 页面截图

当我们为之震惊、悲痛、愤怒的时候，当我们都在谴责这个恶魔的时候，到最后，H5 来了一个转折，才发现这个我们所谴责的、令人愤怒的、让人觉得残忍的"恶魔"原来是我们人类自己。

正如故事结尾所讲的："残忍吗？如果我不是人类，而是一头蓝鲸，你还能感受到我的绝望吗？"突然的反转带给我们以极大的震撼和冲击（如下图所示）。

如果站在正常的视角去讲，蓝鲸怎么被人类捕杀，现在鲸鱼越来越少，大家要保护蓝鲸什么的，可能也会引发大家的关注、愤怒和悲痛，但很难带来这种叙事手法形成的强大的反差和冲击感。

H5 页面截图

2. 制造悬念

所谓制造悬念就是在叙事的时候，将用户想知道的信息置后，慢慢抖包袱，而不是将信息一次性说完。当用户接触到一些信息，但是又不能立即得出结论的时候，用户想要解开谜底的好奇心就产生了，通过用户的好奇心来刺激用户持续关注，引发用户主动思考。最后解开悬念，强化用户对信息的记忆。

比如，百度外卖当时想写一篇大促的微信软文，对于这种促销信息，用户已经产生了免疫力。如果正常写一篇促销软文，用户可能只看一眼标题就不想再去打开文章了，或者即便打开了文章，也不想再往下看了。

当时，我们就运用了制造悬念的叙事方法，写了一篇《男同事尾随我坐电梯已经是第三天了……》。

文章的开头介绍了公司新来的一个男同事，第三天与我同乘一部电梯，而且不时地往我这边看，一会拿起手机又放下。然后制造悬念，他到底想做什么：他是喜欢我吗？要向我要微信吗？

紧接着我们并没有解开答案，而是将男同事第一次、第二次跟随女主坐电梯的情景慢慢道来，而且中间还夹杂了很多女主的内心戏。

然后在女主回忆第一次、第二次与男同事同乘一部电梯后，回到现实。男同事向女同事靠过来。当女同事害羞和紧张时，突然揭晓答案，原来男同事是想扫描电梯广告上"满50减25"的二维码（见下文中图片）。

至此，读者才恍然大悟，故事的结局产生了强烈的冲击力，而活动信息很自然地也传递给了用户，轻松有趣，用户也不反感，不仅加深了用户对广告的印象，还增加了曝光度，文章阅读量是平时其他文章的3倍。

以下是《男同事尾随我坐电梯已经是第三天了……》的悬念文章：

《男同事尾随我坐电梯已经是第三天了……》

已经是第三天了，公司新来的男同事"碰巧"与我乘坐同一个电梯已经是第三天了，现在他拿着手机，一会儿抬起一会儿又放下，犹犹豫豫的。

不就是要个微信号吗？脸皮薄不好意思搭讪可以在公司大群里加我啊，这个笨蛋。我心想，没想到在部门大会上慷慨激昂、指点江山的产品经理还有这么呆萌的一面。

　　之前好像听到有八卦说他还是单身，年轻有为，长得还像吴亦凡，能入他眼的女孩子一定也挺了不起的。

　　说起来，我也算是一个年轻有为的女孩子，工作一年连升两级，长相嘛虽然不及倪妮、刘亦菲等女明星，但至少还算肤白貌美大长腿。想到这里，我不由得又挺了挺胸，收了收腹，站得更直了一些。

　　他这会儿好像没有再玩手机了，但是一直在盯着我？

　　怎么回事？我不会脸上有什么东西吧？赶紧拿电梯反光的地方照一照。牙里有没有？呼~还好没有，还是那么完美。不过他也不能这么直接盯着人家看吧……这也太不好意思了，今天的电梯里只有我们两个人。

　　记得第一次在电梯里碰见他，是早上的上班高峰期，电梯门快关上的瞬间，他直直地冲着我的方向跑过来，又按下按钮将电梯门打开，还冲我笑了一下，便转身面向电梯门站着了。当时我被挤在电梯的最后一排靠着墙，本来我对他的印象还没那么深，但站在正门口的他一直不停地回头看我，弄得整个电梯里的人也都回头看我，我猜大家一定没看出来我没有画腮红。

　　第二次是我与他同时等电梯，他站在我后面。电梯来了我先进去站在了按钮的旁边，他则被后面的人挤到了电梯正中间，我斜后方的位置。等电梯的时候我就感觉到后脑勺隐隐地发痒，怎么进了电梯还有这种感觉？我往后一撇，果然直直地撞上他的目光，为什么偷看我的是他，我却这么紧张？

怎么办怎么办，现在他向我的方向靠近了一步！他好像终于要向我表白了！

"那个……"

"怎么了？"我故作镇定地问道。

"姑娘，能麻烦你往旁边站一点吗？你挡住我扫码了。今天是活动的最后一天了，之前几天电梯里人太多我都没扫上。"

"……"

"哦，好的。"

向后退的我也同时掏出了手机，对准了广告上的二维码。

3. 对比反转

对比反转主要是指通过对人物的命运、故事的结果等进行对比反转，营造出另外一种相反的情景，让整个广告更加有节奏感和层次感。目的是制造陌生的冲击感，让用户更愿意看下去，并加深用户印象。

我们以一个比较火的泰国广告《用智慧看见那些看不见的事》为例（如下图所示），来看看该广告是如何运用对比反转的冲突感的。

《用智慧看见那些看不见的事》广告

这个广告的前半部分塑造了一个非常凶狠的菜市场老板娘的形象：长相看起来很凶，还带着保镖，而与之相对的是可怜巴巴的菜市场小贩。老板娘砸了肉铺小贩的秤，肉铺小贩苦苦哀求也没有用；老板娘对所有租客都颐指气使，还将租客从菜市场架了出去……

这些行为都被路人拍下视频传到了网上"市场老板娘欺负商贩"，这下彻底激怒了网友，三天一百多万人观看，老板娘被网友口诛笔伐，甚至有人想她去死，号召大家不要去那个菜市场买菜。最后老板娘的菜市场越来越冷清。

正当所有观众都在拍手称赞，感觉大快人心的时候，广告道出了真相。老板娘摔肉贩的秤是因为肉贩缺斤短两，老板娘希望维护菜市场的公平；抬走商贩，是因为他犯病了，老板娘命人将他抬到安静的地方休息……

看上去凶神恶煞的老板娘背后隐藏的是善良的内心，这个视频告诉我们眼见未必为实。通过前后的对比，从剧情到认知为我们造成一种反差的冲击。

12.2.3　形式的陌生化

形式的陌生化有利于提高传播信息的到达率和关注度，增强对用户的心理冲击力。

形式的陌生化较多地运用在设计和视频表现上。

比如，加拿大的一个名为 Consonant 的护肤品牌，抛弃了传统护肤品牌找明星代言的套路，也不在传统的投放渠道上做广告，而是在一堵受损的墙面做海报（如下图所示），结合墙体的特点，在呈现形式上形成了一种形式的陌生化。这种创新不仅吸引了用户，而且还让用户一下就能触及品牌想要传达的信息。

以下是 Consonant 的广告和文案："如果你的肌肤受损如斑驳墙面，欢迎于6 月 30 日光临 Consonant。"

Consonant 护肤品的墙面广告

2018 年方太的一部比较火的广告视频《油烟情书》（如下图所示）就采用了形式的陌生化。

《油烟情书》视频

该视频最大的特点是其将书信作为舞台背景、将人物缩小的呈现形式。通过人物在文字中穿梭和对话，娓娓道来一个有关父辈的两人三餐的爱情。这种呈现形式在平面设计中用得较多，但很少用在视频之中，所以视频一出来就形成了一种形式的陌生化。如果用正常的表现形式和手法，虽然也能将故事讲得很好，但是可能带给人的冲击感就会失色不少。

形式的陌生化的确能为创意内容增色不少。不过，有两点需要强调，具体如下。

（1）形式要不断创新：形式是在不断变化的，今天可能还是一种新颖的表现形式，但到了明天用户可能就会对此视而不见，因此需要我们不断地探索新的形式。我们以营销上最常见的 H5 为例，刚开始的时候 H5 只是简单的静态图文展示，后来逐渐出现互动 H5、视频动效、画中画、测试、游戏、3D 炫酷、DIY 等形式，每一次新的形式一经出现都会引发一波大的关注，慢慢地，用户又会产生审美疲劳。

（2）内容是 1，形式是 0：无论形式多么新颖，内容才是根本，形式只有以内容为基础才有价值。形式仅仅只是吸引了用户关注，如果想要用户进一步传播和分享，那么内容本身才是最重要的。形式和内容密不可分，脱离内容的形式无疑是空中楼阁，没有好形式的内容也会缺少亮点。

12.2.4　陌生化注意事项

陌生化虽然能够引发用户的关注和传播，但陌生化需要注意如下两点。

（1）一是不能脱离熟悉性：熟悉的陌生化其内核是熟悉，不能脱离熟悉和用户的相关性。之前我们在"让用户照见自己"一节中讲过，如果与用户不相关，那么用户的关注度也会减弱。因此，陌生化必须是基于"熟悉"的陌生化，所有的喜欢都是熟悉 + 意外。

（2）二是防止过度陌生化：广告毕竟与文学作品不同，文学作品的陌生化是为了让读者深度思考。而广告的陌生化则是为了刺激消费者的审美疲劳，而不是增加理解难度。过度的陌生化不仅会造成理解难度的增加，而且还会降低用户对传递信息的理解。

12.3　效应叠加原则：让用户增长 1+1 > 2

所有成功的创意和内容都不是单一要素在起作用，而是多种要素和效应叠加的结果。多种要素的叠加可以让我们的创意效应最大化。本节我们将重点讲解两种要素的效应叠加：时间要素、IP 要素。效应叠加原则如下图所示。

效应叠加原则

12.3.1　时间要素叠加

对于创意和内容来说，时间是要事。

当年的微信红包之所以能够获得成功，很重要的一点就是其抓住了春节这个时间点；"军装照"H5 之所以会火，是因为"建军 90 周年"的关键时间节点；2019 年年初的《啥是佩奇》刷屏朋友圈，有很多原因，临近春节的时间点是必不可少的原因。

但很多时候我们往往只是重视了内容和创意本身，而忽略了时间的重要性。好的内容在好的时间点去传播，就会事半功倍，实现 1+1 大于 2 的效果，并形成叠加效应。

因此，除了要重视内容本身之外，还要找准时间，利用时间使创意和传播效果最大化。

我们可以将创意和内容相关的时间点分成三类：可预见时间、突发性时间、不同渠道时间。时间不同，内容和创意的传播策略和方法也会各有不同。

1. 可预见时间

可预见性时间是指可以预见的一些重要时间节点，我们可以根据这些时间节点提前规划营销和运营活动。

1）可预见时间的分类

可预见时间一般可分为如下几类。

（1）固定的节假日：比如春节、中秋、国庆、教师节、母亲节、端午节、情人节、妇女节、暑假、寒假等，这些时间节点具有不同的属性和特征，可以根据不同的特点进行内容和创意的规划。比如，春节往往与团圆、回家、春运、亲情等相关，上面提到的《啥是佩奇》以及陈可辛的《三分钟》就是利用了春节这个时间节点进行的营销。

（2）重大事件和活动节点：重大的活动节点主要是指重要的事情所发生的时间点，一般来说包含两类。一类是每年都相同的，比如开学季、毕业季、高考、双 11、年终盘点等；还有一类是每年不同的大事件，比如奥运会、世界杯等。这些重大的活动时间节点，都会引发社会的广泛关注。因此，重大事件和活动节点也是做创意发挥最大效果的好时机。

（3）比较小众的时间节点：除了以上两种时间节点之外，还有一些比较小众的时间点，比如 ChinaJoy、北京马拉松、世界帕金森病日、世界卫生日、世界读书日、植树节、全民健身日等。

2）如何利用可预见时间

（1）梳理全年时间节点：关于时间节点的运用和营销活动规划，一个比较简便易行的方法就是对照日历（如下图所示），对全年的重要时间节点进行梳理，整理一个全年营销和运营活动日历。

03　2018

			1 国际海豹日	2 元宵节	3 两会开始 全国爱耳日	4 第 90 届 奥斯卡颁奖
5 惊蛰 周恩来诞辰 中国学雷锋日	6	7 女生节	8 妇女节	9	10 东京动漫展	11
12 中国植树节 春运结束	13	14 国际警察日 白色情人节	15 国际消费者 权益日	16	17 中国国医节 国际航海日	18 龙抬头
19	20 国际幸福日	21 春分 世界儿歌日 国际睡眠日	22 世界节水日 中国杯国际 足球锦标赛	23 妈祖寿诞	24 世界防治 结核病日	25 全国计算机 二级报名 地球 1 小时
26 全国中小学生 安全教育日	27	28	29	30	31 地球 1 小时 （3 月最后一 个星期六）	

2018 年 3 月重要时间节点

（2）根据行业属性进行时间匹配：将全年的日历和节假日的重要节点梳理出来仅仅是第一步，但并不是所有的创意都要利用这些节假日。别人在双11做活动，我们也做；别人在国庆节做活动，我们也不放弃。这是很多新手经常会犯的错误，就是无论什么时间节点都想利用，什么都不愿意舍弃，这势必会造成人力资源和费用的浪费，最终的效果也未必好。

因为这些时间节点并非适合所有的行业和品牌，时间的选择一定要与业务特点紧密相关。不同的行业属性不同，我们需要根据不同的平台属性去选择合适的时间节点进行营销。比如电商、外卖、视频平台、旅游类平台的时间点就不一样。

旅游平台比较适合在国庆、元旦、春节等节假日前后时间段进行营销，因为这些时间段是旅游的高峰期。然而，对于外卖平台来说，这些时间节点却未必合适。因为，与平常工作日不同，这些时间节点，大家大都出去旅游、聚会，选择在外吃饭的机会更多。哪怕是待在家里，也有很大一部分人会选择自己做饭，外卖需求不升反降，这个时候选择大的投入进行大的活动战役，不仅不能带动用户和订单流水的增长，反而浪费了资源。而类似于世界杯这种时间节点，由于晚上观看比赛较晚，相比平时，很多人会有点夜宵的额外需求，反而适合进行外卖的营销创意和运营活动。

（3）大众时间节点的营销要另辟蹊径：类似于春节、元旦、国庆节、情人节等大众所熟悉的时间节点，对于很多品牌来说，是进行营销和运营活动的好时机。但是正是由于这类时间节点，营销和运营活动扎堆，要从众多的品牌中脱颖而出，吸引用户，也十分不容易。比如，每年春节几乎各个品牌都在做活动，但真正能让大家耳熟能详的活动却很少。因此，需要创新营销内容和运营活动。

（4）避开大众，寻找小众时间节点：大众时间点很重要，但并非所有品牌都能在好的时间点脱颖而出，大众时间节点的营销不仅需要内容好，而且还需要投入大量的费用去推广传播。其实，在大众时间节点进行营销的同时，可以根据自己行业和品牌的属性，去寻找一些小众的时间节点进行创意的规划（这里所说的小众不是指没人知道，而是用户知道，但重视的品牌很少），比如春分、马拉松、植树节，等等。

2. 突发性时间

突发性时间，是指随时可能发生的、会引发广泛关注的时间点，这种突发性时间点也称为热点。主要是指一些娱乐性热点、突发事件、时政新闻等，比如《延禧攻略》、《创造 101》、突然的暴雨暴雪等极端天气等。如果结合这些热点进行策划活动，则会带来意想不到的效果。但是借助突发性时间进行创意和活动，需要注意以下几个方面。

1）借热点要有度

很多品牌逢势必借，什么热点都往自己品牌上靠，结果却往往不合时宜。借势必须要有度。

（1）与品牌和业务无关的热点不要借。借势首先要精准判断，热点是否可以与品牌业务相结合，并不是所有的营销都要借势。我们看到很多品牌为借势而借势，生怕错过了热点，看见别的品牌借势，自己也借势，生拉硬扯地做出一张海报，然后在朋友圈传播，结果除了给公司员工和老板看看之外，其实对品牌的传播毫无价值。

（2）与政治事件、道德底线、自然灾害、人间悲剧等有关的热点不能借。有些品牌只看热点，不注意底线。这类借势不仅对品牌没有任何好处，还会损害品牌的形象和信誉。比如，某平台做过一个 H5（如下图所示），在与用户互动的题目中就出现了空姐坐顺风车遇害事件和重庆大巴坠江事件，这就会带给人不舒服的感觉。

某平台 H5 页面

当年马航事件发生后，某大 V 在微博上发布了一张保险广告（如下图所示），就导致了广大网民的反感和抨击，最后只好以删除借势海报收场。

马航借势海报

2）24 小时原则

热点转瞬即逝，借势热点最重要的就是要"快"。热点有一个"24 小时"原则，即再热的热点 24 小时后热度都会下降，24 小时后不管如何借势，也无论利用多大的资源推广，效果都是会下滑的。

因此，借势热点要遵循"24 小时原则"，在热点发生的 24 小时内越早做出决定越好。

是否借势？如何跟进？跟进的力度多大？等等

但是很多品牌往往缺乏这样的认知和意识，要么不行动，要么不知道如何行动。

比如，2019 年央视春晚就出现了很多这样的突发性时间点。当天，在春晚的一个小品中，乔杉所穿的李宁"韦德重燃版"球鞋上了热搜（如下图所示）。对于这个与自身品牌强关联高影响的热点，李宁品牌要做的是快速响应，通过创意将热点事件的影响力最大化。

然而，在＃乔杉球鞋＃上了热搜之后，李宁官方虽然也迅速做出了回应，但仅仅只发布了两条与乔杉的微博互动（如下图所示），而且一直到第二天的中午，李宁官方再没有进行其他跟进动作和活动。

李宁官微互动

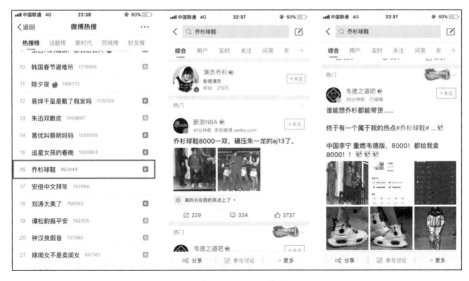

＃乔杉球鞋＃上热搜

李宁的天猫官方店铺不仅没有相关的运营活动，甚至连首页头图都没有这款鞋的引导信息（如下图所示）。笔者在官方店铺找了半天也没有找到这双鞋，最后只好回到天猫首页进行搜索。

李宁天猫店铺没有相关的活动信息

在站外，当很多 KOL 自发帮助传播李宁的"韦德重燃版"球鞋的时候，李宁竟然也没有主动发起其他传播。其实李宁可以利用这次时间节点在站外发起更多的主动传播，尤其是第二天，春晚信息还是热点的时候，比如，"春晚 8000元钱的鞋""春晚最贵的球鞋"，这些都是可以跟进的点。除此之外还可以借助李易峰穿的 Nike M2K 和朱一龙的 AJ13 等鞋炒作"春晚最火的三双鞋"，等等。

这次的春晚球鞋事件不管是李宁刻意地植入广告还是突然引发的事件，李宁在热点来临之时，虽有跟进的意识，但在热点的跟进力度和后续的具体措施方面都十分欠缺，浪费了一次提升品牌形象和产品销量的绝佳机会。

3）主动关注热点时间

热点时间机会稍纵即逝，虽然看起来毫无规律可循，但这并不表示我们就要被动等待。对待突发性时间，我们要养成主动关注热点的意识和习惯，寻找热点与品牌的结合点，这样才能做到有的放矢。

具体来说，我们可以通过以下几个平台去主动发现热点：百度搜索风云榜、微博热搜和话题榜、微信热搜、知乎话题榜、抖音话题榜等。每天只需要抽出 30 分钟，基本上就可以将这些平台的热点信息简单浏览一遍，从而对热点做到心中有数，然后再看看这些热点是否能与自己的业务相结合。

3. 不同渠道时间

除了可预见时间和突发性时间之外，还有一类时间也需要我们特别注意，即不同渠道时间。这类时间相较于前两类时间，是我们最容易忽略的，我们在发布创意和内容的时候，往往太过随性，想什么时候发就什么时候发。

不同的渠道，在不同的时间，用户行为会有所不同，我们在进行内容传播的时候，要对不同的渠道进行考量，研究其用户的行为特点。

比如，爱奇艺、微博、微信、抖音、知乎、今日头条、QQ 空间等不同平台，用户的使用习惯和使用时间是不同的。我们在传播内容的时候，就要根据用户的时间进行传播，而不是随意地传播。

12.3.2　IP 要素叠加

所谓 IP 要素叠加，是指借助 IP 的影响力来实现创意效果的最大化。需要说明的是，这里的 IP 要素叠加并不是指要将我们的产品和品牌打造成一个 IP，而是指我们的品牌通过与有影响力的 IP 合作，借助 IP 来提升自己的影响力，实现 1+1>2 的叠加效应，从而驱动用户增长。

不同的人对 IP 的定义也会有所不同，这里主要将具有知名度和影响力的内容、产品、品牌，甚至个人称为 IP。IP 最大的特点是，它本身就自带流量，能够自带话题和粉丝，只要具备这样的属性，我们都可以将其看作 IP。举例如下。

- 内容：《鬼吹灯》、网易的吃鸡游戏、《创造 101》等。
- 产品：小红书、抖音等。
- 品牌：故宫等。
- 个人：明星艺人、网红、大 V，比如蔡徐坤、邓伦、TFBOYS、Papi 酱等。

1. 找到创意的连接点

要实现IP效应叠加，最关键的就是要找到品牌与合作IP的连接点和契合点。

品牌和IP的连接点有很多，我们要找到最合适的那个契合点，下面我们来看看IP联合营销的一些契合点和方向。

1）调性的契合点

所谓调性的契合点，是指要合作的品牌和IP在调性上应具备一致性。一个技术品牌，应该寻找一个能体现技术价值的IP与之合作。如果品牌的调性是高端的，那么应寻找一个高端典型的IP与之合作。

比如，网易音乐通过"地铁专列"等营销，俨然成为一个IP，引发了很多品牌的联合营销和借势。百度外卖也选择了网易云音乐一起进行营销，因为百度外卖的定位是对外卖品质有一定要求的用户群体，而网易给人的品牌调性也是高品质的形象。高品质的品牌调性就是品牌与IP的契合点。

顺丰快递和Nike合作的快递员专属联名款的衣服（如下图所示），其实是两家公司品牌调性的契合。都代表了所在行业高品质、专业的品牌调性和形象。

顺丰和Nike的联名款快递员专用服装

2）品牌元素的契合点

品牌元素的契合点是指找到品牌与要合作的IP两个品牌之间有什么相契合的元素。比如，之前提到的OFO与小黄人的合作，两个品牌之间的契合点就是一个字"黄"，小黄人和小黄车。

百度外卖当时联合汉堡王"鸡肉堡"与网易吃鸡游戏的合作，也是利用了双方"吃鸡"这个元素的契合点。活动将"寻找吃鸡之王"作为活动主题，三个品牌强强联合，与用户玩了一场线上、线下超大型的真实版"吃鸡游戏"，最后通过这次创意，商户的订单和 GMV 都提升了 300% 以上。

（1）游戏植入："吃鸡"活动在游戏中更是在全场景中采用了品牌、活动元素的商业植入，打造了一个"真"吃鸡战场。如下图所示，玩家在游戏中随处可见新增的汉堡王、百度外卖元素，包括印有活动主题的运载飞机、品牌 Logo 的三轮车等游戏载具和主题皮肤，也有被制成"至尊汉堡王"外形的药品道具，让战斗变得更加有"味道"，用户也不反感。

同时，百度外卖还对 1 亿名游戏玩家全区发放线上红包，给出了 4 折等特别折扣优惠，玩家购买时还可以领取游戏中的定制版装备。实现了真正的品效合一。

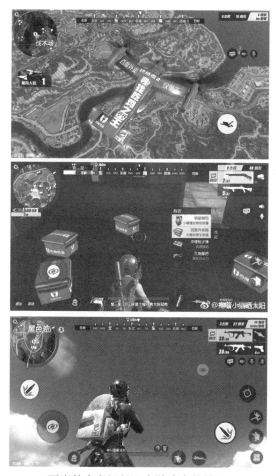

百度外卖和汉堡王在游戏中的植入

（2）线上传播：从海报到视频，所有线上物料均围绕着"吃鸡"活动进行策划，包括线上英雄集结的创意海报（如下图所示），以及活动的品牌推广视频等。主题化的传播物料设计也是为了让用户产生游戏代入感，可以切实感知到活动的氛围。

线上传播物料

（3）线下营销：除了线上活动之外，此次 IP 联合营销还在汉堡王全国 50 个城市的近 600 家门店开辟线下吃鸡战场，除了各种新奇有趣的店装素材之外，门店还贴心地为大家准备了拍照互动区域和游戏区域，用户可以在这里化身为真正的吃鸡勇士，留下自己的战地风采，如下图所示。

线下门店包装

线下门店包装（续）

　　IP 联合营销的连接点和契合点有很多，以上只是列举了一些契合点。不同的品牌需要我们在具体的活动中去洞察，去发现品牌与 IP 的契合点，通过合作实现活动的目标。

2. IP 效应叠加注意事项

　　上文讲述了 IP 要素叠加的步骤和玩法，但有几点需要特别注意，具体如下。

　　（1）不要自娱自乐，为合作而合作：很多企业和品牌 IP 联合营销缺乏明确的目标，只是做个联合海报在朋友圈发发，或者在微博上相互转发，就以为是 IP 联合营销了。我们经常可以看到一些品牌和某个电影、综艺节目也有这样的合作，一般是以在电影和节目结束时的落版、节目中一次简单的口播，还有影视中的植入等形式合作的。用户看完节目后要么是没感知到，要么就是在结尾的时候根本没看到，表面上看是进行了合作，实际上只是商家的自娱自乐，这样的联合对品牌宣传其实意义不大，对用户增长也基本上没什么效果。

　　（2）不能违背品牌的定位和核心价值：IP 合作还有一点需要注意的是，品牌是最容易忽略的，并不是看什么 IP 火就去与之合作，而应该考虑该 IP 是不是符合品牌的定位和核心价值。否则，合作的效果越好，对品牌的伤害越大。例如，假设我们的品牌定位在高端的用户群体，如果去与一个面向比较注重价格的用户群体的品牌合作就不太合适了。哪怕短时间内带来了用户增长，这样的用户也是低价值的，而且留存效果也会较差。

12.4　本章小结

　　本章主要讲解了创意效应最大化的三个重要原则：照见自己原则、熟悉的陌生化原则和效应叠加原则。

照见自己原则是指要让用户首先关注自己，让痛点融入用户生活，让用户在创意中看到真实生活和自我的投射。

熟悉的陌生化原则主要是因为太熟悉的东西很容易让用户产生疲劳，从而降低用户的关注，因此我们要提升用户对熟悉事物的感知力，唤起人们对熟悉事物的关注和独特感受。

效应叠加原则要求我们在释放创意的过程中，要善于找到创意的叠加要素，让创意的释放最大化。

第11章和本章主要讲述了创意有效驱动用户增长的根本动力以及创意执行中的方法，第13章将主要讲解如何更有效地转化好的创意。

第 13 章

创意转化与用户增长

大家可能还记得 2017 年的时候，百雀羚做了一张长图广告，刷屏网络，据说微信阅读量达到几千万，但淘宝转化率只有不到 0.00008%。其实除了百雀羚遇到过这样的问题之外，我们在做用户增长的过程中也会经常遇到这样的问题，列举如下。

- 微信文章阅读量十万以上，订单量却没有提升。
- 一个刷爆朋友圈的 H5，转化率却奇低。
- 投放了几千万的线下广告，号称覆盖几千万人，曝光上亿，业务数据却没有太大的变化。
- ……

为什么用户即使很喜欢创意和内容，但就是不下载、不使用、不购买？

什么样的创意和内容才能叫好又叫座？

什么样的创意和内容才能带来更高的转化率，能更有效地驱动用户增长？

13.1 影响创意转化的两个关键点

要解决以上问题，我们先来看看创意是怎么影响用户的，从而找到提升创意转化的关键点，做好用户增长。创意影响用户行为的流程具体如下图所示。

创意影响用户行为流程图

从上图我们可以看到创意是如何影响用户的，具体解说如下。

创意 / 信息通过不同的媒介触达用户，进而影响用户，触发用户发生下载、使用、购买产品等行为。

在前面的章节中，我们讲解了好创意要遵循的三个原动力以及创意执行中的三大原则。通过三个原动力和三大原则，我们往往能够做出不错的创意，让创意的传播效果最大化，再加上精准的媒介传播渠道的选择，就能覆盖到我们的目标受众，扩大获客的用户漏斗口，获得巨大的流量。

但是我们还是会发现，就算做好了前面的两个环节，获取了巨大的流量，有效地触达用户，然而用户增长的效果也未必会好。一般会存在两种情况，如下图所示，具体解说如下。

（1）流量在外：用户觉得创意很好，媒介渠道也很精准，触达用户，用户也发生了观看、评论、点赞甚至传播创意的行为，带来了巨大的流量。但是没有引发用户进入 App，用户仅仅只是看看创意。

（2）流量在内：创意很好，触达用户很精准，通过创意获取了巨大的端内流量，用户进入了 App，但是没有发生增长行为（比如浏览、购买等）就流失了。

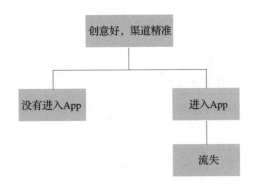

用户增长效果不好的两种情况

如果我们假定产品解决了用户痛点，却还是出现如上所述的影响用户增长的两种情况，那么最主要的原因分别分析如下。

（1）流量在外——"产品位置"：流量进不了端内的最重要原因是，我们的创意传递的概念和信息没有考虑到用户对品牌的认知情况，没有考虑到品牌的竞争情况等"环境"因素，这个时候，哪怕我们的创意再好，用户再喜欢，传播和曝光范围再大，可能也不会带来用户的增长。通俗的说法就是，用户仅仅是在看热闹。

（2）流量在内——"落地页"：创意虽然将用户引导到产品内，但如果我们的落地页有问题，则也会影响到用户的增长，甚至导致用户的流失。

接下来，我们就分别从这两个方面去看看如何提高创意转化率，做好用户增长。

13.2　"产品位置"与用户增长

"产品位置"主要是指产品在用户心智中所处的位置，即用户对该产品的印象，包括熟悉度和喜爱度。"产品位置"的不同，创意要向用户传递的信息也不同，"产品位置"决定了我们要对用户"说什么"。

根据目标用户对产品的熟悉度和喜爱度，我们做了一个四象限（如下图所示）来分析产品在用户心智中所处的位置。产品所处的象限位置不同，所要采取的创意策略也会不同。

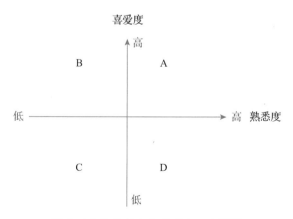

用户对产品熟悉度和喜爱度四象限图

1. A（第一象限）：熟悉度高，喜爱度高

第一象限，目标用户对产品的熟悉度高，喜爱度也高。不过除了要考虑目标用户对产品的认知之外，我们还需要综合考虑产品目前的市场竞争环境。可以分为两种情况，具体解说如下。

（1）目标用户对产品的熟悉度高，喜爱度也高，市场占有率高，处于绝对领导者的地位。比如淘宝、天猫等产品。

- 创意策略：继续维持高知名度和美誉度。也就是通过业务带动品牌。比如通过传播产品的新形象、功能、技术、服务、利益点不断刺激用户，提高产品的留存和变现，继续扩大产品的市场份额和领先优势。
- 案例分析：比如淘宝、天猫等产品，具有较高的知名度和熟悉度，市场份额也处于领先地位。这个时候品牌的知名度和美誉度已经不是创意首要解决的问题，而是通过与商家及品牌联合的各种活动，比如国潮、造物节、双十一等去提升用户的复购率和留存率。而这个时候如果说购物就上天猫，其实是没有价值的，哪怕创意再好，曝光再多，对用户的增长也没有用。

（2）目标用户对产品的熟悉度高，喜爱度也高，但市场竞争非常激烈，产品的市场占有率落后于竞品或者与竞品旗鼓相当，还未完全取得绝对的领先优势，市场上还有其他非常强有力的竞品。比如饿了么与美团外卖，百度地图和高德地图，抖音和快手等。

- 创意策略：差异化的诉求。用户熟悉度和喜爱度都很高，但是市场占有率落后于竞品。而且竞品的用户熟悉度和喜爱度都很高，习惯已经形成，这种情况下要想改变用户，实现更好的用户增长，必须找到差异化的点，这些点可能是功能、技术、形象等。
- 案例分析
  - 差异化的功能诉求：当时高德地图落后于百度地图，高德地图就开发了郭德纲、林志玲的明星语音导航产品，并向用户透传，最终取得了非常好的用户增长。
  - 差异化的服务诉求：外卖市场原来是美团外卖、饿了么和百度外卖三足鼎立。百度外卖聚焦于"品质"商户，主打品质外卖，在白领市场迅速成为第一。美团外卖通过"送啥都快"，则是想通过物流配送上的

差异化去影响用户。

- ■ 差异化的品牌调性：共享单车当年是 ofo 和摩拜两强相争，两者的市场份额也相近，产品没有太多的差异化。于是，ofo 通过与小黄人的合作创意，塑造了年轻活力的品牌形象，使其品牌调性年轻化，通过吸引年轻用户来拉动用户增长。

2. B（第二象限）：熟悉度低，喜爱度高

产品在用过的用户中口碑都很好，用户都很喜爱，但产品的知名度比较低，很多用户不知道我们的产品，造成这种情况一般有两方面的原因：要么是我们所处的领域是一个新市场，目标用户对这个行业和领域还不熟，用户还处于培育阶段；要么是我们是所处领域的后进入者，很多目标用户并不知道我们。

- 创意策略：**提升知名度和认知度。** 不管是属于以上哪种情况，这个阶段最主要的就是提升产品和品牌的知名度和认知度，让大家知道我们的产品，通过创意告诉目标用户我们是谁，我们的产品能够解决他们的什么问题，从而吸引更多的人注意，这是最快速有效拉动用户增长的方法。
- 案例分析：比如作为共享住房模式的民宿，有小猪短租、途家、一家、榛果民宿等品牌，但是目前用户对民宿认知度低，消费习惯尚未形成，民宿心智尚未被占据，无论哪个品牌对用户来说熟悉度都很低。这个时候的创意诉求应该是告知用户住民宿就找 ×× 品牌，建立民宿 =×× 品牌的用户心智，树立该品牌作为民宿行业老大的地位，从而驱动用户增长。

3. C（第三象限）：熟悉度低，喜爱度低

目标用户对产品的喜爱度比较低，即口碑差，不过幸亏知道的人也不多。

创意策略：**发现喜爱度低的原因并改进。** 首先要解决的不是知名度问题，而是找到用户不喜欢的原因并改进。如果存在多个影响用户喜爱度的问题，我们需要找到用户最关注、最影响用户增长的那些问题，优先填补这个印象缺口。

在填补好印象缺口之前，切不可做大规模的传播推广，越扩大传播，越不利于用户增长。

4. D（第四象限）：熟悉度高，喜爱度低

这类品牌和产品往往有较高的知名度和市场占有率，但由于种种原因，其口碑和美誉度较差。

- 创意策略：**扭转负面形象，重塑良好形象。**
- 案例分析：因为这类品牌都具有较高的用户知名度，一旦口碑受损，就需要花很长时间才能重塑形象。对于这种情况，最重要的就是要找到问题所在，比如，早期的腾讯，被人诟病抄袭；现在的百度，因为医疗广告导致口碑下滑；以及滴滴打车，因为出现的个别安全事件对自身口碑造成了不良影响。这些都会影响用户的增长，尤其是当市场上出现了其他强大的竞争对手，而且在产品体验等方面都做得不错的时候，就很有可能造成用户大面积的流失和转移。

对于这种情况，我们需要针对具体问题进行改进，并向用户传递新的形象，慢慢地重新挽回用户的口碑和关注。

13.3　落地页三要素

落地页（Landing Page）是指产品的潜在用户通过视频、海报、文章、H5、搜索关键词等创意直接点击或者间接进入到的页面（如下图所示），是产品想向用户传达的信息，落地页的目的往往是为了引导用户完成注册、下载、使用或购买等用户增长行为。

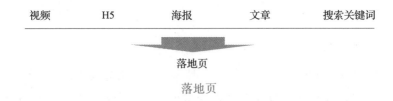

落地页

落地页是创意的承载页，属于创意的一部分，是创意的延伸，其承担着承接流量、转化流量的作用，落地页的好坏直接决定了创意带来的用户转化率的高低，从而影响到最终的用户增长。

不过，在做用户增长的过程中，大家往往重视创意的前部分，而忽略落地页本身。我们经常会看到很多公司在做活动的时候，前期确实带来了很多流量，

但是进入落地页后转化率却不高，造成了资源和流量的浪费。

什么样的落地页才是一个好的落地页，什么样的落地页才能提升转化率，促进用户增长？

笔者认为好的高转化率的落地页应该具备三个要素（如下图所示），即内容力、表现力和体验力。

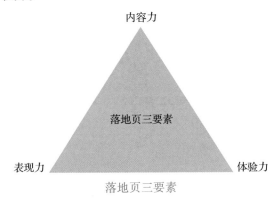
落地页三要素

下面我们分别从这三个方面去分析如何做好一个有用户增长力的落地页。

13.3.1　落地页的内容力：内容是创意转化的根本因素

如果一个落地页好，那么它会带来好的转化率。落地页的好首先是落地页的内容本身要好，好的内容力主要体现在如下几个方面。

1. 承诺一致原则

落地页既是创意的延续和承载页，同时又是用户转化的中间页。落地页最重要的就是要做到承诺一致原则，所谓承诺一致是指广告创意所传递的内容与落地页所呈现的内容要有较强的相关性。用户之所以会点击我们的广告创意进入到落地页，或者看到我们的创意，进入到落地页，说明我们的创意传递的信息让用户产生了欲望（下载、使用、购买等）。如果落地页没有一致的承接，那么用户就会流失。

接下来我们一起来看看一些错误的内容做法。

1）信息不相关

信息不相关是指创意传递的信息和落地页的内容不一致，不相关。

很多广告主在进行广告创意投放的时候，为了让数据更好看，让客户愿意继续投放广告，经常会通过各种"诱导"的方式吸引用户点击。如果这样的"诱导"与落地页的内容无关，那么一定要慎重，不要为了高曝光和高点击率而轻易采用这种方式。比如，投放信息流的时候，一些商家喜欢将广告包装成新闻（如下图所示），点击率是增加了，但转化率却很低。这是很多品牌和产品进行投放的时候最喜欢对用户玩的"伎俩"。这样骗取点击的行为对转化没有作用，甚至会让用户反感，觉得自己被骗上当，浪费时间。

我们应该做的是引导用户，而不是诱导用户。

广告创意与落地页

比如上面这两张图，左边是广告创意，右边是落地页。目标用户看到"用了这么多年冰箱，90%的人竟然只用了一两个功能……"的标题时，会误认为其是新闻和知识性的标题，这种标题的确能够引发用户的好奇心，提高点击率，但是转化率不会太高。具体原因解说如下。

（1）这句文案唤起的是目标用户了解知识的欲望，而非购买的欲望，因此点击进来的用户其实很多是没有购买需求的。

（2）当用户点进去看到的是购物页面的时候，页面的内容与用户的认知就会产生错位，用户反而会产生"原来又骗我来买东西"的心理。

而下图的创意和落地页就实现了承诺一致的原则，创意通过低价的利益点去引导用户，主要目标是价格敏感的用户。产生点击的目标用户，其实是有购买欲望的用户，而且点进去后，落地页的内容与创意的文案和图片都是一致的，因此更容易产生较高的转化率。

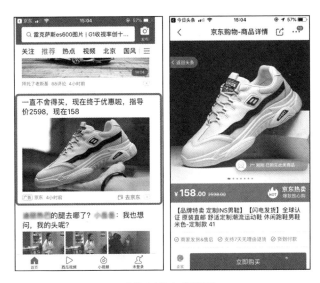

运动鞋创意和落地页

2）过分夸大承诺

还有一种承诺不一致的情况是，创意提到的内容虽然与落地页相关，但是创意夸大了承诺，用户进入落地页后会造成心理预期的下降，这样也会影响到转化率的提升。比如，我们在创意内容中宣称全场五折，但进入落地页后，发现根本不是五折；我们在创意中宣称有很多大牌的商家，进去后却发现都是一些不知名的小商家。

2. 重点性和丰富性的统一

好的落地页还应该突出重点，信息明确。

我们经常会看到有些落地页，虽然页面里包含了创意想向用户传递的内容，但是除了创意传递的内容之外，还加入了许多其他内容。目标用户进入落地页之后，会发现页面信息繁杂，创意内容传递的关键信息可能放在了比较深的位置，或者比较难找，因此目标用户的跳出率就会很高。

要想解决这个问题，一般可以采取如下两种做法。

第一，一个落地页只传递一个内容和信息，且保证落地页和创意传达的内容完全一致。这种做法对于一些单一的产品比较合适。比如，我只买一款化妆品、一款鞋、一款车等。

第二，对于一些平台型的产品，比如饿了么、淘宝、京东等，这些产品的创意有的时候是传递整个活动的信息，进入落地页的时候，页面会包含很多品类、促销信息和玩法等。这就需要落地页的内容突出整个活动创意要传达的重点，同时还要对其他的内容进行分类，比如，按照品类、热销、场景等进行分类，目的是方便用户找到所要的内容和信息。真正做到重点性和丰富性的统一。

3. 先让用户感受到价值，用户才会行动

创意内容只是将用户引导到落地页，落地页想要提升转化率，还需要体现我们想要带给目标用户的价值，用户才会产生增长行为。

对于低决策成本的产品，比如一些免费工具、快消品等比较好展示价值的产品，要让用户产生购买行为相对容易。

对于高决策成本的产品，比如汽车、教育等，要让用户马上下单则是比较困难的，落地页最重要的就是要先让用户感受到价值。比如，教育行业的免费先导课，通过好的课程、好的老师的讲解，消除目标用户的付费顾虑。比如汽车类产品，用户光看落地页的一个视频，看一些图文介绍，是很难决定下单的，这就需要通过落地页的内容等功能介绍，收集用户信息将用户引导到线下试驾（如下图所示）。

汽车的创意落地页

比如，上面奥迪的落地页就将用户引导到预约试驾页面，不过，落地页首屏一上来就搜集用户电话，很容易让用户产生排斥心理，如果首先展示产品的价值，当用户认识到产品的价值之后，再来收集信息，那么这种排斥心理就会下降，用户更愿意填写电话等信息，因此将登记预约信息放在后面会更好。

4. 二次刺激，为用户提供超预期感受

用户能够通过创意进入落地页，说明我们之前的创意对用户的刺激产生了作用。如果该落地页不仅能够契合用户之前的想象，还能不断提供二次刺激，也就是为用户提供超预期的感受，那么转化效果就会显著提升。

就像谈恋爱一样，如果男孩被一个女孩的外貌所吸引，而产生了想与之接触的想法，女孩的外貌就是一次刺激，如果男孩通过约会见到这个女孩，发现这个女孩不仅长得好看，还很有内涵，这就是二次刺激。

创意对用户的刺激可以是价格、权威背书、从众心理等，目的就是打消用户的购买顾虑。比如，在小米旅行箱在京东上的落地页上（如下图所示），用户会发现其除了款式好看、价格便宜之外，还有一个入选"集颜值与实用的十款拉杆箱"的榜单背书，因为同时入选的还有其他品牌的拉杆箱，更增加了背书的公信力。这其实就是为用户提供了除价格之外的二次刺激，因而会大大增加用户的购买概率。

拉杆箱落地页

13.3.2 落地页的表现力：通过布局和视觉激发用户转化

落地页就算内容做得很好，如果表现力比较差，那么它也会影响用户转化率。这里的表现力主要是指落地页的视觉表现力，可以通过以下两方面来实现。

（1）设计布局清晰，引导用户找到其想要的：用户都是没有耐心的，混乱不堪的落地页会对用户造成干扰，影响用户寻找信息。因此在设计上可以通过视觉的归类、分组、突出、弱化、颜色等，帮助用户快速发现其想要的信息。

（2）视觉的感染力，激发用户增长行为：落地页除了向用户清晰传递核心信息之外，如果图片的设计能自带销售力和感染力，那么它还能有效提升用户的转化率。

我们通过具体案例来看看什么才是表现力好的落地页。

比如，到了吃樱桃的季节，我们通过搜索"樱桃采摘"关键词找到了两个落地页（如下图所示）。

第一个页面布局结构十分杂乱，全是文字内容，没有主次之分，也没有突出重点，用户很难一下子找到自己想要的信息。

樱桃采摘落地页

樱桃采摘落地页（续）

第二个落地页就比第一个好很多，该落地页通过页面色块的设计，将各类信息非常清晰地进行了分组、归类，用户进入页面首先看到的是其最关注的信息、樱桃的种类、联系方式，点击各个品类的樱桃可以看到介绍信息。再加上具有视觉冲击力的图片，更增加了人的食欲，对转化率的提升会有不小的增益。更让人惊喜的是除了介绍采摘的信息之外，竟然还有周边游玩的介绍。表面上看这些介绍与樱桃采摘毫无关系，但可以看出设计者真的是站在用户的角度思考问题，因为采摘园一般都在郊区，比较远，而且采摘时间很短，如果周边有好玩的地方，会增强用户去采摘的动力。

13.3.3　落地页的体验力：落地页既要可用也要易用

落地页除了要有好的内容、好的视觉表现力之外，还需要有好的用户交互体验感受。体验力主要包含"可用性"和"易用性"两个方面，比如页面的加载速度、跳转、操作顺畅、所见即所得等。

（1）可用性：比如上面提到的第二个樱桃采摘落地页，无论内容做得多么好，多么有设计感，布局多么清晰，如果点开这个落地页后，加载速度很慢，好半天也加载不出来图片，点击导航栏也没有反应，那么它就只是一个华而不实的落地页，很难带来更多的用户购买。

（2）易用性：**易用性的目的是让用户轻松完成操作**。我们仍然以上面的樱桃采摘页为例，当用户看完信息并且对活动产生了兴趣，想要通过电话进一步了解时，如果落地页的联系方式能直接调起，而不用在手机上输入号码，就能为用户提供较好的体验。

13.4 本章小结

本章主要讲解了影响创意转化的两个关键因素："产品位置"和"落地页"。

产品位置是指产品在用户心智中和竞争环境中所处的位置，位置的不同，直接决定了我们向用户传达什么内容。落地页的好坏也决定了创意的转化率，一个好的落地页应该包含好的内容力、表现力和体验力。

只有做好了以上两个关键因素，创意和内容才能带来更高的转化率，驱动用户增长。

第 14 章将讲解如何找到用户增长的第二曲线。

第 14 章

找到用户增长的第二曲线

产品与其他生物一样，也有其生命周期，也会经历"生老病死"。我们将产品从开发到引入、成长、成熟、衰退的整个阶段称为产品的生命周期（Product Life Cycle，简称 PLC），即从进入市场到最终被市场淘汰的整个过程。

产品的生命周期必然会影响到产品和用户增长。那么应该如何保持产品和用户的持续增长呢？

14.1 产品生命周期内的用户增长

一个产品由于竞品的竞争、新技术的出现，或者随着市场的增长，用户基本被覆盖等原因，会慢慢地从成熟期进入衰退期，直至最终死亡。产品生命周期如下图所示。

在一个产品的生命周期内，要想让产品持续增长，所要做的就是想办法延长产品的生命周期，减缓产品衰退的速度。我们之前从产品、渠道、创意三个方面讲解了很多关于驱动用户增长的方法，这些方法虽然能够延长产品的生命周期，延缓产品的衰退，但都是处于一个产品生命周期内的增长，而不能跨越产品的衰退周期，无法避免用户增长速度的放缓以至最终的停止增长，乃至产品的死亡。

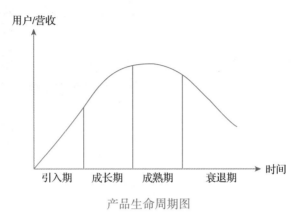

产品生命周期图

真正的用户增长既要在产品周期内保持增长，更重要的是要思考如何才能突破产品的生命周期，避免产品的衰落消亡，保持用户的可持续增长。

14.2 找到用户增长第二曲线

上面我们提到过不管是产品迭代、市场运营手段，还是开拓新的市场，都是在同一产品生命周期内进行的用户增长。**要实现跨产品生命周期的增长，就必须进行痛点的迭代，发现新的痛点。**

这里需要说明的是痛点迭代并非产品迭代。产品迭代更多的是在原有产品的基础上对功能进行增加与删减操作等。我们可以打个简单的比方，产品迭代就像是对一棵树进行修枝剪叶、去除枯枝，让它长得更好、更茂盛，不过树还是这棵树。痛点迭代则是从这棵树旁边再长出一棵树，甚至一株花。这棵树可能会在某一天枯死，而它旁边的树或花还会继续生长，可能会长成一棵参天大树或一片花海。

从痛点的发现到痛点解决方案（产品）的上线（生产），再到增长、成熟、衰退是一个生命周期，用户和收入的增长必然会到达一个最高点，然后开始下滑。查尔斯·汉迪在他的《第二曲线：跨越"S型曲线"的二次增长》一书中将产品从开始到消亡的生命周期曲线称作第一曲线，他认为企业要想持续增长，就必须找到第二增长曲线。而痛点迭代就是要在第一条增长曲线之外找到第二条痛点增长曲线、第三条增长曲线、第四条曲线……循环往复，从而跨越产品的生命周期，如下图所示。

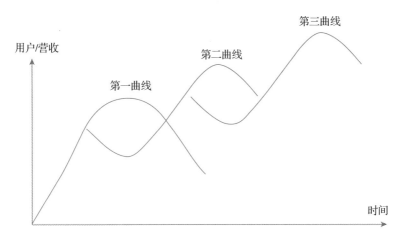

跨越产品生命周期的增长曲线

14.2.1　用户增长第二曲线的拐点

发现新的痛点，找到用户增长的第二曲线首先要考虑的是时间问题，也就是应在什么时候去寻找痛点，开启新的增长曲线。

1. 时间点的选择

有的企业可能会说我们一直有这方面的意识，在产品引入期，就已经开始考虑要有其他的增长曲线；而大多数企业则是在发现现有产品增长放缓，甚至开始下降的时候，才急着去寻找下一个增长点：其实这两种做法都是有问题的。

（1）引入期：引入期之所以不适合开启增长第二曲线，是因为这个阶段，产品第一曲线的增长可能还不太稳定，甚至都还没验证过增长第一曲线的痛点是否正确，而且企业也没有太多的资源和精力投入到第二曲线的探索和研究中。这个时候最重要的就是专注于第一曲线的增长，进行痛点的验证和核心痛点的强化等工作。

（2）增长下降后：在发现用户和产品已经开始衰退之后，才开启第二曲线，这个时候就已经晚了。查尔斯·汉迪在阐述他的"第二曲线理论"时说过："当你知道你该走向何处时，你往往已经没有机会再走了。"这个时候产品第一曲线的业绩会快速下滑，公司会遇到用户流失、利润减少、公司裁员等问题。对内，企业能用于第二增长曲线开启的资源、人力、资金都明显减少；对外，可能已经有竞争对手进入了第二曲线的领域，取得了先发优势。这个时候要开启第二曲线是非常困难的。因此，开启第二曲线不宜过早，也不宜过晚。那么什么样的时间点才最适合开启第二增长曲线呢？

（3）增长顶点之前：《第二曲线：跨越"S型曲线"的二次增长》一书中提到过一个重要的时间点，即增长的顶点，这里将这个顶点称为"第二曲线拐点"，这个点对于能否开启企业的第二增长曲线尤为重要。

如下图所示，开启增长第二曲线的最佳时间点，就是在增长第一曲线达到顶点之前的增长期和成熟期。这个时候，企业要么处于高速增长期，要么处于繁荣期，人员稳定、资金充足，员工的士气也最高，能够强有力地支撑增长第二曲线的探索和启动，更有可能保证企业的可持续增长。

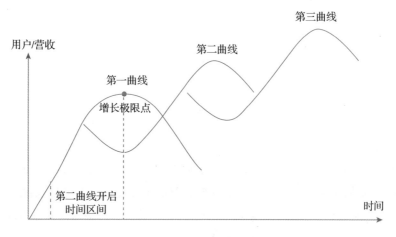

第二曲线开启时间表

2. 开启第二曲线的阻碍：数据繁荣的迷惑

虽然大家知道第一曲线的增长期和成熟期这个时间段是开启增长第二曲线的最佳时间，但是大部分企业经常会错过这样的时间，往往在"第二曲线拐点"之后，才意识到要另辟蹊径开启增长第二曲线，但那时已经来不及了。

　　大部分企业之所以会出现这样问题，是因为陷入了"数据繁荣的迷惑"之中，因为在达到增长顶点之前，企业的用户数据、财务数据、增长数据等都非常好，公司正处于发展的黄金时期。这个时候企业是很难意识到危机的到来的，即便发现了新的痛点和增长机会点，为了保证增长第一曲线的继续增长，很多企业也不会投入多少资源和精力到增长第二曲线中。在这方面最明显的例子莫过于诺基亚。

　　诺基亚手机曾经是手机界的绝对霸主，自 1996 年击败摩托罗拉成为手机市场的老大后，连续 15 年市场份额全球第一。2011 年，连续 15 年第一的诺基亚被苹果和三星超越。而在两年后的 2013 年 9 月，诺基亚手机业务被微软收购。从 2010 年的全球第一，到 2013 年被收购，一个有着 100 年历史的企业，在短短三年时间内就濒临崩溃。

　　诺基亚失败的原因不是不重视技术，也不是骄傲自大，更不是管理问题，而是陷入了"数据繁荣的迷惑"陷阱，错过了开启第二增长曲线的最佳时间点。

　　诺基亚其实非常重视技术的投入，很多技术和理念遥遥领先于竞争对手。早在 20 多年前的 1996 年，诺基亚就推出过智能手机的概念机，比苹果早了十多年。2004 年就已经在苹果之前首先开发出了触控技术，当年的技术投入的费用是苹果的 4 倍。而在 2007 年，诺基亚就推出过类似于苹果的 App Store 的系统 Ovi，这方面也早于苹果手机。

　　虽然理念、技术等都领先于对手，但"增长第一曲线"的完美数据，让诺基亚将大部分精力都放在了第一曲线之上。据当年接受台湾《商业周刊》采访的诺基亚员工称，在 2007 年，苹果推出 iPhone 手机的那一年，诺基亚召集了全球最好的几十个软件人才进行了一次神秘的、隔绝外界的开发计划，最终开发出了一个全新的操作系统。不过，最终公司仍然没有进行全新操作系统的改变，没有将更多的资源投入到新的手机和新的操作系统中，因为当时诺基亚的 Symbian 系统还是市场老大，苹果的份额远远低于诺基亚。正如当时这位诺基亚员工所说的："公司关心的是 value（价值），是 figure（数字），而不是产品。"

　　过度关注第一曲线"数据的繁荣"害了诺基亚，而等到诺基亚非智能手机业务开始下滑时，诺基亚才想起将大部分资源放到智能手机上，但是为时已晚，苹果、三星等智能手机已经开启了智能手机的增长曲线。最终，诺基亚这个曾经的手机界龙头老大也没能逃脱增长第一曲线的产品生命周期。

14.2.2　开启用户增长第二曲线的方法：找到衍生型痛点和颠覆型痛点

我们知道了开启增长第二曲线的最佳时间之后，接下来要考虑如何在这个最佳时间段内开启第二曲线。每一条增长曲线背后最本质和核心的因素就是"痛点"，因此要开启增长第二曲线，首先要在增长第一曲线痛点之外，找到新的用户痛点。

在增长第一曲线之外，开启增长第二曲线可以采用两种方法（如下图所示）：找到衍生型痛点和颠覆型痛点。

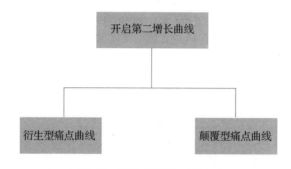

开启第二增长曲线的两种方法

1. 衍生型痛点曲线

痛点不是凭空而来的，也不是公司找一堆人，关在办公室集中头脑风暴想出来的，痛点的寻找是有规律和依据可循的，衍生型痛点就是这样一种有据可循的痛点。

所谓衍生型痛点就是基于增长第一曲线"长出来"的痛点。就像之前我们提到的比喻一样，如果将一棵大树看成增长第一曲线的话，那么衍生型痛点曲线就是从这棵大树上截取一根树枝，插到泥土里，让其长成另一棵大树。或者从这棵大树的旁边生出了一棵小树，最后长成另一棵大树。也就是这个痛点往往是通过第一曲线衍生而来的，是与第一曲线有关的。

字节跳动（今日头条母公司）正是通过找到了衍生型痛点，在今日头条之外，通过抖音开启了第二增长曲线的。

今日头条是字节跳动最早的产品之一，创立于2012年，到2018年的时候，日活已经超过2.4亿。不过在2018年，字节跳动的全年收入在500亿元左右，而抖音收入在200亿元左右，也就是抖音差不多贡献了全公司一半的收入，只比今日头条少一点。而且在日活方面抖音突破 2.5 亿，月活超过 5 亿，已经超过了今日头条，成为字节跳动公司中用户数和活跃度最高的 App。通过数据我们可以看出，不管是在日活还是营收方面，抖音其实已经成为字节跳动公司名副其实的增长第二曲线（如下图所示）。

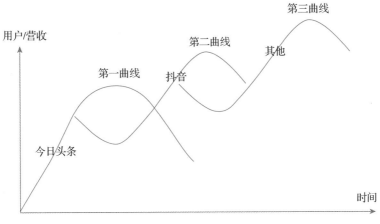

抖音成为字节跳动公司第二增长曲线

　　除了今日头条和抖音之外，字节跳动还包含了垂直媒体、电商、教育、社交、游戏、金融等各种业务（如下图所示），这些都有望成为公司的增长第三、第四、第五……曲线。

业务类别	产品布局
综合资讯	今日头条
短视频	抖音、西瓜视频、火山小视频、快拍
垂直媒体	懂车帝
电商	放心购、值点、新草、今日特卖
微博客	微头条
问答	悟空问答
教育	gogokid、好好学
社交	多闪
游戏	今日游戏
金融	放心借

今日头条曲线增长布局

那么，字节跳动是如何找到衍生型痛点，让抖音成为公司的增长第二曲线的？

早在 2016 年的时候，今日头条激活用户数已经超过 6 亿，月活 1.4 亿，日活 6600 万。可以说，2016 年今日头条还处于高速增长期。而就在这一年，字节头条一口气推出了西瓜视频、火山小视频、抖音等产品，而且每个产品相隔不到 2 个月时间，具体如下。

- 2016 年 5 月，头条视频（西瓜视频前身）上线。
- 2016 年 7 月，火山直播（火山小视频前身）上线。
- 2016 年 9 月，抖音上线。

公司创始人张一鸣在当时提出了"all in"短视频公司战略，正因为"all in"让抖音成为公司的增长第二曲线。

大家可能会觉得，新的增长曲线的开启就需要这样有魄力和决断力的老板，敢于在第一曲线还在高速增长的关键时刻做出决定。

其实以上只是表象，表象背后的因才是需要我们真正重视的。抖音之所以能够找到衍生型痛点，开启第二曲线主要在于两个方面。这也是一个产品要找到衍生型痛点，开启增长第二曲线的关键所在。

1）通过数据驱动发现新痛点

其实衍生型痛点的发现并不是靠公司老板拍脑袋来决定的，实际上，张一鸣敢于提出战略改变背后的原因在于其通过第一曲线中的数据，发现了新的用户痛点。

张一鸣曾经说过："2016 年 5 月，今日头条上的视频消费总时长已经超过了图文，图文资讯消费的天花板即将触顶，用户内容消费已转向展现形态更立体更丰富的短视频，尤其是 UGC 短视频。"

从张一鸣的这句话中我们可以看到，今日头条上视频的消费时长超过了图文，说明用户对短视频的需求很大，而目前还没有这样的平台能够解决用户的这个需求，这其实就是用户目前最大的痛点。由于这个痛点是基于第一增长曲线发现的，因此，我们称之为衍生型痛点。

我们看到张一鸣在 2016 年提出"all in"短视频的战略，是因为当时视频消费时长超过了图文，但还有一点没有看到的是，公司当年就上线了 3 个短视频产品。由此可知，早在 2016 年之前，张一鸣对这件事情就已经有了充分的思考和准备了，也就是说，在短视频数据快速增长，但还没有超过图文时，张一鸣就已经开始布局了。最后短视频数据超过图文，更加坚定了张一鸣 "all in" 的决心。

要在增长第一曲线之外，开启增长第二曲线，关键在于是否有新的痛点和新的增长点的出现，而且这个增长点是否获得了高速的增长。这时候对数据的分析和判断就尤为重要了。

因此，我们需要随时关注现有产品中那些关键要素的数据是否发生了变化，当某些关键要素数据发生了急剧的变化时，就需要思考是不是要布局新的业务，这有可能会成为开启第二曲线的关键点。

2）快速投入公司资源，放大新痛点

在发现了新的痛点和用户需求之后，张一鸣提出了 "all in" 的战略，将公司强大的资源和资金投入到新的痛点之中，不到一年的短短时间之内就上线了 3 个不同方向的短视频产品，其中，火山小视频和西瓜视频的前身是作为今日头条频道的火山直播和头条视频，张一鸣并没有将其仅仅放在原来今日头条的平台上，而是将其独立出来做大，成为单独的产品，与抖音一起构成了第二增长曲线的产品矩阵。

与今日头条不同的是，我们之前提到过的诺基亚的案例，其实，当时公司已经发现了新的痛点和用户增长点，就是一直下不了决心投入更多的资源和资金到增长第二曲线中。所以，最后错过了第二曲线的开启时间段。

除了以上我们提到的字节跳动公司之外，其他很多公司，比如美团从团购到酒店、旅游再到现在的外卖，都是在合适的时间点，从原有业务中找到了衍生型痛点，开启了第二曲线。华为从做 B 端业务，到给运营商代工生产手机，再到自己做手机品牌，也是从原有业务中发现了衍生型痛点。

2. 颠覆型痛点曲线

颠覆型痛点与衍生型痛点的不同之处在于，颠覆型痛点虽然不是由第一曲线上发现或者衍生出来的，但是这个痛点的解决会对第一曲线的痛点解决方案造成颠覆型的影响，甚至让第一曲线的产品或者公司死亡。所以该痛点称为颠覆型痛点，解决这个痛点后带来的增长，称为颠覆型痛点曲线。

我们以共享单车为例，共享单车实际上是为了解决用户出行最后一公里的痛点。假设在解决完这个痛点之后，公司为了让自己的单车更耐用，发明了一

种特殊的材料，这种材料在防腐蚀、防撞击方面是其他同等材料的 10 倍。于是很多其他的自行车、汽车、火车等交通工具生产间，都希望使用它发明的这个材料，这样这个材料也就顺便解决了其他交通工具防腐和防撞差的痛点。这个痛点的解决为共享单车开启了另外一条增长曲线，这个痛点就是衍生型痛点，而这条曲线其实就是衍生型痛点曲线。

那么什么是颠覆型痛点呢？比如，有一天突然出现了一种技术，假设这种技术可以通过时光传送，让人瞬间转移。这种技术其实与共享单车一点关系都没有，但是它的出现颠覆了共享单车这种模式，甚至颠覆了其他的交通工具。

其实，之前的共享单车只是在一定程度上解决了人们出行最后一公里的痛点，但用户仍然存在新的痛点，因为用户仍然感觉比较麻烦，在下车以后仍然要四处寻找共享单车，扫完码以后还要骑行。用户潜在的新痛点就是：我比较懒，我不想动，能不能让我不要骑行，想到哪里就到哪里。这种跨领域技术或者颠覆性的技术带来的痛点解决方案，引发了整个行业或其他领域的颠覆。

需要说明的是，关键不在于这个痛点是什么痛点，而在于对这个痛点的解决方案会对第一曲线造成颠覆型的影响。这样的痛点就是颠覆型痛点，而这个解决方案带来的增长曲线，就称为颠覆型增长曲线。

1）颠覆型痛点曲线的特点

颠覆型痛点曲线与衍生型痛点曲线不同，主要有几个特点：破坏性、跨越性、隐蔽性。

（1）破坏性：衍生型痛点的解决不一定会破坏增长第一曲线，而颠覆型痛点则是破坏性的，它甚至会颠覆第一增长曲线，用通俗的话说，就是很可能会自己革自己的命，这条曲线的开启往往意味着需要放弃第一曲线。因此，对许多公司来说，开启颠覆型的增长第二曲线的难度远远大于衍生型增长曲线。

（2）跨越性：颠覆型痛点曲线一般具有跨越性，颠覆型痛点曲线的开启很多时候可能并非来本领域本行业或者并非从内部产生，而是来自于其他领域或外部。举例说明如下。

- 颠覆马车的不是一辆更快的马车，而是汽车。
- 颠覆相机的不是一部更好的相机，而是手机。
- 颠覆方便面的不是一盒更好吃的面，而是外卖。

- 颠覆传统出版业的不是其他出版公司，而是知识付费。

- ……

（3）隐蔽性：衍生型曲线的开启一般可以通过从增长第一曲线，或者相关行业中去寻找一些"蛛丝马迹"，而颠覆型痛点曲线则往往无迹可寻。颠覆型痛点曲线的开启比较困难的原因在于，用户可能都没有意识到自己有这样的痛点，企业要想发现这样的痛点就更难了。因此，颠覆型痛点曲线具有隐蔽性。

2）如何发现颠覆型痛点

正如《创新者的窘境》一书中所说的："就算我们将每件事情都做对了，仍有可能错失城池。面对新技术和新市场，导致失败的，往往恰好是完美无瑕的管理。"也就是说，尽管我们在管理、原有产品的更新换代，以及市场营销等方面做得很好，但是如果不能发现颠覆型痛点，不能开启颠覆型痛点曲线，仅仅是在增长第一曲线上用力，那么我们迟早也会被淘汰。

开启颠覆型增长曲线十分不容易，那么有没有什么方法能让我们尽量去靠近颠覆型增长曲线，去增大发现颠覆型曲线的概率呢？

（1）将目光放在自身之外：不要将目光仅仅放在增长第一曲线之上，除了要关注自己的产品和行业，还需要关注行业之外的变化，尤其是一些新技术、新物种的出现，哪怕是现在看起来不起眼的变化，因为这些新技术和新物种的微小变化可能会带来意想不到的行业大改变。尤其是在移动互联网时代，经常会出现各种新物种和新技术，比如人工智能、5G 技术、区块链、大数据等。我们要看看我们所从事的行业是不是会受到这些新物种的影响。

（2）寻找颠覆自我的新物种：我们要想开启颠覆型增长曲线，不仅要看，还要实际去"做"。

比如，Google 旗下有三支投资基金，其中有一支投资基金称为 GV，即 Google Ventures，这支基金与其他许多基金公司的不同之处在于，很多公司投资主要是为了其核心业务的发展布局，比如，腾讯围绕自己的核心业务游戏、社交等进行的投资和布局。GV 具有如下两个最大的特点。

- 独立运营，不受 Google 战略方向影响，不为公司现有业务和核心业务布局投资。

- 扶持创新，投资最前沿最新的领域和行业，为那些最大胆、最具前瞻性想法的项目提供帮助。

GV 的目标就是要让所投的公司发展到可以与 Google 并肩，甚至超越 Google，即要有能力颠覆或者超越 Google 的公司。其实 GV 的做法就是在为现有公司寻找颠覆型的增长第二曲线。

14.3　新痛点、新基因、新增长

很多公司因为没有发现增长第二曲线而失败，但为什么有些公司已经发现并开启了增长第二曲线，但最终第二曲线却增长不起来，还是失败了呢？

14.3.1　新痛点、新基因

这些开启了第二增长曲线的产品，最终却没有取得成功，究其原因主要有如下两个方面。

1. 新旧痛点的基因冲突

不管是衍生型痛点还是颠覆型痛点的产品，其与原来增长第一曲线的产品基因往往是不同的。由于产品基因的不同，核心资源、人才结构、组织文化等方面的要求也是完全不一样的。

迅雷创始人程浩曾说过，他们当年做了一个迅雷看看的视频内容平台，通过母公司来管理迅雷看看，但是管理实在是太累了，因为迅雷是一家技术驱动型的公司，核心业务是迅雷下载，是研究如何通过技术让下载更快，让用户体验更好。而迅雷看看则是一个内容驱动的公司。

他说迅雷看看没有做起来最大的错误就是，没有及早意识到，迅雷和迅雷看看是两个不同基因的产品，应该将迅雷看看这个产品独立出来，成立单独的公司，寻找最合适的 CEO，单独外部融资，才有机会开启增长第二曲线，成为另一个爱奇艺或者优酷。

其实，搜狗 CEO 王小川曾经也说到过类似的经历，他说他在做搜狗的时候，非常痛苦，痛苦到有段时间想当 CEO。原因是什么呢？不是因为他贪恋权力，而是因为搜狗的母公司搜狐是媒体公司，而搜狗则是做搜索的，搜狐偏内容，搜狗偏技术，搜狗和搜狐的基因完全不一样，搜狗在母公司内部经常会遇到很多问题和冲突，很难开展工作，很多需求经常会被弱化和否决。

2. 增长第二曲线不受重视

增长第二曲线和第一增长曲线并行，即新旧产品混搭，往往会造成第一曲线和第二曲线抢资源的情况。

公司既要保证第一曲线的健康增长，又要兼顾增长第二曲线，而增长第一曲线长期以来在公司内部形成的优势和地位，往往会让增长第二曲线得不到应有的重视。因此，增长第二曲线往往从刚一开始可能就夭折在自己公司内部了。

14.3.2　开启新增长

因此，针对与基因不相符的产品，最好的方式是让其独立运作，甚至是单独成立公司，单独融资，或者要么去投资其他公司，只有这样才能让增长第二曲线更快、更健康地增长。

《华为研发》的作者张利华曾经回忆当年华为决定要做手机时的情景，她说当年她向高层汇报完方案之后，任正非说了两句话。

第一句：拿出十亿元来做手机。

第二句是：为什么中兴 GSM 手机没有做好，亏损了好几年？你们要想清楚。做手机与做系统设备不一样，做法和打法都不同，华为公司要专门成立独立的终端公司做手机，独立运作。

这是华为手机之所以能让手机成为增长第二曲线的一个非常重要的原因，就是全力投入，加上独立运作。

其实不止华为，腾讯这么强大的公司，拥有巨大的流量和资金优势，自己不做电商和搜索，而是投资京东和搜狗。百度将非核心业务全部独立出去，比如，金融独立成度小满金融公司，从内部孵化出来的 K12 教育产品"作业帮"，也是独立出去单独融资、单独发展，这些都是为了能够更好地开启增长第二曲线。

因此，增长第二曲线正确的打开方式应该是投入足够多的资源和资金，最好能独立于增长第一曲线独立发展。

14.4　本章小结

本章主要讲解了如何通过发现新的痛点，突破产品的生命周期，找到产品的增长第二曲线，实现产品的持续增长。

开启增长第二曲线需要在合适的时间点，即在增长第一曲线到达顶点之前，不宜过早也不宜过晚。

开启增长第二曲线有两种方法：找到衍生型痛点和颠覆型痛点。衍生型痛点主要诞生于增长第一曲线，而颠覆型痛点则更多地来自于外界。但不管是哪种曲线，两条曲线往往基因不同，因此要想成功开启增长第二曲线，最好是独立发展，并投入足够多的资源和资金，从而进入新的增长循环模式。